JOACHIM NIKOLAUS STEINHÖFEL

DIE DIGITALE BEVORMUNDUNG

Wie Facebook, X (Twitter) und Google uns vorschreiben wollen, was wir denken, schreiben und sagen dürfen

FBV

Bibliografische Information der Deutschen Nationalbibliothek
Die Deutsche Nationalbibliothek verzeichnet diese Publikation in der Deutschen Nationalbibliografie. Detaillierte bibliografische Daten sind im Internet über https://dnb.de abrufbar.

Für Fragen und Anregungen
info@m-vg.de

Wichtiger Hinweis
Ausschließlich zum Zweck der besseren Lesbarkeit wurde auf eine genderspezifische Schreibweise sowie eine Mehrfachbezeichnung verzichtet. Alle personenbezogenen Bezeichnungen sind somit geschlechtsneutral zu verstehen.

Originalausgabe
7. Auflage 2024

Türkenstraße 89
80799 München
Tel.: 089 651285-0

Redaktion: Anja Hilgarth
Umschlaggestaltung: Marc-Torben Fischer, München
Umschlagabbildung: © Markus Hibbeler
Satz: Carsten Klein
Druck: CPI
Printed in the EU

ISBN Print 978-3-95972-570-5
ISBN E-Book (PDF) 978-3-98609-082-1
ISBN E-Book (EPUB, Mobi) 978-3-98609-083-8

Weitere Informationen zum Verlag finden Sie unter

www.finanzbuchverlag.de

Beachten Sie auch unsere weiteren Verlage unter www.m-vg.de

Inhalt

Testimonials

»Der bekannte Rechtsanwalt hat schon so manchen Prozess gegen Social-Media-Anbieter gewonnen und durch sein Engagement viel zum Schutz der freien Meinungsäußerung im Internet beigetragen«, *WELT*, 08.11.2021. https://www.welt.de/debatte/kommentare/plus234912896/Die-Sperrung-der-Mein-Kampf-Lesung-auf-YouTube-ist-falsch.html

Der Autor ist laut *NZZ* eine der »Hauptfiguren in der Debatte über Meinungsfreiheit im Netz«, 06.06.2018.

»Der Hamburger Anwalt Joachim Steinhöfel ... hat jetzt erstmals vor einem deutschen Gericht eine Entscheidung erstritten, die Facebook die Löschung eines Kommentars untersagt, ebenso wie die darauf beruhende Sperre«, *Handelsblatt* 12.04.2018.

»Der Hamburger Rechtsanwalt Joachim Nikolaus Steinhöfel, dessen Kanzlei zahlreiche Verfahren gegen Betreiber sozialer Medien führt und unter anderem Grundsatzentscheidungen zugunsten von Nutzern erstritten hat, deren Inhalte rechtswidrig gelöscht oder die gesperrt wurden, bezeichnete es als einen Akt demokratischer, parlamentarischer und gesetzgeberischer Hygiene, das NetzDG aufzuheben«, Deutscher Bundestag, Ausschuss für Recht und Verbraucherschutz, 2019.

»A brilliant professional, whose work it is a great pleasure to observe«, Alisher B. Usmanow, 11.09.2023.

»Steinhöfel hat in der Frage, welche Inhalte auf Social-Media-Plattformen unrechtmäßig von deren Betreibern gelöscht werden, bisher sehr häufig Recht bekommen«, Meedia, 12.01.2022.

»Der renommierte Hamburger Anwalt Joachim Steinhöfel ... sieht die Grundrechte in Gefahr«, BZ, 29.12.2021.

»Auch der deutsche Top-Anwalt und Aktivist für Meinungsfreiheit Joachim Steinhöfel erhebt schwere Vorwürfe gegen Facebook – und die Bundesregierung«, *BILD*, 06.10.2021.

»Joachim Steinhöfel ist für forsches Auftreten und eine kreative Ader bekannt. Der ehemals als abmahnfreudiger Anwalt der Elektronikbranche und Werbefigur für MediaMarkt bekannte Jurist hat mit dieser Kombination nun nicht nur Facebook vorgeführt, sondern auch gleich die Regierungsparteien am Nasenring gepackt. Die Berichterstattung über den Coup hatte am Montag hohe Wellen geschlagen – und dieser Druck zeigte offenbar Wirkung. Die CDU habe inzwischen gezahlt, die SPD kurz darauf nachgezogen, teilte Steinhöfel der F.A.Z. mit«, *FAZ*, 23.07.2019 (»Pfändung bei Parteien«).

»Steinhöfel vertrat unter anderem auch den Islamexperten Ahmad Mansour, den ein Nutzer *als ›Husohn, Bastrd‹* beschimpft hatte. Facebook weigerte sich, die Beleidigung zu löschen. Vor Gericht gewann Steinhöfel«, *WELT*, 28.11.2021.

»Deutsches Gericht verbietet Facebook erstmals Löschung eines Kommentars ... Steinhöfel erkennt in dieser Praxis Willkür: ›Die Gemeinschaftsstandards stehen nicht über dem deutschen Recht‹«, *Handelsblatt*, 12.04.2018.

»Und immer vorneweg: Anwalt Joachim Nikolaus Steinhöfel. Dessen Kanzlei schießt mit allem, was das Gesetz an Munition hergibt«, *Frankfurter Allgemeine Sonntagszeitung*, 05.11.2006.

»Joachim Nikolaus Steinhöfel ist einer der profiliertesten deutschen Wettbewerbsrechtler, Medienanwalt sowie Publizist«, *Die Weltwoche*, 11.01.2018.

»Top-Anwalt für Wettbewerbs- und Presserecht«, *WirtschaftsWoche online*, 29.07.2014.

Ein Aktionskünstler mit juristischem Staatsexamen

Ein Vorwort von Henryk M. Broder

Ich kannte Joachim Steinhöfel schon lange, bevor wir uns kennenlernten. Er trat in Werbespots für MediaMarkt auf, wandelte durch die Gänge zwischen den mit Kaffeemaschinen, Staubsaugern und Fotoapparaten befüllten Regalen und sprach dabei Sätze wie »Ich bin doch nicht blöd!« und »Gut, dass wir verglichen haben!«. Wenn mich meine Erinnerung nicht täuscht, hat er nie irgendeinen Artikel aus dem Regal genommen und näher begutachtet, wie man das so macht, wenn einem ein von Luigi Colani gestaltetes Bügeleisen entgegenlacht. Er lief einfach hin und her, als sei er gerade in der Mittagspause und habe nichts Besseres zu tun.

Ich weiß nicht, wann, wo und unter welchen Umständen wir uns im richtigen Leben über den Weg gelaufen sind. War es im Bordbistro eines ICE, auf der Kasseler documenta oder bei einem Spiel von Hertha gegen den FC St. Pauli? Es könnte auch ein bekanntes Berliner Etablissement in der Nähe des Funkturms gewesen sein, aber hier hat mein Gedächtnis eine Leerstelle, die ich nicht mit Vermutungen füllen möchte.

Jedenfalls sind wir uns menschlich nähergekommen. Mein erster Eindruck von Steinhöfel – ein »Schwitzer«, was im Jiddischen so viel wie »Angeber«, »Wichtigtuer« bedeutet – löste sich wie eine Alka Seltzer in einem Glas Wasser auf und transzendierte in einen Mix aus Bewunderung, Respekt und Neid. Was auch damit zu tun hatte, dass ich als junger Mensch Rechtsanwalt werden wollte, ein Strafverteidiger, der unschuldige Menschen aus den Klauen der Klassenjustiz befreit.

Deswegen nahm ich gelegentlich an Verhandlungen im alten Strafgerichtsgebäude am Appellhofplatz in Köln teil, natürlich nur als Zuschauer und Zuhörer, wobei mir schnell klar wurde, wie unromantisch der Alltag eines Anwalts ist. Um es mit Karl Kraus zu sagen: »Der Geschlechtsverkehr ist nie so schön, wie man sich ihn beim Onanieren vorstellt.« Gleiches gilt für Verfahren vor Gerichten.

Steinhöfel freilich spielt in einer anderen Liga. Er ist ein Aktionskünstler mit juristischem Staatsexamen. Gut, das ist die Vorbedingung, um als Anwalt zugelassen zu werden, manche sind sogar promoviert, aber nur wenige wissen um den Unterhaltungswert, den man einer Verhandlung abgewinnen kann. Steinhöfel kann es, und er tut es, weil es ihm Spaß macht.

Ich will das an einem Beispiel erläutern. Eine (in Dinslaken weltbekannte) »Islamwissenschaftlerin« zeigte mich vor Jahren wegen Beleidigung an; sie behauptete, ich hätte über sie gesagt, sie habe »einen an der Klatsche«. Sie hätte mich auch auf dem Weg einer Privatklage belangen können, wäre sie nicht der Meinung gewesen, die Beleidigung sei so schwerwiegend, dass sich die Strafjustiz des Falles annehmen müsse. Die Polizei reichte die Anzeige an die Staatsanwaltschaft weiter, diese »ermittelte«, und so kam es zu einer Verhandlung vor dem Amtsgericht in Duisburg, die nur wenige Minuten dauerte. Die dienst-tuende Staatsanwältin erschien vollkommen unvorbereitet zu dem Termin, sie hatte auch nicht daran gedacht, irgendwelche Beweise mitzubringen. Ich vermute, sie war davon ausgegangen, ich würde sofort gestehen und Steinhöfel um mildernde Umstände für mich bitten, weil ich eine schwere Kindheit in Polen hatte.

Die Geschichte zog sich über drei oder vier Jahre hin und endete – natürlich! – mit einem Freispruch. Für Steinhöfel war es kaum mehr als eine Sparring-Runde, aber auch in diesem Fall konnte er der Versuchung nicht widerstehen, dem Gericht gleich zu Beginn der Sitzung mitzuteilen, wer im Ring das Sagen haben würde: »Ich habe zwar vom Strafrecht keine Ahnung, aber für dieses Verfahren wird es reichen.« Im Plädoyer am Ende der Verhandlung fasste er seine Erfahrungen aus dem Prozess dann so zusammen: »Der MSV Duisburg spielt in der 3. Liga. Ich bedauere, dass ich das nicht auch von der Duisburger Justiz sagen kann.«

Und jetzt werde ich kurz sentimental: Steinhöfel ist großartig in seiner Sprachkraft und seiner Schlagfertigkeit, er ist grandios in seiner Sachkunde und überwältigend darin, wie er die Gegner abräumt. Selbst routinierte Anwälte aus Großkanzleien warten nervös und wie paralysiert auf seine Attacke, wagen sich oft kaum aus der Deckung. Sie wissen, der Schlag wird kommen, unweigerlich. Sie fürchten jeden eigenen Satz, als könnte alles, was sie sagen, vor Gericht gegen sie verwendet werden. Nicht alle mögen ihn, aber jeder fürchtet ihn. Und darauf kommt es an vor Gericht. Kein Anwalt gewinnt jeden Prozess. Aber Steinhöfel verlässt den Saal selbst dann als Gewinner, wenn er das Verfahren verliert. Er verliert selten.

Egal, gegen wen er antritt – Facebook, X (Twitter), eine Bundesbehörde oder ein US-Pharma-Unternehmen, das nebenbei im Netz seine Dienste als »NewsGuard« anbietet –, Steinhöfel macht keine Gefangenen, er strebt keinen Vergleich an, um dem Gegner entgegenzukommen und dem Gericht die Mühsal eines Urteils zu ersparen. Er will es wissen. Seine Körpergröße von 1,90 Meter garantiert ihm Unübersehbarkeit, er kann wie ein guter Schachspieler proaktiv denken und ein Argument der Gegenseite zerpflücken, noch bevor es ganz vorgetragen wurde.

Joachim Steinhöfel und ich sind inzwischen ein gut eingespieltes Team. Wir gastierten bereits in Köln, Karlsruhe, Stuttgart, Mannheim, Bad Wildungen, Bergisch-Gladbach und Goslar. Und demnächst vielleicht in einem Gericht gleich bei Ihnen um die Ecke.

Henryk M. Broder, Berlin, September 2023

Grundsätzliches

Begriffsklärung und eine Enthüllung in eigener Sache

Meta Platforms hieß früher Facebook. Das Unternehmen betreibt weitere Plattformen wie Instagram, ihm gehört auch der Messenger-Dienst WhatsApp. Ich unterscheide in diesem Buch nicht streng bei der Verwendung von »Facebook« und »Meta«, spreche aber nicht von Facebook, wenn es um Instagram geht. Twitter hat sich in X umbenannt. Ich verwende beide Begriffe synonym. YouTube wird von Google betrieben, in Europa von der in Irland ansässigen Google Ireland Ltd.

Dieses Buch wurde von jemandem geschrieben, der auch in eigener Sache berichtet, und es sei der Hinweis gestattet, dass fast alle (nicht: alle) in diesem Buch erwähnten Prozesse von mir geführt – und gewonnen – wurden. Die Erfolgsquote in den Prozessen gegen die sozialen Medien liegt bei über 90 Prozent. Ob das auf Dauer so bleiben kann, wird man abwarten müssen. Denn Sinn und Zweck dieser Verfahren ist es ja auch, in völligem rechtlichen Neuland Grundsatzurteile herbeizuführen, die vielen Millionen Nutzern helfen können, wenn die Monopolisten wieder einmal glauben, sie könnten machen, was sie wollen. Dies ist notwendig und geht nicht anders, damit gehen aber auch prozessuale Risiken einher, die ich eingehen will und muss.

Die Schlacht um die Meinungsfreiheit: Höllischer Spaß, juristische Meilensteine und antidemokratische Tendenzen

»Alle diese Untersuchungen, die gründliche Erforschung der Stasi-Strukturen, der Methoden, mit denen sie gearbeitet haben und immer noch arbeiten, all das wird in die falschen Hände geraten. Man wird diese Strukturen genauestens untersuchen – um sie dann zu übernehmen. Man wird sie ein wenig adaptieren, damit sie zu einer freien westlichen Gesellschaft passen. Man wird die Störer auch nicht unbedingt verhaften. Es gibt feinere Möglichkeiten, jemanden unschädlich zu machen. Aber die geheimen Verbote, das Beobachten, der Argwohn, die Angst, das Isolieren und Ausgrenzen, das Brandmarken und Mundtotmachen derer, die sich nicht anpassen – das wird wiederkommen, glaubt mir. Man wird Einrichtungen schaffen, die viel effektiver arbeiten, viel feiner als die Stasi. Auch das ständige Lügen wird wiederkommen, die Desinformation, der Nebel, in dem alles seine Kontur verliert.«

Bärbel Bohley, DDR-Bürgerrechtlerin (1945–2010),
auch bezeichnet als »Die Frau, die es voraussah«

»Natürlich hat jeder das Recht, anders zu denken als die Mehrheit und begründete Kritik zu üben. Aber wenn er die Hand gegen uns erhebt, dann muß er auch mit der entsprechenden Antwort rechnen.«

Erich Mielke, 1957 bis 1989 Minister für Staatssicherheit
in der DDR, am 09.06.1977 in einer Rede vor der FDJ

»Man kann in Deutschland eigentlich alles sagen, man muss dann halt manchmal mit Konsequenzen rechnen. Das ist das Einzige, was der eine oder andere manchmal nicht ganz versteht.«

Dunja Hayali, ZDF-Morgenmagazin, 29.01.2021

Wenn es stimmt, was die *WELT* am 02.08.2022 geschrieben hat, dann dürfte sich um »die Meinungsfreiheit … in Deutschland kaum ein Jurist so verdient gemacht haben« wie der Autor dieses Buches.[1] Und vermutlich wussten Sie das gar nicht. Bis jetzt. Ich habe mehr Prozesse gegen Facebook, X (Twitter) und Google geführt, als Sie sich vorstellen können. Für diese Konzerne bin ich der personifizierte Antichrist. Aber auch als Teufel hat man gelegentlich Spaß, teuflischen Spaß sogar. So zum Beispiel im Sommer 2019, als ich »nicht nur Facebook vorgeführt, sondern auch gleich die Regierungsparteien am Nasenring gepackt [habe]: Weil Facebook als beklagte Partei die Gerichtskosten aus einem vorangegangenen Streitverfahren nicht beglich, pfändete Steinhöfel kurzerhand Forderungen des sozialen Netzwerks gegen politische Parteien.«[2]

Ich kann mich nicht mehr an die Farbe meines Arbeitstisches erinnern, weil die Papierberge der Auseinandersetzungen gegen die Tech-Riesen mittlerweile eine 3-Zimmer-Wohnung füllen würden. Aber am Ende geht das uns alle etwas an. Deshalb mache ich das, darum führe ich diese Auseinandersetzungen. Denn: Wollen wir, dass Konzerne darüber entscheiden, was man sagen darf und was nicht? Wollen wir, dass selbst ernannte Tugendwächter und Faktenchecker darüber wachen, was als angeblich wahr oder falsch gilt, und selbst Meinungen kontrollieren? Wenn es nach mir geht: Nein. Ich werde Ihnen im Laufe des Buches die krassesten Fälle dieser Auseinandersetzung vorstellen, zeige Ihnen, mit welchen Waffen die großen Konzerne arbeiten und mit welcher absurden Mischung aus Arroganz, Inkompetenz und völliger Ahnungslosigkeit bei gleichzeitiger Simulierung von Sachkompetenz unsere Politiker agieren. Ich zeige Ihnen, wie die Justiz richtungweisende, wichtige Entscheidungen trifft, wie sie ächzt und auch wie sie versagt. Wie der Staat Meldestellen einrichtet und die Menschen damit ermutigt, sich gegenseitig zu denunzieren, selbst wenn sich alles Gesagte im Erlaubten bewegt und in der Verfassung als Grundrecht verbrieft ist. Wie Sie als Nutzer dieser riesigen Plattformen alleingelassen werden, wenn sich Ihre Meinung auch nur Millimeter neben der vorgegebenen Linie, aber noch immer ganz und gar im Bereich der Meinungsfreiheit bewegt.

Und das Schlimmste daran ist: Es ist die winzige Spitze des Eisbergs. Vielleicht schlafen Sie schlecht, wenn Sie mein Buch gelesen haben. Aber vielleicht schöpfen Sie auch Mut, sehen, dass man auch wirtschaftlichen Giganten die Nase polieren kann und der arroganten Politik nicht alles durchgehen lassen muss. Vielleicht erkennen Sie, dass Sie nicht wehrlos sind. Das wünsche ich mir. Auch wenn es häufig um Rechtsfragen geht, so ist das, was sich dort abspielt, doch häufig spannend, empörend oder erfreulich. Es ist eine nervenaufreibende Achterbahnfahrt, immer mit dem Ziel, die Grundrechte gegen die alltäglichen Übergriffe zu verteidigen. Vor allem die Meinungsfreiheit, die für eine Demokratie schlechthin konstituierend ist.

Das erste Verbot, das jemals von einem deutschen Gericht gegen Facebook (jetzt Meta Platforms) erlassen wurde, weil das Unternehmen einen zulässigen Inhalt gelöscht und den Nutzer für 30 Tage gesperrt hat, habe ich erwirkt. Ein juristischer Meilenstein. Dieses erste Verbot überhaupt wurde von Frau Werner erlassen, Richterin am Landgericht Berlin. Ich finde, dass man auch als Richterin stolz sein darf, einen solchen historischen Beschluss gefasst zu haben. Das war am 23.03.2018 und machte weit über Deutschland hinaus Schlagzeilen. Bis dahin hieß es in Juristenkreisen, die Konzerne haben Hausrecht, die dürfen löschen, wie es ihnen passt. Das nennt man »herrschende Meinung«, und hätte ich mich wie alle anderen damit abgefunden, wäre wohl alles beim Alten geblieben. Und Sie, liebe Leser, wären weiterhin wehrlose Opfer von mächtigen und finanzstarken Großkonzernen geblieben, die mit unserer Meinungsfreiheit umgehen, als handele es sich um eine Kiste mit Pfandflaschen.

> »Facebooks Produkt ist Öffentlichkeit. Niemals in der gesamten Geschichte der Menschheit haben mehr Menschen direkt miteinander kommuniziert als auf Facebook. Für Millionen in Deutschland und Hunderte Millionen in der ganzen Welt ist Facebook die primäre Nachrichtenquelle. Mit dieser Verantwortung geht der Konzern um, als stelle er Kugelschreiber her.« Johannes Boie[3]

Was ich als Anwalt gelernt habe: Es war noch nie falsch, anders als die anderen zu denken und alles, was man selbst oder was andere als richtig erachten, immer wieder infrage zu stellen.

Mark Twain hat es schön formuliert: »Wann immer man sich auf der Seite der Mehrheit wiederfindet, ist es an der Zeit, innezuhalten und nachzudenken.«

Das Märchen vom Hausrecht

So wie von Mark Twain beschrieben war es auch mit der These vom angeblichen »Hausrecht« der Plattformbetreiber als Rechtfertigung für Löschorgien. Mit einem so kleinmütigen Kapitulieren vor dieser Rechtsfrage, wie es unter Juristen vor ein paar Jahren die Regel war, wollte ich mich nicht abspeisen lassen und habe so lange nachgedacht, bis mir die Lösung eingefallen ist. Das Ergebnis war die erste einstweilige Verfügung gegen eine der großen Plattformen, die den Weg öffnete für eine Rechtsprechung, die die zuvor nahezu wehrlosen Nutzer in ihren Rechten deutlich stärkte.

85 Prozent der deutschen Bevölkerung nutzen die sozialen Medien, und 85 Prozent der deutschen Bevölkerung haben jetzt die Möglichkeit, sich vor Gericht gegen deren Selbstherrlichkeit und Willkür zur Wehr zu setzen. Auch wenn das den IT-Giganten nicht schmeckt und sie bis in die Gegenwart täuschen, lügen, irreführen und mit vollem Vorsatz tagtäglich Gesetze brechen und die Verträge, die sie mit Ihnen, den Nutzern, geschlossen haben.

Sollte sich das ein wenig so anhören, als wäre diese Schlacht geschlagen, so muss ich Sie enttäuschen. Sehr viele, sehr wichtige und grundsätzliche Erfolge haben wir erstritten, aber kein Grundrecht steht tagein, tagaus so sehr unter Beschuss wie die Meinungsfreiheit. Und zwar von allen Seiten und häufig auch von denen, die sie eigentlich verteidigen sollten oder sogar von Verfassung wegen dazu verpflichtet sind.

Die Definition von Wahnsinn

Ich schwöre hiermit feierlich, dass ich selbst bei einem irrwitzigen Stundensatz nicht bereit wäre, das zu Papier zu bringen, was einige der Plattformen ihren anwaltlichen Vertretern für Gerichtsverfahren offenbar vorgeben und was diese, so scheint es, tatsächlich brav auf- oder abschreiben. Denn wenn z. B. das, was die Gerichte zu lesen bekommen, auch nach dem Wechsel von einer internationalen Großkanzlei zur nächsten über weite Strecken austauschbar und wortgleich ist, liegt diese Annahme nahe. An der spektakulären Serie von Prozessniederlagen der IT-Riesen hat das alles übrigens nichts geändert. Kürzlich konnte ich einem Landgericht die erfreuliche Mitteilung machen, dass es mir gelungen war, die »stereotypen Ausführungen auf den Seiten 1 bis 29 der Klageerwiderung in 2 Minuten und 16 Sekunden überblättert und damit gegenüber dem Überblättern der ersten 29 Seiten in einem vorangehenden Verfahren fast eine Minute herausgeholt« zu haben. Darüber freut sich dann auch der Mandant, wenn er nach Stundensätzen bezahlt.

Als Anwalt von Meta Platforms würde ich mich fragen: Was denkt eigentlich der Richter von mir, wenn ich ihm in zehn Verfahren, die ich alle hintereinander verloren habe, jedes Mal wieder die gleichen Textbausteine mit demselben nutzlosen Vortrag zumute?

Einstein hat dazu eine überzeugende Erkenntnis formuliert: »Die Definition von Wahnsinn ist, immer wieder das Gleiche zu tun und andere Ergebnisse zu erwarten.«

Oder ist es eine clevere Strategie? Ein Zermürbungskrieg mit dem Ziel, die Gerichte so sehr zu quälen, dass sie sich dieser Verfahren um jeden Preis entledigen wollen? Jedenfalls schickt Meta immer wieder neue Rekruten ins Rennen, wenn die Vorgänger aufgerieben sind und den psychologischen Preis dieser Tätigkeit nicht mehr zahlen können oder von den zermürbenden Niederlagenserien vor Gericht erschöpft sind. Es muss, und das meine ich nicht ironisch, eine wirkliche Last sein, wenn man in aussichtlosen Fällen Rechtsunsinn vortragen muss, den genau dasselbe Gericht immer wieder verworfen hat. Und dies geschieht, um Fälle zu verteidigen, die außer vor dem Amts- oder Landgericht Stralsund oder in Bremen nicht zu gewinnen sind – Fälle, die die Meinungsfreiheit der Nutzer strangulieren – und dabei so aus dem Anzug oder dem Kostüm zu gucken, als sei man von seiner Sache tatsächlich überzeugt.

Das Allheilmittel »Hassrede«

Wenn Meta löscht, muss häufig das Allheilmittel der »Hassrede« herhalten (zu den Floskeln »Hass und Hetze« kommen wir noch). Da wird schon einmal gelöscht, wenn ein Nutzer auch nur die Schlagzeile einer Boulevard-Zeitung zitiert, die wiederum einen Politiker einer Regierungspartei zitiert. Dennoch könne dies, so Meta, bei anderen Nutzern ein »Gefühl der Unsicherheit« verursachen. Man muss dann für die über 30 Millionen Personen, die Facebook nutzen, nur hoffen, dass sie nicht an einem Kiosk oder einem Zeitschriftengeschäft vorbeikommen und die gleichlautende Überschrift der *BILD*-Zeitung gelesen haben.

Der angebliche Wunsch, aus eigennütziger Opportunität (»Gefährdung ... des Geschäftsmodells von Facebook«) Hassrede zu verdammen und Sicherheit und Wohlbefinden der Nutzer zu gewährleisten, kollidiert ganz erheblich mit der täglichen Praxis von Meta.

Seinen reklamehaften Selbstanpreisungen zufolge hat Meta »ein wichtiges und schützenswertes Interesse daran, auf eine zivilisierte Kommunikationskultur hinzuwirken und diese zu sichern« und »einen »respektvollen Umgang ... zu gewährleisten«, und nimmt die »Aufgabe sehr ernst«. So steht es in den Nutzungsbedingungen oder Schriftsätzen des Unternehmens. Dass Nutzer »unbesorgt miteinander kommunizieren können«, passt allerdings nicht zur Unternehmenspraxis. Um auf die »zivilisierte Kommunikationskultur hinzuwirken« und diese zu »sichern«, so Meta, sei das Unternehmen befugt, auch rechtlich zulässige Inhalte zu löschen und den Nutzer beim Posten solcher Inhalte zu sperren.

Nun kann es bei der Vielzahl an Inhalten in den Löschhauptquartieren zu Fehleinschätzungen kommen.

> »Wenn ein Kommentar aber nicht nur gelöscht, sondern diese Löschung auf die Beschwerde des Nutzers hin aufrechterhalten und im anschließenden Gerichtsverfahren von einer internationalen Großkanzlei in ausführlichen Schriftsätzen verteidigt wird, dann tut man wohl niemandem Unrecht, wenn man die Löschung zum Bestandteil der offiziell verfolgten Konzernpolitik erklärt – und daraus seine Schlüsse zieht.«[4]

Dies gilt natürlich auch umgekehrt, wenn sich das Unternehmen mit Schriftsätzen, die häufig drei Leitz-Ordner füllen, weigert, strafbare Inhalte zu löschen. Auch dann ist dies offizielle Konzernpolitik.

Ich will mich hier mit einem Beispiel begnügen:

Der deutsch-israelische Psychologe und Islamkritiker Ahmad Mansour erhält regelmäßig Morddrohungen, steht unter Polizeischutz und wird mit strafbaren Schmähungen überschüttet. Facebook weigerte sich aber, z. B. diesen Kommentar zu löschen:

> »Halt die fresse, du Husohn Bastrd. Geh Verkauf deine Schwestern an die deutschen, damit du den Integrationspreis 2018 und Ein paar Fernsehshows bekommst. Nimm den türkischen Namen eines stolzen Volkes wie der Türkei nicht in dein Schandmaul.«

Nicht einmal nach Zustellung einer einstweiligen Verfügung des Landgerichts Berlins wurde der Post gelöscht, das Gericht verhängte ein Ordnungsgeld gegen Meta. Das Unternehmen hat dieses Posting dann vor Gericht tatsächlich verteidigt. »Nutte«, »Hurensohn«, »Bastard«, »Arschkriecher« und »Fuck you«, zivilisierte Kommunikationskultur aus dem Hause Zuckerberg. Und man kann hier die oben zitierte Schlussfolgerung der *FAZ* einfach umdrehen: Wenn ein Kommentar nicht gelöscht, sondern diese Löschung auf die Beschwerde des Nutzers verweigert und »Nutte«, »Hurensohn«, »Bastard«, »Arschkriecher« und »Fuck you« im anschließenden Gerichtsverfahren von einer internationalen Großkanzlei in ausführlichen Schriftsätzen als zulässig verteidigt werden, dann tut man wohl niemandem Unrecht, wenn man die unterlassene Löschung zum Bestandteil der offiziell verfolgten Konzernpolitik erklärt – und daraus seine Schlüsse zieht. Die *WELT* berichtete über dieses Verfahren und kam zu der Schlussfolgerung:

> »Was hängen bleibt: Facebook lässt Tausende Seiten Schriftsatz verfertigen, bezahlt die teuersten Anwälte Deutschlands, nur um sicherzustellen, dass Ahmad Mansour vor allen Ländern der Welt (außer Deutschland) aber sehr wohl vor allen Deutschen, die im Ausland sind, Hurensohn genannt werden darf.«

Nicht verschwiegen werden soll auch diese Passage aus dem Artikel der *WELT*:

> »Im Fall Mansour gegen Facebook zeigte sich schon im Vorfeld, wie skrupellos Facebook vorgeht: Die Anwälte forderten das Gericht auf, Mansours Privatadresse in der Klageschrift anzugeben – wohl wissend, dass dies für ihn lebensgefährlich sein könnte. Dies war dann das erste Mal, dass die Richter Facebook in die Schranken wiesen.«[5]

Völlig unbeeindruckt von der Wirklichkeit behauptet die Beklagte dennoch über sich selbst:

> »Wir wissen, wie wichtig es ist, dass Facebook ein Ort ist und bleibt, an dem Menschen sicher und unbesorgt miteinander kommunizieren können. Außerdem nehmen wir unsere Aufgabe sehr ernst, jegliche Art von Missbrauch von unserer Plattform fernzuhalten.«

Eine »zivilisierte Kommunikationskultur«, so scheint es, könnte Meta gar nicht gleichgültiger sein. Das prozessuale Verhalten rundet vielmehr »das Bild eines Unternehmens [ab], welches sich Konsequenzen von Rechtsverstößen möglichst entziehen möchte«, so das Oberlandesgericht Köln.

Wie es Meta mit dem von dem Unternehmen in Anspruch genommenen »Anstand« und dem Bekämpfen von »Ausländerfeindlichkeit« tatsächlich hält, kann auf der »Facebook Wall of Shame« eingesehen werden. Der Wissenschaftliche Dienst des Bundestages schrieb in dem Gutachten WD 10-3000-037/17:

> »Weitere Beispiele für die schwierige Beurteilung von strittigen Inhalten und von Hasskommentaren können anhand der vielfach intransparenten Lösch- und Nicht-Löschpraxis von Facebook auf dem Portal von Joachim Nikolaus Steinhöfel ›Wall of Shame‹ eingesehen werden, abrufbar unter https://facebooksperre.steinhoefel.de/.«

Meta muss sich, wenn man dort allgemeine Prinzipien bemüht, auch entgegenhalten lassen, wie sich deren Umsetzung in der Praxis im Allgemeinen darstellt.

Daher ist es erweislich unwahr, wenn Meta in Gerichtsverfahren immer wieder behauptet, man habe »nicht die Absicht, bestimmte politische Meinungen zu verbieten, solange diese rechtlich nicht zu beanstanden sind«. Im Gegenteil: Die Praxis geht sogar so weit, dass man bestimmte Namen pauschal löscht, egal in welchem Zusammenhang diese auftauchen. »Facebook löscht mit politischer Schlagseite«, titelte die *FAZ* und Mark Zuckerberg erklärt in seiner Vernehmung vor dem Justizausschuss des Kongresses der USA am 10.04.2018 auf die Frage, ob sein Unternehmen konservative Stimmen diskriminiere:

> »Herr Senator, ich verstehe, woher diese Sorge kommt, denn Facebook und die Tech-Industrie sind im Silicon Valley angesiedelt, einem extrem linkslastigen Ort.«[6]

Der Chef muss es ja wissen. Aber nicht nur die Löschwut bei erlaubten Inhalten oder die politische Befangenheit sind ein Problem von Meta. Die Praxis besteht auch darin, sehr häufig israel- und judenfeindliche Inhalte unbeanstandet zu lassen und islamkritische Inhalte zu eliminieren. So blieb z. B. selbst nach einer Beschwerde diese drastisch antisemitische Abbildung online:

K-Networld, das kritische soziale Netzwerk
9 Std. ·

Bilder sagen oft mehr als Worte!

Gefällt mir Kommentieren Teilen

Und auch dieses widerwärtige Posting, das eine enorme Reichweite erzielte, wie sich aus über 20.000 Likes schlussfolgern lässt, blieb online. Jüdische Mädchen wollte der Nutzer am liebsten »aufreißen«, wenn sie zu Asche verbrannt sind.

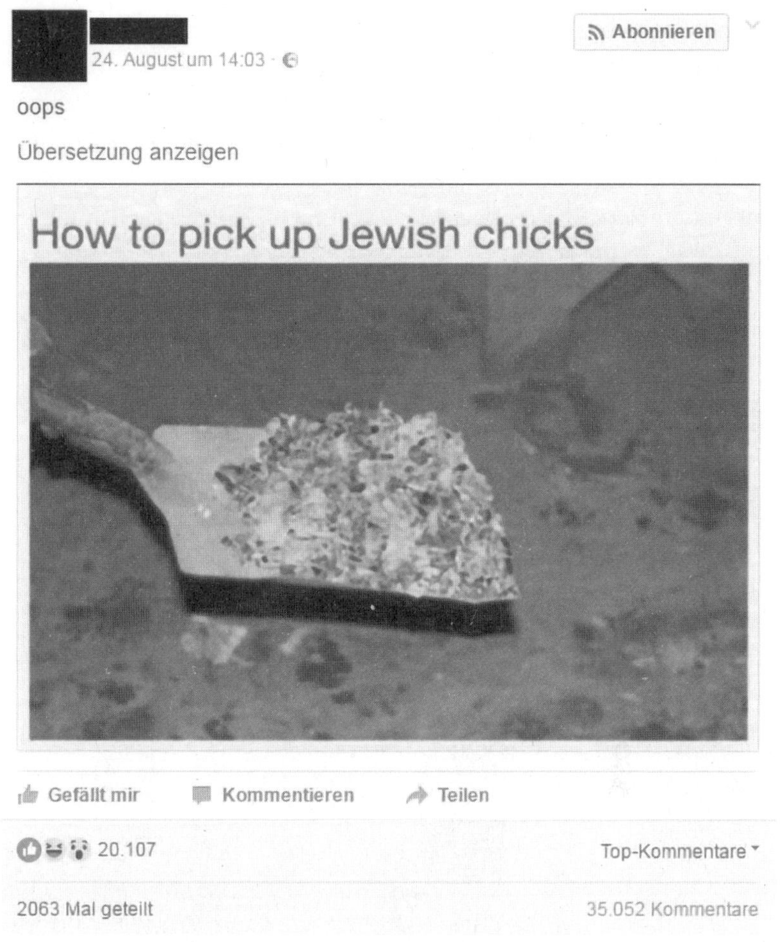

Abonnieren

oops

Übersetzung anzeigen

How to pick up Jewish chicks

Gefällt mir Kommentieren Teilen

20.107 Top-Kommentare

2063 Mal geteilt 35.052 Kommentare

So bindet also, um einen Anwalt von Facebook zu zitieren, das Unternehmen in der Praxis seine Nutzer »an Regeln des Anstands und der Rechtmäßigkeit«.

Der Begriff Überwachungskapitalismus (*surveillance capitalism* nach Prof. Shoshana Zuboff, Harvard, die viele der Überlegungen in diesem Absatz erstmals anstellte) kritisiert, dass diese neue Form des informationellen Kapitalismus zum Ziel hat, menschliches Verhalten vorherzusagen und zu modifizieren, um Einnahmen und Marktbeherrschung zu produzieren. Zuboff sieht die Gefahr eines Abdriftens in Richtung demokratischer Entkonsolidierung. Der Überwachungskapitalismus hat den fünf als Big Tech bezeichneten Unternehmen (Apple, Amazon, Google, Meta, Microsoft) immensen Reichtum erwirtschaftet. Der größte Teil davon stammt aus Systemen, die heimlich in persönliche Welten eindringen, Verhaltensdaten ausbeuten und diese dann als Privateigentum des Unternehmens beanspruchen. Dort steht es für nachgelagerte Herstellungs- und Vertriebsprozesse zur Verfügung. Qualitativ hochwertige Verhaltensvorhersagen werden an Geschäftskunden verkauft.

Die Lage ist vergleichbar mit der frühen Ära der Industrialisierung, als Fabrikbesitzer allmächtig waren. Es gab keine Arbeitnehmer- oder Verbraucherrechte. Diese wurden erst später durchgesetzt, in einer ähnlichen Phase befinden wir uns jetzt.

Die aktuellen Verhältnisse führen zu einer Kaskade antidemokratischer Konsequenzen. Diese betreffen sowohl die moralische Wurzel der Demokratie – die Menschenwürde – als auch ihren Überbau. Beispiellose Konzentrationen von Wissen über Menschen und die verantwortungsfreie Macht, die aus diesem Wissen entsteht, resultieren in der Zerstörung der Privatsphäre, dem Aufstieg der Desinformation und schließlich im Kampf um die Grundprinzipien sozialer Ordnung.

Zur von Zuboff erwähnten Modifizierung menschlichen Verhaltens gehört natürlich auch die Absicht der Monopolisten, ohne jede demokratische Legitimation über »Gemeinschaftsstandards« oder »Nutzerrichtlinien« die Kommunikationsgewohnheiten von Milliarden Menschen zu determinieren und diese zur Grundlage dessen zu machen, »was gesagt werden darf und was nicht«.

Hass und Hetze

1. Wie schüchtert man Menschen ein? Wie gibt man ihnen das Gefühl, sich strafbar zu machen, wenn sie ihre Meinung sagen?

Man greift zu der trivialen Sprechblase »Hass und Hetze«. Oft erzielt das eine Wirkung. Häufig verunsichert der Vorwurf der »Hassrede«. Aber was soll »Hassrede« eigentlich sein? Unser Strafgesetzbuch kennt den Begriff gar nicht. Dafür gibt es dort Verbote von Beleidigung, Verleumdung oder übler Nachrede.

Der Bürger muss erkennen, was strafbar ist und was nicht. So steht es in der Verfassung. Schwammige Floskeln haben in Gesetzen nichts verloren.

Wenn jemand von »Hass und Hetze« spricht, plappert er entweder ohne nachzudenken nach, was alle plappern. Oder er will die Meinungsfreiheit einschränken und politisch unerwünschte Kritik kriminalisieren. Diese Kritik ist aber durch die Verfassung ausdrücklich erwünscht. Weil sie überlebenswichtig ist für unsere Demokratie. Meint der, der von »Hass und Hetze« spricht, auch Äußerungen, die von der Meinungsfreiheit gedeckt sind? Dann steht jemand vor Ihnen, der Ihr Grundrecht einschränken, der Ihnen den Mund verbieten will. Meint er aber nur das, was das Strafgesetzbuch ohnehin verbietet, warum sagt er es dann nicht? Und spricht einfach von »strafbaren Äußerungen«? Der Unrechtsstaat DDR kannte die »Staatsfeindliche Hetze«. Mithilfe dieses Verbots wurden viele Oppositionelle weggesperrt, weil die Formulierungen des Paragrafen so schwammig waren, dass beinahe jede kritische Äußerung bestraft werden konnte. So weit, wie gerne geltend gemacht wird, wenn Personen verspottet werden, die aufgrund von Meinungsäußerungen beruflich oder sozial Ächtung erfuhren, sind wir davon nicht entfernt.

Aber: Schwarz-Grün will in Nordrhein-Westfalen »ein bundesweit einzigartiges Netz« von Meldestellen einrichten, die »Vorfälle auch unterhalb der Strafbarkeitsgrenze erfassen« sollen.[7]

Dort legt man dann Dossiers über Bürger an, die nichts Unrechtes getan haben. Und Bundeskanzler Olaf Scholz (SPD) kündigte schon Ende 2020 an, mit über einer Milliarde Euro »den Kampf gegen rechts« zu unterstützen.[8] Denn »Hass und Hetze« von Islamisten oder von Linksextremisten gibt es hierzulande ja bekanntlich nicht.

2. Jeder hat den Begriff »Hassrede« schon einmal gehört, aber er wird in keiner der internationalen Übereinkommen zur Wahrung der

Menschenrechte verwendet oder definiert. Auch nicht vom Europäischen Gerichtshof oder dem Europäischen Gerichtshof für Menschenrechte oder einem anderen internationalen Gericht. Nationale Regierungen, Technologieunternehmen und internationale Organisationen verwenden den Begriff »Hassrede« in verschiedenen Dokumenten auf unterschiedliche Weise. Gemeinsames Merkmal ist die fehlende Definition, die Verwendung vager Begriffe und eine erhebliche Subjektivität und (rechtlich unzulässige) Unbestimmtheit.

Auffällig ist, wann und wo die Einschränkungen der Meinungsfreiheit über Strafgesetze stattfinden. Ins Auge springt, dass es häufig diejenigen trifft und sich die Strafverfolgung scheinbar auf diejenigen konzentriert, die nicht die Ansichten des Mainstreams zu bestimmten politisch brisanten Themen teilen. Folglich sind im Europa des 21. Jahrhunderts öffentliche – und manchmal sogar private – Diskussionen über politisch besonders umkämpfte Themen wie Migration, den Islam oder alles, was unter der Modevokale »Woke« subsumiert wird, gelegentlich risikobehaftet.

Insbesondere Online-Aktivitäten haben die Aufmerksamkeit der Zensoren geweckt. Internet-Giganten wie Facebook, X (Twitter), Google und Microsoft haben sich mit der Europäischen Union zusammengetan, um »Hate Speech« online aktiv zu entfernen.

> »Die Kommission stellt heute zusammen mit Facebook, Twitter, YouTube und Microsoft einen Verhaltenskodex vor, der eine Reihe von Verpflichtungen zur Bekämpfung der Verbreitung von illegaler Online-Hetze in Europa enthält.«[9]

Diese Pressemeldung allein ist schon obszön genug, dass sich aber Unternehmen mit dem Staat zusammentun, um gemeinsam die Reichweite der Meinungsfreiheit der Bürger zu bestimmen (genauer: einzuschränken), ist eine rechtsstaatliche Perversion. Die Servilität, mit der sich die Repräsentanten der Unternehmen in der Pressemitteilung zitieren lassen, wirft ein deutliches Bild auf deren Haltung.

> »Wir begrüßen die heutige Ankündigung und sind froh, dass wir unsere Anstrengungen zur Bekämpfung von Hasskommentaren im Internet mit der Kommission und der Technologiebranche fortsetzen können ... Wie wir in unseren Gemeinschaftsstandards klarstellen, gibt es auf Facebook keinen Platz für Hassrede. Wir fordern die Leute auf, unsere Möglichkeiten zur Meldung von Inhalten zu nutzen ... Unsere Teams auf der ganzen Welt prüfen diese Meldungen rund um die Uhr und handeln dann schnell«, Monika Bickert, Facebook.[10]

Auf welchem Niveau die »Teams auf der ganzen Welt« operieren, zeigt dieses Buch.

> »Wir haben effiziente Systeme, mit denen wir stichhaltige Meldungen in weniger als 24 Stunden prüfen und illegale Inhalte entfernen können. Wir freuen uns auf die gemeinsame Arbeit mit der Kommission ...«, Lie Junius, Google.[11]

Wie es um die »effizienten Systeme« von Google bestellt ist, können Sie an den zahlreichen nachfolgenden Beispielen selbst überprüfen.

Diese Anbiederung passt zu der Entwicklung, der zufolge die großen amerikanischen Technologieunternehmen – Google, X (Twitter) und Meta – weitgehend die Prämissen der europäischen Gesetze gegen »Hassrede« übernehmen und imitieren. Und sie sind dabei, die damit einhergehenden Beschneidungen der Meinungsfreiheit auszuweiten. Ein durchgesickertes internes Memo von Google zeigt die skeptische Haltung des Unternehmens gegenüber der Redefreiheit und vergleicht die »amerikanische Tradition« mit der »europäischen Tradition«: Amerika bevorzuge die »freie Rede für die Demokratie, nicht die Höflichkeit«, während die europäische Tradition »die Würde und die Höflichkeit jeweils über die Freiheit stellen«. Das Memo macht Googles Unterstützung für die europäische Tradition deutlich und äußert die Vermutung, dass sich alle Tech-Plattformen schließlich in diese Richtung bewegen werden.

In ähnlicher Weise bekennt sich X (Twitter) öffentlich zum Verbot von Inhalten, die dazu dienen, Angst zu schüren oder Stereotypen über eine »geschützte Gruppe« zu verbreiten. Da das Schüren von Angst so weit gefasst und ungenau definiert ist, dass es keinen klaren Inhalt hat, kann alles, was hinter dem Lobpreisen einer »geschützten Gruppe« zurückbleibt, als verdächtig angesehen und gelöscht werden. Tür und Tor werden hier geöffnet für eine Tyrannei von Minderheiten, die bei geringfügiger Kritik indigniert protestieren.

Die Richtlinien von Facebook verbieten ausdrücklich die Verwendung von Begriffen, die als »entmenschlichend« für bestimmte Gruppen angesehen werden. Das Problem mit »Hassrede« ist laut Facebook, dass sie Menschen daran hindere, ihre Identität ungezwungen und frei auszudrücken. Was genau das sein soll, wird allein durch die moralischen Überzeugungen von Zehntausenden von Facebooks menschlichen »Hassrede«-Prüfern und Algorithmen, die Inhalte überwachen und verbieten, beurteilt.

Bei dem ganzen Spektakel um »Hassrede« geht es nicht um Höflichkeit und nicht um die Achtung anderer. Das wird uns nur vorgegaukelt. Es geht um Macht. »Hassrede«-Gesetze untergraben die Grundlage der Republik: die politische Selbstbestimmung.

Das Verbot von »Hassrede« ist eine Einbahnstraße: Es zielt darauf ab, die Rede der »Unterdrücker«-Gruppe zum Schweigen zu bringen, während den »Marginalisierten« volle Redefreiheit gewährt wird. Diese Diskriminierung und Ungleichbehandlung sind diesem Prozess immanent.

Letztlich besteht das Ziel des Verbots von »Hassrede« darin, die Gruppe der »Unterdrücker« zum Schweigen zu bringen, um sie daran zu hindern, negative Urteile über die »Ausgegrenzten«, diverse tatsächliche oder eingebildete Minoritäten zu bilden oder zu äußern.

Sprache als Spiegelbild der Macht, Sprache als Instrument zur Erlangung von Macht.

1. Mit den mächtigen IT-Giganten und dem Staat vor Gericht

Auf den vorangehenden Seiten habe ich den Kampf um die Meinungsfreiheit in den sozialen Netzwerken allgemeingültig beschrieben, die Eingriffe und Interessen der Politik geschildert und auf die Gefahren dieser Entwicklungen hingewiesen. Die faktischen Grundlagen für diese Bewertungen beruhen auf zahllosen tatsächlich geführten Prozessen, den tatsächlichen Fällen, von denen nachfolgend eine unterschiedlichste Bereiche berührende Auswahl vorgestellt wird. In Wirklichkeit ist es alles, so mag man nach der Lektüre denken, noch schlimmer.

#1
Wie Facebook Spenden für »Impfgerechtigkeit« erschwindelte

Facebook bietet Nutzern die Möglichkeit, Spendenaktionen für die unterschiedlichsten Organisationen oder für Private zu erstellen. Und das Unternehmen sammelt auch selbst, so geschehen im April 2021 für die Kampagne »Go Give One« der Weltgesundheitsorganisation. Ziel der Kampagne war es, Geld für Impfstoffe gegen Covid19 zu beschaffen. In einer Überschrift der Aktion war von »Impfgerechtigkeit« die Rede.

Diese Aktion ist selbstverständlich völlig legitim. Das gilt allerdings nicht, soweit Facebook Millionen von Nutzern getäuscht hat, um sie zum Spenden zu manipulieren.

Am 29.04.2021 erfuhr die Heilpraktikerin Nadine H. über eine Kollegin und Facebook-Freundin, dass sie und fast 50 weitere Freunde auf deren Facebook-Seite mit Vor- und Zunamen unter der o.g. Spendenaktion von Facebook mit Namen als angebliche Spender genannt wurden:

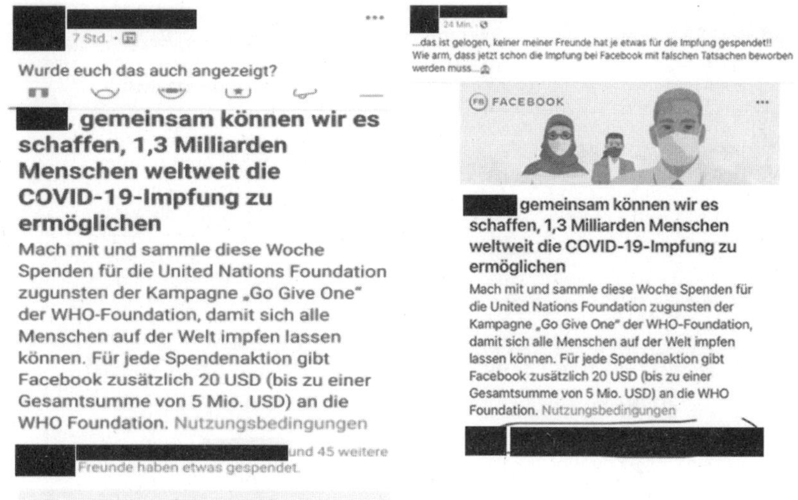

Natürlich ist man eher geneigt zu spenden, wenn zahlreiche Freunde oder Bekannte dies auch getan haben. Tatsächlich hatte Frau H. für diese Aktion nicht gespendet und war auch nicht damit einverstanden, für diese Aktion mit ihrem Namen instrumentalisiert zu werden. Diese Täuschung war gravierend. Facebook rief zu seiner Spendenaktion auf und täuschte die Nutzer massenhaft mit der Behauptung, dass angeblich auch schon »Freunde« gespendet hätten. Die Nutzer, die dies herausfanden, waren nicht amüsiert:

Der Rechtsverstoß war bei Frau H. besonders schwerwiegend, weil der Eindruck erweckt wurde, sie unterstütze als Heilpraktikerin, als Person mit medizinischen Kenntnissen also, die beworbene Aktion. Das Täuschungsmanöver wurde Facebook vom Amtsgericht Potsdam rechtskräftig verboten. Man kann nur darüber spekulieren, wie viele Menschen der Irreführung weltweit zum Opfer gefallen sind. Wer jetzt aber glaubt, Facebook hätte sich entschuldigt und wenigstens die wirklich niedrigen Kosten für die Abmahnung in Höhe von 282,15 Euro freiwillig gezahlt, der kennt den Charakter dieses Unternehmens nicht. Auch die 282,15 Euro mussten eingeklagt werden. Zweifellos hat Facebook an die eigenen Anwälte zur Abwehr dieser Kostenforderung höhere Gebühren als die 282,15 Euro gezahlt, um die gestritten werden musste. Hier wird auch im Kleinen das Prinzip deutlich, mit dem agiert wird: Man schikaniert seine Nutzer bis zum bitteren Ende, selbst wenn der eigene Rechtsverstoß eindeutig ist.

#2
Facebook löscht mit politischer Schlagseite – Inhalte von Internetseite des Deutschen Bundestages als Hassrede entfernt

Im März 2018 veröffentlichte eine Gruppe von Journalisten, Künstlern und Intellektuellen die »Gemeinsame Erklärung 2018« als Kritik an der Flüchtlingspolitik der Bundesregierung. Die Erklärung hatte folgenden Wortlaut:

> »Mit wachsendem Befremden beobachten wir, wie Deutschland durch die illegale Masseneinwanderung beschädigt wird. Wir solidarisieren uns mit denjenigen, die friedlich dafür demonstrieren, dass die rechtsstaatliche Ordnung an den Grenzen unseres Landes wiederhergestellt wird.«

Kurz nach ihrer Veröffentlichung wurde die Erklärung in eine Petition an den Deutschen Bundestag umgewandelt. Der Petitionsausschuss des Deutschen Bundestages prüfte die verfassungsrechtlichen Voraussetzungen, bejahte diese und veröffentlichte die Petition zwischen dem 23. Mai und dem 20. Juni 2018 zur Mitzeichnung auf der Internetseite des Parlaments. Das Quorum von 50 000 Stimmen wurde innerhalb von zwei Wochen erreicht. Die Erklärung ist auch heute noch unter bundestag.de abrufbar.[12]

Nachdem aus der »Gemeinsamen Erklärung 2018« die »Petition 2018« wurde und ein Nutzer von Facebook diese in wörtlicher Rede zitierte und zur Unterzeichnung ermutigte, wurde dieses Posting von dem IT-Riesen als »Hassrede« gelöscht und der Nutzer für 30 Tage gesperrt. Wohlgemerkt *nachdem* der Text vom Petitionsausschuss des Deutschen Bundestages nach Art. 45 c Grundgesetz geprüft und auch auf der Webseite des Parlaments veröffentlich worden war. Der Nutzer war bereit zu klagen, die Initiatoren der »Erklärung 2018« riefen zu Spenden für das Verfahren auf. Die Unterstützung war enorm. Die Hilfe Tausender Bürger, die in Einzelfällen sogar mehrere Tausend Euro zur Verfügung stellten, hat es nicht nur möglich gemacht, Facebook vor dem Landgericht Bamberg zu verklagen. Dieser Übergriff führte zur Gründung meiner Initiative »Meinungsfreiheit im Netz«, die Spenden sammelt und Prozesse gegen die Plattformen unterstützt. Mit ihrer Hilfe wurden Facebook, Google (YouTube) und Twitter weit über einhundert Prozessniederlagen zugefügt. Und zwar auch im Verfahren um die »Gemeinsame Erklärung 2018«.

Die *FAZ*, die die Verhandlung beobachtete und die Schriftsätze von Facebook las, gelangte zu der Schlussfolgerung: »Facebook löscht mit politischer Schlagseite.« Es ist das eine, wenn man dies aufgrund der erratischen Löschpraxis annimmt. Werden diese Löschungen aber von einer internationalen Großkanzlei in zigseitigen Ausführungen verteidigt, ist das erfolgte Löschen Unternehmenspolitik, so der Autor des Artikels.[13]

Bereits 2018, Jahre vor den Grundsatzentscheidungen des Bundesgerichtshofs, hat das Landgericht Bamberg viele grundlegende Punkte so beantwortet, wie dies später auch in Karlsruhe geschah. Denn erst im Juli 2021 verkündete der Bundesgerichtshof seine Entscheidungen, mit denen die Rechte der Nutzer höchstrichterlich festgeschrieben wurden, räumte aber auch den Plattformen gewisse Befugnisse ein. Danach dürfen die Plattformen die Einhaltung objektiver, überprüfbarer Kommunikationsstandards vorgeben, die über die gesetzlichen Vorgaben hinausgehen, soweit dabei insbesondere das Grundrecht der Meinungsfreiheit hinreichend berücksichtigt wird. Facebook unterlag in Bamberg im Eilverfahren, wollte das Verbot nicht akzeptieren und holte sich dann in dem folgenden Hauptsacheverfahren eine weitere Niederlage ab.

#3
Homophobie und Einknicken vor militantem Islam

Der islamkritische Aktivist Amed Sherwan postete am 17. Dezember 2020 diese Fotomontage auf Facebook und Instagram. Beide Plattformen werden von Facebook (später umfirmiert in Meta Platforms) betrieben.

Das Foto stellt einen Kuss mit dem ägyptischen Atheisten Mohamed Hisham vor der Kaaba dar, die von gläubigen Muslimen als eines der zentralen Heiligtümer des Islam angesehen wird. Wie Amed Sherwan erklärt, handele es sich bei dem Bild »um ein Zeichen der Solidarität mit LGBTIQ-Personen in muslimischen Communitys«.[14]

Sherwan erhielt nach der Veröffentlichung massenhaft Beleidigungen und Gewaltandrohungen – darunter auch konkrete Morddrohungen. Insbesondere fundamentalistische Muslime riefen in Kommentaren dazu auf, Sherwans Beiträge bei Facebook und Instagram zu melden. Eine große Anzahl dieser Kommentare wurde von Profilen veröffentlicht, die ihren Wohnort in Pakistan angeben.

Kurze Zeit nach Veröffentlichung der Fotomontage wurden Sherwans Accounts bei Facebook und Instagram gesperrt. Am 21. Dezember 2020 erhält er eine Meldung von Instagram, dass er der Sperrung seines Profils widersprechen könne. Nachdem er Widerspruch eingelegt hat, wird ihm am 25. Dezember 2020 in einer Mail mitgeteilt, dass sein Instagram-Account »offenbar fälschlicherweise deaktiviert« wurde. Kurze Zeit später wird sein Account jedoch ohne Meldung erneut gesperrt.

Nachdem sein Facebook-Account am 26. Dezember 2020 wieder entsperrt ist, postet Sherwan einen Tag später die Fotomontage von dem Kuss in Mekka erneut. Dieser Beitrag verschwindet kurz danach ohne Benachrichtigung.

Am 31. Dezember 2020 wird Facebook abgemahnt, am 5. Januar 2021 beim Landgericht Flensburg der Erlass einer einstweiligen Verfügung beantragt. Am 15. Januar 2021 ist das Instagram-Profil von Sherwan dann wieder da und der Post, der zur vorübergehenden Sperrung seines Facebook-Accounts geführt hat, wieder freigegeben.

Das Landgericht Flensburg hat Facebook im März 2021 die gesamten Kosten des Verfahrens auferlegt. Das Unternehmen habe »im Prozess vielmehr einen nicht unerheblichen Aufwand betrieben, seine Entscheidung zu rechtfertigen. Es gesteht zudem eine Fehleinschätzung nicht ein, sondern beharrt auf seiner Meinung.« Anders als das Unternehmen meint, komme ihm »gerade kein ›Ermessen‹ bei der Auslegung oder ein ›Erstprüfungsrecht‹ auf ›scheinbare Verstöße‹ zu, denn dies würde dazu führen, dass die Bedeutung ggf. von der rein subjektiven Ansicht der Verfügungsbeklagten abhinge.«

Die Giordano-Bruno-Stiftung und »Meinungsfreiheit im Netz« haben die Rechtsverfolgung finanziert.

Es gibt eine Vielzahl von Fällen, in denen islamistische Netzwerke oder die Anhänger des türkischen Präsidenten Erdogan versuchen, kritische Stimmen in den sozialen Netzwerken mundtot zu machen. Durch Morddrohungen, Beleidigungen und orchestrierte Meldeaktionen, die zur Sperrung von Profilen führen sollen. Betroffen sind davon insbesondere Accounts von Ex-Muslimen und Islamkritikern wie z. B. Hamed Abdel-Samad.

#4
Facebook behauptet vor Gericht: Preisgekrönte ARD-Serie verharmlost den Holocaust!

Im April 2019 postete ein in Stuttgart wohnhafter Facebook-Nutzer einen fünfminütigen Ausschnitt aus der ersten Folge der ersten Staffel der in der ARD ausgestrahlten Serie »Entweder Broder – Die Deutschland-Safari«. »Entweder Broder« war eine deutsche politische Satiresendung des Produzenten und Regisseurs Joachim Schroeder mit Hamed Abdel-Samad und Henryk M. Broder. 2012 gewannen Broder und Abdel-Samad in der Kategorie »*Reporter*« hierfür den Bayerischen Fernsehpreis. »Unentbehrlich, unbezahlbar, nicht zu schlagen«, titelte Michael Hanfeld am 07.11.2010 in der *FAZ* über die Serie, »keine Folge sollte man verpassen«.[15]

Die erste Folge der ersten Staffel endet damit, dass Abdel-Samad und Broder (Letzterer mit einer Papp-Stele verkleidet) vor dem Denkmal für die ermordeten Juden Europas einen Streit darüber austragen, ob Broder in seinem Aufzug das »Bürgerfest fünf Jahre Holocaustmahnmal« besuchen solle oder nicht. Ein Video (nur) dieses letzten Abschnitts der ersten Staffel hat der Nutzer mit dem Kommentar »Hamed & Broder mal wieder genial« gepostet. Dieses Posting wurde wegen des Ausschnitts aus der ARD-Serie von Facebook als »Hassrede« eingestuft und gelöscht, das Konto des Nutzers für 30 Tage gesperrt. Auf Beschwerde bestätigte Facebook diese Einschätzung: »Wir haben deinen Beitrag noch einmal geprüft und bestätigt, dass er unseren Gemeinschaftsstandards nicht entspricht.«

Und auch wenn man es nicht glauben mag: Facebook hat dann auch noch versucht – natürlich ohne Erfolg –, sich vor dem Landgericht Stuttgart zu verteidigen.

Das Video, so die Anwälte von White & Case, die Facebook damals noch bei seinen Niederlagenserien begleiteten in ihren Schriftsätzen, zeige einen Mann (Henryk M. Broder), der sich in einem lächerlichen

Kostüm über das Denkmal lustig mache und weder das Monument noch die von ihm repräsentierte tragische Geschichte ernst nehme. Es verspotte und verharmlose damit den Massenmord an Millionen Juden während der nationalsozialistischen Diktatur und dessen Opfer, weshalb er die »Gemeinschaftsstandards« bezüglich »Hassrede« verletze und Facebook »in Einklang mit ihren vertraglichen Rechten den Beitrag entfernt« habe.

Facebook-Schriftsatz, in dem die These aufgestellt wird, die preisgekrönte ARD-Serie »Entweder Broder – Die Deutschland-Safari« verharmlose den Holocaust.

Wie man es intellektuell über sich bringen kann, so etwas vor Gericht vorzutragen, erschließt sich mir nicht. Allerdings erforderten diese Entgleisungen eine harte Antwort, die ich schriftsätzlich so formulierte: »Die Bewertung des Videos als Hassrede ist lächerlich und unverschämt. Die Mutter von Henryk M. Broder hat Ausschwitz überlebt, sein Vater Buchenwald. Zu behaupten, Broder wolle den Holocaust verharmlosen und die Verbrechen an den Juden ins Lächerliche ziehen, ist würdelos und dumm. Es ist das Ergebnis völliger moralischer Verwahrlosung.«

Der Vorsitzende Richter der Stuttgarter Pressekammer fragte Facebooks Anwälte: »Ist Ihre Mandantin ernsthaft der Meinung, dass es sich bei dem Video um ›Hassrede‹ handelt?« Und als diese versuchten, sich herauszuwinden: »Weichen Sie doch meiner Frage nicht aus!«

Facebook hat diesen Prozess nicht nur verloren, sondern sich mit seiner Argumentation öffentlich dem Gespött preisgegeben. Das Landgericht Stuttgart hat Löschung und Sperre verboten, das Verbot ist rechtskräftig. Auch dieses Verfahren wurde von »Meinungsfreiheit im Netz« unterstützt.

#5
YouTube gesteht im Prozess: Wir löschen auf Zuruf

»Was trifft, trifft auch zu« lautet ein wohl fälschlich Karl Kraus zugeschriebenes Zitat. Was nichts daran ändert, dass es zutrifft. Jemand, der besonders oft trifft, ist Henryk M. Broder. Die Reaktion der sozialen Medien auf dessen – journalistische – Treffer ist das Löschen auf Zuruf der Getroffenen. Diese müssen sich nur deutlich genug zu Wort melden, dann radiert YouTube den betroffenen Inhalt aus. Das hat das Unternehmen in einem ebenfalls in Stuttgart geführten Prozess sogar schriftlich zugestanden. Wieder einmal ging es um angebliche »Hassrede«, konkret um die Löschung eines Videokommentars von Henryk M. Broder mit dem Titel »Broders Spiegel: Konsequenter Antifaschismus«. Der vollständige Text des Videos ist im Anhang wiedergegeben. Anzumerken ist, dass das Video im September 2020 veröffentlicht wurde. Politische Einschätzungen sind immer auch im zeitlichen Kontext, in denen sie gemacht wurden, einzuordnen.

> »Natürlich haben die Linken keinen Holocaust organisiert und die haben nicht sechs Millionen Juden umgebracht, aber, halten zu Gnaden, das ist nicht mein Maßstab. Es gab die Gulags, es gab Konzentrationslager, es

> gab Deportierungen, es gab die Todesstrafe, es gab genug, was dieses linke System völlig disqualifiziert hat. Und dann zu sagen, ›es war nicht so schlimm‹ wie der rechte Terror, entspricht ungefähr der Übung zu sagen, ja vielleicht waren es keine sechs Millionen Juden, es waren nur drei Millionen und das ist halb so schlimm. Das ist genau die Art von denken. Die Relativierung des Unrechts, des Horrors, der Grausamkeit. Und jetzt fängt die große Reha-Bewegung an.«

Es geht in einem Buch, das sich mit der Meinungsfreiheit befasst, nicht um die Frage, ob Sie Broders Meinung zustimmen oder ablehnen. Das ist vielmehr vollkommen egal. Kein vernünftiger Mensch, kein Demokrat, niemand, der es mit der Meinungsfreiheit ernst meint, wird sich auf den Standpunkt stellen, man dürfe einen solchen Kommentar löschen. Kein nüchtern denkender Mensch kommt auf den Gedanken, es könne sich um »Hassrede« handeln, diese Allerweltsfloskel, die immer wieder zur massenhaften Löschung freier Rede instrumentalisiert wird. Nur darum geht es. Und dennoch ist genau dies geschehen: Ein übermächtiger Monopolist, Google/YouTube, hat das Video mehrfach gelöscht und diesen Eingriff in die Rechte der Nutzer auch noch vor Gericht verteidigt.

Aber, wie das Kammergericht in Berlin schon 2019 in einem von mir geführten Verfahren entschieden hat: »Eine Internetvideoplattform, die Nutzern auf der Grundlage eines Vertragsverhältnisses die Möglichkeit bietet, eigene Videoinhalte zum Abruf für Dritte einzustellen, hat bei der Anwendung ihrer Richtlinien in jedem Fall die mittelbare Drittwirkung der Grundrechte, insbesondere das Grundrecht der Nutzer auf Meinungsfreiheit (Art. 5 Abs. 1GG), zu berücksichtigen«.[16]

Warum also hat YouTube Broder hier nun gelöscht? Im Prozess erfuhr man Verblüffendes. Dies sei angeblich darauf zurückzuführen gewesen, dass »die technischen Systeme der Antragsgegnerin [YouTube] erkannten, dass es sich … um identische bereits gesperrte Inhalte handelte.« Dies ist genau das, was als »digitale Massenvernichtung freier Rede« bezeichnet werden kann.

Erschwerend kommt hinzu, und YouTube gibt auch dies in Schriftsätzen unumwunden zu, dass ihr mehrfacher Eingriff in die Meinungsfreiheit erfolgte, »nachdem die Inhalte des Videos von anderen Nutzern als ›Hassrede‹ beanstandet worden waren«.

Ein unglaubliches Geständnis. Dies bedeutet nämlich nichts anderes, als das YouTube die Denunziation politischer Gegner, nicht etwa die gebotene eigene Prüfung, genügen lässt, um völlig einwandfreie Inhalte zu löschen. Und zwar noch dazu mit dem stigmatisierenden »Hassrede«-Siegel. Und wenn der Betroffene keine hinreichenden Ressourcen hat, um sich dagegen zu wehren, bleibt die Grundrechtsverletzung bestehen und die Denunziation, die zur Löschung führte, triumphiert.

Die anwaltliche Vertreterin von YouTube teilt auf ihrem Twitter-Profil mit: »Streite frank und frei für die Meinungsfreiheit. Auch in Robe.« Ein Lehrbeispiel für kognitive Dissonanz.

Das vom Landgericht Stuttgart schließlich erlassene Verbot gegen die Löschung des Videos wurde rechtskräftig, YouTube unterlag auch hier.

Bevor aber überhaupt verhandelt wurde, kam es zu einem ebenso kuriosen wie erwähnenswerten Vorfall. Das Eilverfahren war auch wegen der Corona-Einschränkungen bereits enorm verzögert. Über den Antrag auf Erlass einer einstweiligen Verfügung vom 13.03.2020 sollte erst am 06.08.2020 in Stuttgart verhandelt werden. Die Anwälte beider Parteien kamen aus Hamburg, beide Anwälte hatten am Folgetag, dem 07.08.2020, um 13:30 Uhr, einen weiteren Gerichtstermin in Dresden, bei dem sie erneut aufeinandertreffen würden. Wer klug plant, fliegt von Stuttgart direkt weiter nach Dresden und schaut sich am Vormittag die Stadt an oder bereitet den Termin vor. Oder er fliegt nach Hamburg zurück und steigt am Folgetag um 08:35 in die Bahn. Der Flug von Stuttgart nach Dresden dauert etwa eine Stunde, der Rückflug von Stuttgart nach Hamburg ebenso. Die Anwältin von YouTube richtete Ende Juli wegen des Termins in Dresden einen Terminverlegungsantrag an das Landgericht Stuttgart: »Die Reisezeit [nach Dresden] beträgt mindestens sieben Stunden.« Die »Ankunft bzw. Abfahrt [der Anwältin] fielen in eine Unzeit, was gerade im Hinblick auf die bevorstehende Verhandlung in Dresden nicht zumutbar ist«. Ein auch sprachlich ziemliches Geschwurbel, das vor allem in Hinblick auf die Reisezeiten schlicht und einfach unwahr war. Damit konfrontiert, erklärte die YouTube-Anwältin gegenüber dem Gericht: »Die Unterzeichnerin hat nicht unwahr zur Reisezeit vorgetragen. Sie hat aus ökologischen Gründen nach Zug- und nicht nach Flugverbindungen zwischen Stuttgart und Dresden geschaut.«

#6
Wer zum Teufel hat Sie gewählt?

Kurz vor den US-Präsidentschaftswahlen 2020 tauchte ein von Hunter Biden, dem Sohn des aktuellen US-Präsidenten Joe Biden, in einem Computergeschäft zurückgelassenes Notebook auf. Den Inhalt – voller Beweise für Hunter Bidens Drogenkonsum, seine Prostituiertenbesuche und E-Mails über ausländische Geschäfte – versuchten damals einige Medien und Mitarbeiter der Geheimdienste als möglichen Teil einer russischen Kampagne zur Wahlbeeinflussung zu diskreditieren. Heute spricht niemand mehr von russischer Desinformation, die Inhalte des Notebooks haben sich als authentisch erwiesen.

Vor den Präsidentschaftswahlen und bevor das Notebook vom FBI beschlagnahmt wurde, erfuhr die *New York Post* von dem Computer, erlangte Zugriff auf die Mails und veröffentlichte einen entsprechenden Artikel.[17] Jene Korrespondenz belegt, wie Hunter Biden versuchte, die Verbindung zu seinem Vater auszunutzen, um sein Gehalt bei einem ukrainischen Erdgasunternehmen zu erhöhen, als er dessen Vorstand beitrat. Die Mails stammen aus einer Zeit, als Biden Senior US-Vizepräsident war. Korruption, Interessenkonflikte und Nepotismus waren Vorwürfe, die das Biden-Lager unmittelbar vor den Wahlen 2020 natürlich nicht gebrauchen konnte.

Wie reagierten Facebook und vor allem Twitter, als der Artikel erschien und in der aufgeheizten Stimmung vor den Wahlen massenhaft verbreitet wurde?

Die politische Ausrichtung der Mitarbeiter von Twitter kann man an den Spendenzahlungen ablesen, die diese für Demokraten oder Republikaner leisten. Im Jahr der Präsidentschaftswahl 2020 erhielten die Demokraten 98,47 Prozent der Spenden der bei Twitter beschäftigten Personen, die Republikaner 1,53 Prozent. In den Jahren 2018 oder 2022 sah es nicht wesentlich anders aus.

Contributions by Party of Recipient					
Cycle	**Total**	**Democrats**	**% to Derms**	**Republicans**	**% to Repubs**
2022	185 267 Dollar	165 969 Dollar	99,73 %	451 Dollar	0,27 %
2020	968 749 Dollar	909 431 Dollar	98,47 %	14 137 Dollar	1,53 %
2018	309 394 Dollar	295 722 Dollar	96,38 %	11 100 Dollar	3,62 %

Quelle: »Open Secrets -Following the Money in Politics«– https://www.opensecrets.org/orgs/twitter/summary?id=D000067113

Der Artikel erschien 19 Tage vor der Präsidentschaftswahl, und sowohl Facebook als auch Twitter griffen durch dessen unzulässige Blockierung direkt in die Pressefreiheit ein. Die Verbreitung des Artikels über die Plattformen wurde massiv be- (Facebook) oder komplett verhindert (Twitter), die Links auf den Artikel blockiert. Twitter und Facebook verkauften das in öffentlichen Stellungnahmen so: »Dies ist Teil unserer Standardprozedur gegen die Verbreitung von Falschinformation«, behauptete Facebook. Nur handelte es sich nicht um Falschinformationen. Alles, was falsch war, war die Unterstellung von Facebook, mit der man die Enthüllung zu diskreditieren versuchte. Twitter begründete sein Vorgehen mit Fragen zur »Herkunft der Materialien« für den Artikel. »Das ist Wahleinmischung – und wir befinden uns 19 Tage vor einer Wahl«, kritisierte der konservative US-Senator Ted Cruz. »Twitter missbraucht seine unternehmerische Macht, um die Presse zum Schweigen zu bringen und Korruptionsvorwürfe zu verschleiern.« Es war das erste Mal überhaupt, dass Twitter die Verbreitung von Informationen von einer Nachrichten-Website direkt eingeschränkt hat, ausgerechnet unmittelbar vor den Präsidentschaftswahlen. Zeitgleich sperrte Twitter das persönliche Konto der Pressesprecherin des Weißen Hauses, Kayleigh McEnany, weil sie den Artikel geteilt hatte.

Eine kleine Gruppe von Twitter-Mitarbeitern, zu der nicht einmal der damalige Twitter-Chef Jack Dorsey gehörte, traf damals die Entscheidungen darüber, was zu löschen oder zu blockieren war. Entscheidungsgrundlage waren nicht etwa irgendwelche nachvollziehbaren Regeln oder Geschäftsbedingungen, sondern eigene politische Neigungen der Gruppenmitglieder.

Die Berichterstattung der *New York Post* wurde dabei nicht nur blockiert, sie wurde komplett unterdrückt. Das galt bei Twitter sogar für die Übermittlung per Direktnachricht, ein Instrument zum Versenden privater Nachrichten an »Freunde«, das bisher nur für Extremfälle wie Kinderpornografie eingesetzt wurde.

Facebook und Twitter ruderten später zurück, der damalige Twitter-Chef Jack Dorsey selbst bezeichnete das Vorgehen seines Unternehmens als »inakzeptabel«, der ehemalige Sicherheitschef Yoel Roth räumte Fehler ein.

»Twitter's ›Living‹ Censorship«, titelte das *Wall Street Journal*[18]

Dieser Vorfall hatte in den USA auch politische Konsequenzen. In einer Anhörung des Handelsausschusses des Senats kam es zu einem hitzigen Wortgefecht zwischen dem republikanischen Senator Ted Cruz und dem damaligen Twitter-Chef Dorsey, dessen Höhepunkt der folgende Ausruf war:

»Who the hell elected you?«

»Mr. Dorsey, wer zum Teufel hat Sie gewählt und Ihnen die Verantwortung dafür übertragen, was die Medien berichten dürfen und was das amerikanische Volk hören darf?«

Wikileaks nahm den Faden auf und fragte in einem Retweet, ob Twitter auch die Veröffentlichung der Pentagon Papers (die berühmte Vietnam-Studie, die u. a. enthüllte, dass US-Präsident L. B. Johnson nicht nur die Öffentlichkeit, sondern auch den Kongress systematisch belogen habe), die berühmten NSA-Dokumente von Edward Snowden oder die Steuerklärungen des früheren US-Präsidenten Trump zensieren würde. Alle Dokumente waren auf ähnlichem Wege publik geworden.

WikiLeaks Retweeted

The Pentagon Papers, Snowden's NSA docs, the FBI files revealing COINTELPRO, Trump's tax returns -- all of these files were taken without authorization and released through the press. Would Twitter censor all of these stories?

Nicht nur in den USA wurde die Verbreitung des Artikels verhindert, sondern auch in Deutschland. Versuchte man den Link zu tweeten, war dies »nicht möglich, weil dieser Link von Twitter oder unseren Partnern als potenziell schädlich identifiziert wurde«.

Presse- und Meinungsfreiheit waren also Twitters Sache nicht. Ich habe den Streitfall in Köln vor Gericht gebracht und Twitter mit der Unterstützung von »Meinungsfreiheit im Netz« verklagt. Am 15.12.2021 untersagte die Zivilkammer 28 des Landgerichts Köln Twitter, den Kläger des Verfahrens daran zu hindern, den *New York Post*-Artikel auf seinem bei Twitter betriebenen Profil zu veröffentlichen. Eine wesentliche Passage des Urteils lautet:

> »Für das Vorgehen der Beklagten am 14.10.2020 bestand keine rechtliche Grundlage. Ein nachvollziehbarer Grund, den Kläger an der Ausübung seines vertraglichen Rechts zu hindern, war und ist nicht ersichtlich; der konkrete streitgegenständliche Tweet ist zulässig. Die Beklagte hat im Übrigen auch weiterhin nicht näher dargelegt, inwieweit der Tweet damals konkret gegen die ›Richtlinie zur Verbreitung von gehackten Materialien‹ verstoßen haben soll.«

So schnell wollte Twitter sich mit der Niederlage nicht abfinden. Man legte Berufung ein und begründete diese am 22.04.2022 auf knapp 30

Seiten. Der Erfolg blieb aus. Mit Beschluss vom 18.05.2022 erteilte der 15. Zivilsenat des Oberlandesgerichts Köln Twitter folgenden Hinweis:

> »Die Berufung der Beklagten ist nach einstimmiger Auffassung des Senats offensichtlich unbegründet. Die Beklagte wird darauf hingewiesen, dass der Senat beabsichtigt, ihre Berufung durch einstimmigen Beschluss zurückzuweisen.«

Twitter nahm die aussichtslose Berufung am 03.06.2022 zurück, das Urteil ist rechtskräftig. Es scheint die weltweit einzige gerichtliche Entscheidung zu sein, mit der Twitter dieser beispiellose Eingriff in die Meinungs- und Pressefreiheit untersagt wurde.

#7
Hamed Abdel-Samad: Von Bundespräsident Gauck gelobt, von Facebook als Hassredner gelöscht

Henryk M. Broder wurde im Mai 2018 in Berlin mit dem Scopus Award der Hebräischen Universität Jerusalem geehrt. Den Preis, den die Freundesgesellschaften der Universität verleihen, haben vor dem *WELT*-Autor etwa der frühere US-Präsident Gerald Ford, der Philosoph Bernard-Henri Lévy, Ex-Nato-Generalsekretär Jaap de Hoop Scheffer und der Sänger Frank Sinatra erhalten. Die Hebräische Universität spielt in internationalen Rankings in einer Liga mit Stanford und Oxford. Nach der Verleihung der Auszeichnung standen wir noch mit einigen Gästen bei einem Glas Wein zusammen. Mit am Tisch Leon de Winter, Mathias Döpfner, Hamed Abdel-Samad und Joachim Gauck, ein Jahr zuvor noch Bundespräsident. Gauck wandte sich an Abdel-Samad und sagte: »Gut, dass es Sie gibt.«

Am 28.11.2018, eben jener von Gauck gelobte Hamed Abdel-Samad war gerade als Teilnehmer der Islamkonferenz in Berlin, sperrte ihn Facebook für drei Tage und löschte diesen von ihm auf der Plattform veröffentlichten Text als »Hassrede«.

»Ihr Feiglinge! Viele junge Muslime/Muslimas leben im Westen und genießen die Vorzüge der Freiheit, setzen sie sich aber für diese Freiheit kaum ein. Viele sind gut gebildet und haben einen guten Job, bleiben aber in den Zwängen der Religion und der eigenen Community verhaftet. Ihre Bildung und Engagement stellen sie selten im Dienste der Aufklärung und des Gemeinwesens, sondern eher im Dienste des Islam oder der Parallelgesellschaft. Sie kritisieren die rechte Ideologie, solange sie von Bio-Deutschen kommt, aber wir hören von ihnen kaum Kritik gegen die reaktionären Islamverbände, die nationalistischen Grauen Wölfe oder die patriarchalischen Strukturen in den eigenen Familien. Im Gegenteil, viele von ihnen sind Krawatten-Islamisten, die Erdogan, die Grauen Wölfe und die Muslimbruderschaft unterstützen und das Patriarchat verteidigen. Sie zitieren Kant und Adorno, um die Aufklärung zu relativieren und den Islamismus zu verniedlichen. Sie verlangen Sonderrechte für Muslime in Deutschland, lehnen aber die Minderheitenrechte für Kurden in der Türkei oder für Christen in der arabischen Welt [ab]. Selbst viele muslimische Intellektuelle und Journalisten sind in diesen Sippen verhaftet und werben ständig um Verständnis für den Islam und die Parallelgesellschaft, statt ihre Leute mit Kritik herauszufordern. Selbst wenn diese Kritik manchmal kommt, ist sie oft leise und relativiert sich nach zwei Sätzen, indem die Debatte in Richtung Kampf gegen Islamophobie driftet. Migrantenkinder der zweiten und dritten Generationen wissen ganz genau, was schief läuft in der Erziehung und in den Communities, und haben selbst oft darunter gelitten, nehmen aber ihre Leute sippenhaft in Schutz, wenn Kritik von außen kommt. Statt Selbstkritik zu üben, geben sie den anderen die Schuld für die Misere. Die Frauenhäuser sind voll von entrechteten muslimischen Frauen, aber viele gebildete Muslimas machen eher Kampagnen für das Kopftuch und Burkini. Statt sich vom Joch der patriarchalischen Tradition zu emanzipieren, starten sie Initiativen und Projekte, um einen Propheten, der Frauen als Kriegsbeute nahm und ein sechsjähriges Mädchen heiratete, als Vorbild für den modernen Menschen zu rehabilitieren!

Ich sage euch, ihr seid Feiglinge und Heuchler! Ihr seid keine freien mündigen Bürger, sondern Untertanen eurer Religion und eurer Community! Und wenn ihr genauso vehement gegen die Missstände in eueren eigenen Rei-

hen vorgehen würdet wie gegen Islamkritik, wäre diese Kritik überflüssig! Wenn ihr mehr Mut zeigen würdet, statt Opferhaltung, wäre die Gesellschaft reicher. Wenn ihr euch für die Freiheit aller einsetzen würdet, statt nur Sonderbehandlung für euch zu verlangen, wäre viel gewonnen!«

Das Landgericht Berlin (55 O 331/18) hat den Erlass einer einstweiligen Verfügung gegen Löschung und Sperre zunächst abgelehnt. Die Äußerungen »Feigling« und »Heuchler« als vermeintlich strafbare Beleidigungen iSd § 185 StGB einzustufen, wie die Kammer dies tat, offenbarte einen Abgrund sprachlicher und rechtlicher Inkompetenz eigener Art. Die Entscheidung beruhte auf einer grundlegenden, vollständigen und für einen Spruchkörper der Gerichtsbarkeit der Bundesrepublik Deutschland indiskutablen Verkennung des grundrechtlichen Schutzes der Meinungsäußerungsfreiheit.

Facebook stellte den Beitrag im Laufe des Prozesses und bevor es zu einem Verbot kam, wieder her. Im Verfahren äußerte man die Einschätzung, der Text liege »an der Grenze zur Hasskriminalität«, was auch das Kammergericht als »durchaus widersprüchlich« bezeichnete. Die Argumentation von Facebook, warum Löschung und Sperre erfolgt seien, vermöge, so das Gericht, »kaum zu überzeugen«. »Die Auffassung, die Meinungsäußerung ... bewege sich im Grenzbereich zur ›Hassrede‹, [sei] ... schwer nachzuvollziehen.« Gerichte drücken sich auch bei unsinnigem Parteivortrag häufig etwas gewählter aus.

Zwei Jahre später, im November 2020, und nachdem er zehn Jahre teilgenommen hatte, verließ Abdel-Samad die Islamkonferenz. Er begründete dies in einem offenen Brief an den damaligen Innenminister Horst Seehofer (CSU) mit dem zunehmenden Einfluss problematischer Moscheeverbände, dem seitens der Bundesregierung zu wenig entgegengesetzt werde. Insbesondere störte er sich an einem Beschluss des Forums, die Verbände stärker an der Imamausbildung in Deutschland zu beteiligen, womit türkische Nationalisten und die Muslimbruderschaft nun noch mehr Einfluss erhielten.[19] Das ist also der Kontext, in dem Meta Platforms eine liberale Stimme als »Hassrede« löscht.

#8
Böhmermann und die Denunzianten

Hadmut Danisch, Informatiker und Blogger, reagierte auf Twitter auf die in einem öffentlich-rechtlichen Spartenkanal gemachte Einlassung des TV-Kaspers Jan Böhmermann. Er kommentierte eine der vielen dümmlichen Entgleisungen Böhmermanns so:

Hadmut Danisch
@Hadmut

Liebe Sachsen, das zwangsbeitragsfinanzierte #ZDF möchte Euch gerne bombardieren, Dresden niederbrennen. Sterbt schön. https://t.co/zB6Ur0jHnU

7. Sept. 2019, 12:03 PM

Der Kommentar bezog sich auf die retardierte Einlassung Böhmermanns: »In Sachsen stimmten über 27 Prozent der Wählerinnen und Wähler für die AfD. Das Einzige, was dieses Bundesland jetzt noch retten kann, ist eine Koalition aus Roter Armee und Royal Air Force. – Hab ich im Internet, hab ich im Internet, äh, gelesen.«[20] Humor, wie der lustlos abgekniffene Stuhl eines (ergänzen Sie das Substantiv bitte selbst).

Die Anhänger von Böhmermanns beklagenswertem Wirken meldeten den Tweet. Sicher massenhaft, so wie sie es gelernt haben und so wie sie es für richtig halten. Gleich zweimal erhielt Danisch nach Prüfung durch Twitter die Mitteilung, der Tweet sei nicht zu beanstanden, eine dritte Meldung erkannte dann einen Verstoß gegen die »Twitter-Regeln«. Danisch kommentierte den Vorfall auf seinem Blog so: »*Man wird nun also schon bei Twitter dafür gesperrt, dass man aus den Sendungen des ZDF zitiert.* Wohlgemerkt: **Ich hatte ja gar nicht zu Gewalt aufgerufen, sondern das ZDF dafür kritisiert, dass es das tut.«**

Wenn ein Tweet nicht gesperrt wird, weil er nicht zu beanstanden ist, dann geschieht das irgendwann offenbar doch. Es müssen sich nur genügend Nutzer bereitfinden, einen anderen anzuschwärzen. Ganz nach dem Motto: »Denunziation muss sich wieder lohnen.«

Nach Abmahnung hob X (Twitter) die Löschung wieder auf und entschuldigte sich. Aber ohne Anwalt und ohne Abmahnung hätten die Denunzianten obsiegt.

#9
Männer sind Schweine

Sheepworld ist einer der größten deutschen Geschenkartikel-Produzenten, die Motive sind europaweit bekannt. Das erklärte Ziel der Firma sei es, den »Menschen ein Lächeln ins Gesicht und ein wenig Schaf in die Herzen zaubern«.[21] Wer die humorvollen, stets harmlosen Motive kennt, wird an vieles denken, nur sicher nicht an Hassrede. Und das tat auch Jürgen M. aus Essen nicht, als er diese Kachel von Sheepworld in seinem Facebook-Profil postete.

© Sheepworld AG

Nun mag es bei der Vielzahl an Inhalten immer wieder einmal zu Fehlern kommen. Die kann man auf Beschwerde des Nutzers korrigieren und das Problem ist erledigt. Wird aber ein Comic wie dieser als Hassrede gelöscht und dann auch noch »nach nochmaliger Prüfung« die Beschwerde des Nutzers verworfen, dann wird es kritisch. Die finale Steigerung des Irrsinns ist es, wenn man seine Anwälte nötigt, die Löschung dann auch noch vor Gericht zu verteidigen. Wobei man auch als Anwalt, Gebühren hin, Gebühren her, irgendwann anfangen sollte, an die eigene Reputation zu denken. Facebook verteidigt sich vor dem Landgericht Essen u. a. so: »Die in dem Beitrag enthaltene Wendung ›Männer sind Schweine!‹ kann – bei isolierter Betrachtung und je nach Verwendungskontext – als Herabsetzung einer Personengruppe aufgrund ihres Geschlechts (Männer) verstanden werden, was gegen das in Abschnitt III., Ziffer 12 der – wirksam in den Nutzervertrag einbezogenen – Gemeinschaftsstandards der Beklagten geregelte Verbot der Hassrede verstoßen würde.«

Egal wie man diesen Vortrag betrachtet, isoliert oder nicht, mit Kontext oder ohne, das Ergebnis ist immer dasselbe. »Malarkey«, würde der Amerikaner sagen, »Tüddelkram« der Hamburger. Nur eine Frage bleibt offen: Woher stammt dieser Masochismus? Warum lässt Meta sich so gerne öffentlich demütigen? Warum werden derartige Verfahren überhaupt geführt? Wer trifft diese Entscheidungen und was denkt er sich dabei?

Meta beauftragt aktuell eine internationale Großkanzlei mit weltweit fast 5000 Mitarbeitern und einem Umsatz von über 1,5 Mrd. Euro. Und nun stellen Sie sich einmal vor, Sie bekommen dort als junger Anwalt einen Job und werden dann losgeschickt, damit Sie sich vor Gericht selbst erniedrigen, indem Sie mit ernstem Gesicht und vor kopfschüttelnden Richtern behaupten müssen, Schafswitze seien Hassrede.

Bevor ich es vergesse, auch dieses Verfahren hat Meta rechtskräftig verloren. Auch dieses Verfahren wurde von »Meinungsfreiheit im Netz« unterstützt.

#10
Corona, Abstandscoach und dumme Deutsche

Um möglichst viele Schleswig-Holsteiner während der Corona-Welle am Leben zu erhalten oder zumindest vor einer Ansteckung durch das Virus zu bewahren, ist die dortige Landesregierung mit beherzten Schritten und übergriffigem Paternalismus politisch kreativ geworden. Sie setzte in einer eigens verabschiedeten Verordnung »Abstands-Coaches« ein. Diese wurden dazu abgestellt, die im Rahmen der Landesverordnung zum Umgang mit SARS-CoV-2 aufgestellten Abstandsregelungen zu überwachen. In der zum Zeitpunkt des hier gleich behandelten Postings gültigen Corona-Bekämpfungsverordnung des Landes Schleswig-Holstein heißt es in § 2 Abs. 1, dass ein Mindestabstand von 1,5 Metern einzuhalten sei. Aus anderen Bundesländern mit ähnlich durchdachten Regelungen sind Fälle übermittelt, in denen Polizisten mit anderthalb Meter langen Messlatten auf die Bevölkerung losgegangen sind. Man kann sich das alles nicht ausdenken. Und man darf, wenn man die Argumentation von Meta aus dem »Männer sind Schweine«-Fall im Hinterkopf hat, derartige gesetzgeberische Glanzleistungen erst recht nicht ohne die gebotene Demut gegenüber dem übergriffigen Staat kritisieren. Jedenfalls nicht so:

Nüscht könnse allein, die dummen Deutschen (Sarkasmus off).

Löschung und 30 Tage Sperre wegen »Hassrede« waren die Folge. Auf den Nutzer dieses Profils hat es Facebook übrigens besonders abgesehen. In deutlich weniger als einem Jahr wurden drei seiner Beiträge als »Hassrede« gelöscht, er wurde dreimal für 30 Tage gesperrt und gewann alle drei Verfahren gegen diese Sanktionen. Die nicht gerechtfertigten Sperren, in toto rund drei Monate, musste er trotzdem absitzen. Die Gerichte sind, vornehmlich aufgrund chronischer Vernachlässigung und Unterfinanzierung durch die Politik, nicht in der Lage, zügig für Abhilfe zu sorgen. Wer im Übrigen glaubt, Meta würde sich selbst bei solchen Fällen schnell geschlagen geben, der täuscht sich. Eine sorgfältig begründete einstweilige Verfügung, die Löschung und Sperre verbot, wurde nicht anerkannt. Es musste Klage erhoben werden, und allein die Klageerwiderung umfasste ohne Anlagen 34 Seiten. Man kann die Ausführungen auch als »Sammlung von Textbausteinen, die zu sicheren Prozessniederlagen führen«, bezeichnen.

#11
Wie Facebook den Nutzern eine Beschwerdemöglichkeit vorgaukelt

Wir nehmen hier ein Detail des eben geschilderten »Abstandscoaches«-Falls auf, der beispielhaft dafür ist, wie die Plattformen den Nutzern Einspruchsmöglichkeiten einräumen, deren Umsetzung in der Praxis mehr als fragwürdig ist. Während man bei YouTube den Eindruck gewinnt, dass zumindest gewisse Ressourcen zur Verfügung stehen, um sich mit Beschwerden zu befassen, sieht es bei Twitter so aus, als wenn nach einem Einspruch gar nichts geschieht. Facebook hingegen agiert in Windeseile auf Beschwerden seiner Nutzer. Hätte die Sache nicht auch hier einen Haken.

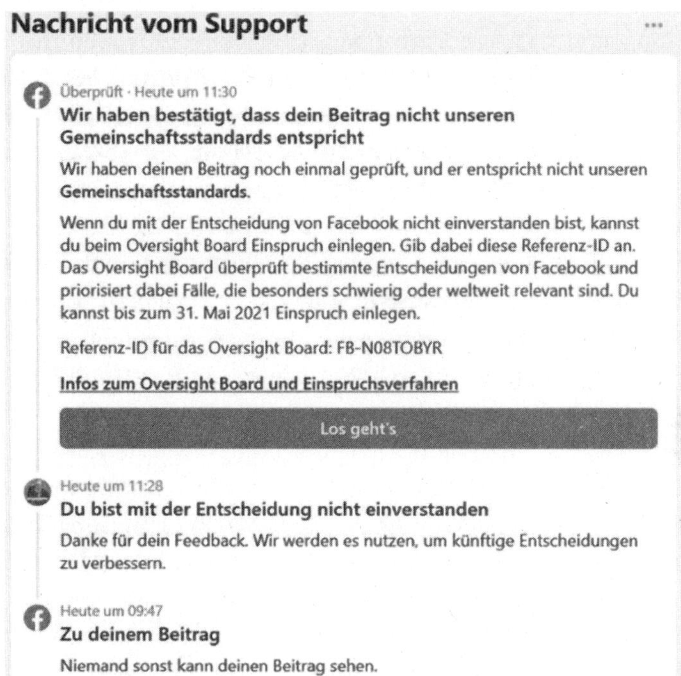

Bevor der Nutzer im vorangehenden Fall (»Abstandscoach«) das Gericht anrief, legte er Beschwerde gegen die Sanktion ein und Facebook nahm sich der Sache mit vorbildlicher Eile an. Die Beschwerde wurde um 11:28 Uhr eingelegt und um 11:30 zurückgewiesen (»Wir haben deinen Beitrag noch einmal überprüft …«).

Großartig, nicht wahr? Das sieht doch so aus, als würde sich das Unternehmen ganz strikt an die Vorgaben des Bundesgerichtshofs halten, wie dieser sie im Sommer 2021 in seinen Grundsatzentscheidungen formuliert hat. Hier der einschlägige Auszug über das, was der BGH den Plattformen vorgegeben hat:

> »Der Anbieter des sozialen Netzwerks hat sich jedoch in seinen Geschäftsbedingungen zu verpflichten, den Nutzer über die Entfernung seines Beitrags zumindest unverzüglich nachträglich und über eine beabsichtigte Sperrung seines Nutzerkontos vorab zu informieren, ihm den Grund dafür

> mitzuteilen und eine Möglichkeit zur Gegendarstellung einzuräumen, an die sich eine Neubescheidung anschließt, mit der die Möglichkeit der Wiederzugänglichmachung des entfernten Beitrags einhergeht. Fehlt eine entsprechende Bestimmung in den Geschäftsbedingungen, sind diese gem. § 307 I 1 BGB unwirksam.«

Der Nutzer hat also ein *Recht* auf eine Gegendarstellung und ein Recht darauf, dass sich die Plattformen mit seinen Einwendungen befasst. Was Facebook tatsächlich treibt, wird diesen Anforderungen nicht im Ansatz gerecht. Das Amtsgericht München hat dies in dem Urteil 142 C 18505/21 vom 25.02.2022 ganz vorzüglich auf den Punkt gebracht. Facebook ist auch hier rechtskräftig unterlegen:

> »Soweit sich die Beklagte ernsthaft darauf berufen will, dass sie den Kläger unverzüglich nach Durchführung der Maßnahme (nachträglich) angehört und neu verbeschieden hat, **hat sie dies im Rahmen der persönlichen Anhörung ihrer Vertreterin** im Termin vom 19.01.2021 **selbst ad absurdum geführt:** Bereits aus dem Verlauf der Beschwerde des Klägers über die Löschung des streitgegenständlichen Beitrags ergibt sich, dass die ›Neubescheidung‹ des Klägers nur drei Minuten nach dessen Beschwerde erfolgt ist. Der Beklagten ist zwar einzuräumen, dass sie tatsächlich ›unverzüglich‹ auf das Begehren ihres Vertragspartners reagiert hat; die Vertreterin der Beklagten hat jedoch ausgeführt, **dass auch die erneute Überprüfung nach Anhörung des Klägers lediglich durch einen Algorithmus erfolgt ist und nicht einmal klar sei, ob dieser sich vom Algorithmus, der die ursprüngliche Löschung vorgenommen hatte, unterscheidet.** Jedenfalls prozessual ist daher davon auszugehen, dass die Klägerin weder eine menschliche Überprüfung des Anliegens des Klägers noch eine über die Ausgangsprüfung hinausgehende Überprüfung der Rechtmäßigkeit der Löschung vorgenommen hat. **Sie hat letztendlich dem Kläger schlicht eine solche weitergehende Prüfung nur vorgetäuscht. Es ist schon sehr befremdlich, dem Gericht derartige dem Vertragspartner zum Schein vorgegaukelte ›Anhörungen‹ als ›Maßnahmen, die den prozessualen Vorgaben des BGH entsprechen‹, verkaufen zu wollen.«**

Das nennt man unter Juristen »Höchststrafe«. Ein Rechtsmittel gegen diese Entscheidung wurde nicht eingelegt. Auch dieses Verfahren wurde von »Meinungsfreiheit im Netz« unterstützt.

#12
Helmut Qualtinger liest »Mein Kampf«

Nicht nur, aber auch, weil der 1986 verstorbene Helmut Qualtinger in Umberto Ecos *Der Name der Rose* neben Sean Connery gespielt hat, ist er berühmt. Er war Autor, Kabarettist, Schauspieler. Eines seiner großartigsten Werke ist wohl die Rezitation von Adolf Hitlers *Mein Kampf*. Das mag sich für diejenigen, die damit nicht vertraut sind und nicht wissen, dass es sich sogar um ein öffentlich-rechtliches Produkt handelt, eigenartig anhören. Wenn man Qualtingers Lesung noch nicht kennt, sollte man diese Kenntnislücke sogleich schließen. Das geht schnell, wenn man die Videos bei YouTube aufruft. Zwischenzeitlich waren diese Ausschnitte aus einer öffentlich-rechtlichen Koproduktion von ORF (Österreichischer Rundfunk) und ZDF von YouTube gelöscht worden. Erhältlich ist die Aufzeichnung auch als DVD des Suhrkamp-Verlages (Helmut Qualtinger liest *Mein Kampf*). Der Verlag schreibt über die von ihm herausgegebene Lesung Qualtingers:

> »Der große österreichische Kabarettist Helmut Qualtinger hat das Buch nicht nur gelesen, sondern in den siebziger Jahren öffentlich rezitiert. Bereits 1961 hatte Qualtinger mit seinem Ein-Personen-Stück ›Der Herr Karl‹ das Verleugnen von Antisemitismus und Opportunismus thematisiert und heftige Kontroversen ausgelöst. Auch die Lesung von ›Mein Kampf‹ war eine Provokation. Indem Qualtinger zwischen Sachlichkeit und schriller Hysterie changiert, entlarvt er den menschenverachtenden Größenwahn des Diktators.«[22]

Entsprechend positiv fielen Rezensionen und Pressestimmen aus.

»Qualtinger macht hörbar (und auch sichtbar), wie nahe Groteskes und Monströses beieinanderliegen.« Peter Longerich, *Neue Zürcher Zeitung*

»Indem Qualtinger zwischen Sachlichkeit und schriller Hysterie changiert, entlarvt er den menschenverachtenden Größenwahn des Diktators.« *Der neue Tag*, Weiden.

»Der anderthalbstündige Vortrag, der einen am Bildschirm fesselt, ist eine die Augen öffnende Lektion in Sachen Sprache des Unmenschen, bei der Qualtinger immer die Balance zwischen Sachlichkeit und Hysterie hält.« Guntram Lenz, *Wetzlarer Neue Zeitung*

»Besser als Qualtinger kann man die widerliche Mischung aus Dummheit, Hysterie und Menschenverachtung dieses berühmtberüchtigten Buches nicht zum Ausdruck bringen.« *Nürnberger Nachrichten*

»Ganz abgesehen vom rhetorischen Vorführeffekt lassen einen die inhaltlichen Aha-Erlebnisse in Qualtingers Show-Programm schaudern.« Marc Reichwein, *WELT*.[23]

Wenn man allerdings, wie YouTube dies offenbar tat, mit Primitiv-Algorithmen arbeitet, nimmt man in Kauf, dass die Löschbefehle bereits anschlagen, wenn in einer willkürlichen Kombination auch nur die Begriffe »Hitler« und »Mein Kampf« auftauchen. Dass damit auch historische Abhandlungen der Nazizeit eliminiert werden, liegt auf der Hand. Die Beeinträchtigung einer auch höchst kritischen Befassung mit historisch so negativ besetzten Personen wie Hitler nimmt YouTube offenbar in Kauf. Man kann sich aussuchen, ob man sich eher an Stalins oder Ulbrichts Retuschen oder die Bücherverbrennungen in Bradburys Dystopie *Fahrenheit 451* erinnert fühlt.

Nun ist es das eine, wenn Algorithmen dysfunktional sind. Dies kann eine Plattform in einem Beschwerdefahren reparieren, soweit dies über »vorgegaukelte Anhörungen« hinausgeht, wie Facebook sie betreibt. Spätestens wenn sich ein Anwalt für den Nutzer meldet und die Wiederherstellung der gelöschten Lesung verlangt, befasst sich das Unternehmen dann substanziell mit den Einwendungen. Verteidigt man die Löschungen sogar noch vor Gericht, ist dies Unternehmenspolitik. Und so ist dies auch in diesem Fall geschehen, nachdem die Löschungen das Landgericht Ellwangen (Jagst) beschäftigten.

Zwar tritt YouTube vor Gericht stets selbstbewusst auf. An der Tatsache, dass das Unternehmen in der Regel seine Prozesse sehr häufig verliert, ändert dies jedoch nichts. In diesem »Qualtinger«-Verfahren teilt man dem Gericht apodiktisch mit:

> »Die Klage hat keine Aussicht auf Erfolg. Ihr fehlt schon jede Schlüssigkeit. Die Beklagte sperrte den YouTube-Kanal des Klägers, nachdem dieser an einem Tag vier zwanzigminütige Videos mit Lesungen von Hitlers ›Mein Kampf‹ online gestellt hatte. Dabei handelt es sich weder um seine Äußerungen noch um Äußerungen im politischen Meinungskampf. Die Ausschnitte verstoßen gegen die Richtlinie der Beklagten zu Hassrede und enthalten zudem volksverhetzende Äußerungen i.S.d. § 130 StGB.«

In § 130 StGB ist Volksverhetzung geregelt. Die Vorschrift droht demjenigen bis zu drei Jahre Freiheitsstrafe an, der »den öffentlichen Frieden in einer die Würde der Opfer verletzenden Weise dadurch stört, dass er die nationalsozialistische Gewalt- und Willkürherrschaft billigt, verherrlicht oder rechtfertigt.« Die Überlegung, dass dann auch die Verantwortlichen des Suhrkamp-Verlages, von ORF und ZDF Volksverhetzer sein müssen, denen Gefängnis droht, hat YouTube offenbar nicht angestellt. Überhaupt ist es eine schrecklich gedankenarme und plumpe Verteidigung, der bereits die Bereitschaft abging, sich mit dem Charakter dieses Meisterwerks von Qualtinger auseinanderzusetzen. Wie das Verfahren endete, kann man daran erkennen, dass die Videos sämtlich wieder online sind.

Die *WELT* berichtete am 08.11.2021 über dieses Verfahren:

> »YouTube löscht mit Algorithmen nach dem Zufallsprinzip und rechtfertigt diese Grundrechtseingriffe vor Gericht mit ›berücksichtigungsfähigem Rationalisierungsinteresse‹«, so Steinhöfel. ›Dem Gesetzgeber ist das gleichgültig, Hilfe bekommt nur, wer klagt.‹ Das stimmt. Leider! Und man kann nur hoffen, dass Steinhöfel auch dieses Mal obsiegt. Qualtinger zeigt

auf beeindruckende Weise den unmenschlichen Wahnsinn des Diktators. Er lässt, wie der Journalist und Historiker Christoph Driessen schrieb, ›den Demagogen als lächerliche Figur dastehen‹. Das sollte jeder sehen können.«[24]

Der Wunsch des *WELT*-Autors Arnd Diringer ist in Erfüllung gegangen.

#13 Barbie, Hidschab, Hass und der Präsident des Bundesverfassungsgerichts

2017 hat die CDU/CSU mit scharfer Kritik in Richtung Facebook darauf reagiert, dass die Plattform wegen eines kritischen Kommentars die Journalistin und Publizistin Birgit Kelle gesperrt hatte. »Der Fall von Frau Kelle belegt erneut, dass eine Rechtsordnung es nicht akzeptieren kann, wenn Facebook und andere Betreiber sozialer Netzwerke nach Gutsherrenart entscheiden, welche Äußerungen in einer freien Gesellschaft akzeptabel sind und welche nicht«, sagte der damalige Vize-Chef der Unions-Bundestagsfraktion, Stephan Harbarth, der heute Präsident des Bundesverfassungsgerichts ist.[25]

Hintergrund war, dass Facebook versucht hat, die Seite Kelles für sieben Tage mit der Begründung zu sperren, dass ihr Post zu einer neuen, mit Hidschab verschleierten Barbiepuppe des Spielwarenherstellers Mattel nicht den Gemeinschaftsstandards des Unternehmens entspreche. Erst nach anwaltlichen Schritten hat Facebook die Seite wieder freigeschaltet. Kelle hatte in einem Kommentar geschrieben: »Toll! Und jetzt noch das Barbei-Spielhaus, um lustig nachzustellen, wie Ken seine Barbie auspeitschen oder steinigen lässt, weil sie den Hidschab abgelegt hat.« Der Kommentar endet mit einer Mahnung an den Hersteller Mattel: »Frauenunterdrückung ist kein Spielplatz.«

#14
Die Gerichtssprache ist deutsch

Im September 2022 löschte X (Twitter) das Profil des politischen Blogs »Die Achse des Guten«. Einer der Gründer ist der Ausnahmejournalist Henryk M. Broder. Auf dieses bemerkenswerte Verfahren, in dem sich das Unternehmen zum Handlanger von antisemitischen Denunzianten machte, gehe ich noch ein. X (Twitter) wird, genau wie andere Plattformen, von einer internationalen Großkanzlei vertreten, für die weltweit Tausende von Anwälten aktiv sind. Welchem ungeheuren Gedankenreichtum und welcher herausragenden Sprachgewalt man ausgesetzt ist, wenn man es mit diesen Giganten des Rechts zu tun bekommt, soll ein kleiner, völlig unveränderter Auszug aus meinem Schriftsatz an das Landgericht Karlsruhe dokumentieren (AchGut Media GmbH – Klägerin/Twitter International Unlimited Company – Beklagte), den ich im Sommer 2023 verfasste, um auf die Klageerwiderung von X (Twitter) zu reagieren:

> »Die Klagerwiderung beginnt furios und lässt gleichzeitig die Befürchtung begründet erscheinen, dass die Prozessbevollmächtigten der Beklagten durch Chat-GPT oder hauseigene künstliche Intelligenz teilweise entmachtet worden sein könnten.

Dank gilt der Beklagten zunächst für die nicht unwichtige Mitteilung, die sie den anderen Verfahrensbeteiligten bereits in Randnummer 8 eines Schriftsatzes macht:

> »Der Twitter-Dienst kann über die Webseite mit der URL www.twitter.com und mobile Anwendungen aufgerufen werden.«

Das wäre damit also geklärt.

Warum es aber nach dieser so eminent nützlichen Information als erforderlich angesehen wurde, maschinenübersetzte und vollständig sinnfreie wie unverständliche PR-Texte in einen bestimmenden Schriftsatz hineinzukopieren, erschließt sich nicht ohne Weiteres (ebenfalls Rn 8):

> »Twitter International ist bestrebt, die kollektive Gesundheit, Offenheit und Höflichkeit der öffentlichen Konversation zu verbessern und sich selbst öffentlich für den Fortschritt verantwortlich zu machen.«

Ich verstehe diesen Vortrag nicht und bitte die Beklagte höflich, mir zu erläutern, was ›*die kollektive Gesundheit ... der öffentlichen Kommunikation*‹ ist und was sie unter der ›*Offenheit ... der öffentlichen Kommunikation*‹ versteht. Etymologische Recherchen haben hier zu keinem Ergebnis geführt. Der Prozessgegner und auch das Gericht haben aber einen Anspruch darauf zu erfahren, was eine Partei vorträgt oder vorzutragen glaubt.

Vorsorglich ergeht der Hinweis auf § 184 GVG (›Die Gerichtssprache ist deutsch‹).«

Ein bisschen Spaß muss sein.

#15
Heinrich Heine, Hassrede und ein Richter im trägerlosen Unterhemd

Wladimir Iljitsch Lenin (1870–1924) hat den Deutschen schon vor mehr als 100 Jahren Wesenszüge attestiert, die nicht sonderlich schmeichelhaft sind. Lenin wird das folgende Zitat zugeschrieben:

> »Wenn die Deutschen einen Bahnhof stürmen wollen, kaufen die sich erst eine Bahnsteigkarte!«

Ähnliche Befunde sind von Heinrich Heine (1797–1856) oder dem katholischen Publizisten und intellektuellen Gegenspieler Napoleons, Johann Joseph Görres (1776–1848), bekannt. Anders als Lenin, der bislang offenbar von dem Stigma der »Hassrede« verschont blieb, fielen Zitate von Heine und Görres dieser Bewertung tausendfach zum Opfer. Nutzer von Facebook, die die beiden großen historischen und literarischen Persönlichkeiten zitierten, wurden gesperrt, deren Inhalte gelöscht. Schauen wir uns zunächst die »Hassrede« von Heinrich Heine etwas genauer an. Sein häufig verbreitetes Zitat lautet:

> »Der Deutsche gleicht dem Sklaven, der seinem Herrn gehorcht, ohne Fessel, ohne Peitsche, durch das bloße Wort, ja durch einen Blick. Die Knechtschaft ist in ihm selbst, in seiner Seele; schlimmer als die materielle Sklaverei ist die spiritualisierte. Man muß die Deutschen von innen befreien, von außen hilft nichts.«

Wie oft diese Äußerung auf Facebook als »Hassrede« gelöscht wurde, weiß nur das Unternehmen selbst. Ich habe keinen Zweifel daran, dass dies tausendfach geschah und die Nutzer tausendfach rechtswidrig gesperrt wurden. Nun kann ein Fehler geschehen, wenn ein Algorithmus löscht. Diesen Fehler korrigiert man dann auf die Beschwerde des Nutzers, spätestens wenn eine anwaltliche Abmahnung wegen dieser Löschung eingeht. Und man begeht den Fehler tunlichst nicht noch einmal. Aber ganz sicher verteidigt man diese Löschung eines offenkundig legitimen Zitats nicht noch vor Gericht. Jedenfalls nicht, wenn man noch alle Socken in der Schublade hat. Und schon gar nicht in einer Vielzahl von Verfahren. Werfen wir einen Blick darauf, wie Facebook mit seinem gegen Heinrich Heine gerichteten Hassrede-Vorwurf verfährt und zu welchen richterlichen Totalausfällen es in einigen dieser Streitfälle kam.

Richterschelte

Richter (deutlich) zu kritisieren ist vielerorts verpönt, manche Richter geben sich indigniert, wenn es sie oder Kollegen trifft. Anwälte, die zu allem »Ja und Amen« sagen, was das Gericht vorträgt, weil sie Respekt mit Servilität verwechseln und sich lieber der Autorität andienen, schütteln den Kopf, wenn Richter etwas härter angegangen werden: »Vielleicht mache ich ja ein paar Pluspunkte, wenn meine Unterwerfungsgesten wahrgenommen werden.« In der *FAZ* wurde am 08.01.2022 (»Keine Entscheidung ist unanfechtbar«) anlässlich der geschmacklosen und keinen Sachbezug aufweisenden Äußerungen von Frank Montgomery, Präsident des Weltärztebundes (»kleine Richterlein« nannte Montgomery Mitglieder des Niedersächsischen Oberverwaltungsgerichts), die Kritik an Richtern und ihren Entscheidungen als notwendig und erforderlich erachtet: »Richterschelte, auch unsachliche, erfüllt im Rechtsstaat eine wichtige Funktion ... Einerseits können Angriffe auf die Rechtsprechung die institutionelle Akzeptanz erodieren, auf die Recht als soziale Ordnung angewiesen ist. Andererseits ist Kritik an der öffentlichen Gewalt, Rechtsprechung eingeschlossen, Lebenselixier einer freiheitlichen Gesellschaft, deren Schutz das Recht und seine Institutionen dienen.«

Nun muss man zwar nicht so weit gehen wie ein in einer deutschen Großstadt ansässiger Presserechtler, der regelmäßig vor Gericht den angeheiterten Gossenjungen gibt und auch schon einmal fluchend vor Verhandlungsende unbeherrscht pöbelnd aus dem Saal stürmt (»Den Scheiß tue ich mir hier nicht mehr an!«), aber deutliche Kritik ist zulässig und notwendig. Denn die Richter, die »Recht sprechen«, müssen höchsten Anforderungen gerecht werden. Dies gelingt nicht immer. Richter sind, wie der Gemeinplatz treffend formuliert, »auch nur Menschen«. Unzulänglichkeiten werden aber insbesondere dann problematisch, wenn Inkompetenz mit dem Dünkel der verliehenen Macht zusammentrifft.

Manchmal kommt die Kritik an den Richtern sogar von den Richtern selbst. Im Juni 2023 berichtete der juristische Fachverlag C. H. Beck über einen bemerkenswerten Beschluss des OLG Celle (eines anderen Senats als dem, auf den wir hier noch zurückkommen werden):

»Das OLG Celle hat in einem Erbscheinsverfahren die zuvor damit befassten Proberichter scharf kritisiert: Die getroffenen Entscheidungen seien aufgrund fehlender Kenntnisse im Erb- und Verfahrensrecht grob fehlerhaft und geeignet gewesen, ›das Ansehen der Justiz in der Bevölkerung zu be-

schädigen‹. Die Justizpraxis in Niedersachsen begünstige die Übertragung schwieriger Erbfälle auf unerfahrene Richter.«[26]

Nun ist das vermutlich nicht nur in Niedersachsen so und es wäre ein großer Zufall, wenn sich der Befund ausgerechnet und lediglich auf das Erbrecht beschränken sollte. Ich habe über 10 000 Zivilprozesse geführt und schon in jedem Bundesland mit Entscheidungen zu tun gehabt, die mit »bahnbrechend abwegig« höchst schmeichelhaft umschrieben wären. Wenn ich aber ein Bundesland nennen müsste, wo die Zahl der schlechthin unhaltbaren Ausreißerentscheidungen, die oft genug erst vom BGH kassiert wurden, am höchsten ist, so schießt Bremen den Vogel ab. Es liegt wohl an der mangelhaften Ausbildung, dem miserablen Bildungssystem der Hansestadt oder an der Besetzung der Richterwahlausschüsse in einer Stadt, die seit über 70 Jahren von derselben Partei regiert wird. Auffällig ist auch, Juristen wissen das, dass eigentlich nie über wichtige oder richtungweisende Entscheidungen berichtet wird, die aus Bremen stammen. Und zwar weder in der Fachliteratur noch in der Presse im Übrigen. Diese mangelnde Beachtung in Fachkreisen mag dazu anstacheln, sich gelegentlich durch besonders ungewöhnliche Urteile Aufmerksamkeit verschaffen zu wollen.

Richterliches Totalversagen in Stralsund

Herr S., über dessen Fall bereits die *Bild*-Zeitung berichtete, veröffentlichte das hierunter eingeblendete Heine-Zitat am 21.10.2020 mit einer »Kachel«, die ein Gemälde des großen Dichters zeigt.

> *»Der Deutsche gleicht dem Sklaven, der seinem Herrn gehorcht ohne Fessel, ohne Peitsche, durch das bloße Wort, ja durch einen Blick. Die Knechtschaft ist in ihm selbst, in seiner Seele; schlimmer als materielle Sklaverei ist die spiritualisierte. Man muß die Deutschen von innen befreien, von außen hilft nichts.«*
>
> Heinrich Heine (1797 bis 1856)

Die Freude über die Veröffentlichung währte nur Stunden, dann erfuhr S., dass sein Beitrag gegen die »Gemeinschaftsstandards zu Hassrede und Herabwürdigung« von Facebook verstoße.

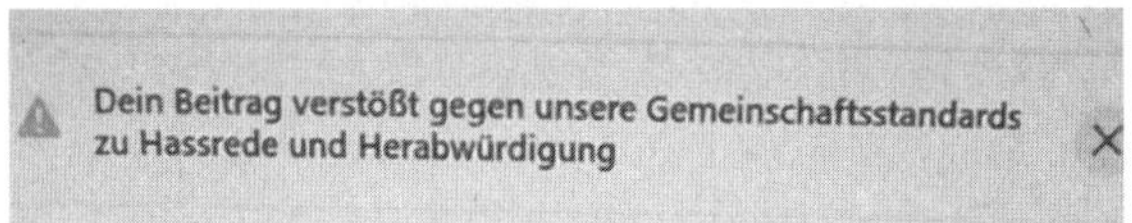

Gegen diese Löschung und die gegen den Nutzer verhängte Sperre wurde am 27.10.2020 Klage in Stralsund erhoben. Ein Verfahren nahm seinen Anfang, das zu den herausragenden Beispielen kompletten richterlichen Versagens im Zusammenhang mit Prozessen gegen die sozialen Medien gehört. Neben dem Amts- und dem Landgericht Stralsund haben auch ein Senat des Oberlandesgerichts Bremen und ein Senat des Oberlandesgerichts Celle den Eindruck erweckt, dass man gelegentlich die Berufung zum Richteramt am Kaugummiautomaten ziehen kann. Man trifft dann auf Personen, die zwar eine hohe Meinung von sich selbst haben, die bei der Befassung mit den Rechtsfragen jedoch an einen Hund erinnern, den man zum Lesen in die Universitätsbibliothek geschickt hat.

Zurück zu unserem Heinrich-Heine-Verfahren, dessen sich zunächst der Richter am Amtsgericht Herr H. annahm. Herr H. hatte im August 2023 ein LinkedIn-Profil. LinkedIn ist »ein soziales Netzwerk zur Pflege bestehender Geschäftskontakte und zum Knüpfen von neuen geschäftlichen Verbindungen« (so die Plattform). Ich weiß nicht, welche Art von Kontakten Herr H. dort knüpfen möchte, aber berufliche Kontakte zu anderen Juristen sind es möglicherweise eher nicht. Zeigte er sich dort doch seinen insgesamt 42 Kontakten (Stand 31.08.2023) im ärmellosen Schiesser-Unterhemd und halbnacktem Oberkörper. Auch fachlich hält es der Amtsrichter eher hemdsärmelig.

Herr H. ließ die Parteien wissen, dass eine auch in Stralsund mögliche und bundesweit von vielen Gerichten praktizierte Verhandlung per Video nicht möglich sei. Denn »Verhandlungen [per Video] werden vom Dezernenten nicht praktiziert, ein Anspruch hierauf besteht nicht«. Der offensichtliche Widerwille des »Dezernenten«, sich mit der verfügbaren Technik vertraut zu machen, hatte zur Folge, dass die Anwälte aus Hamburg bzw. Berlin anreisen müssen. Jeder Anwalt ist dann, so weit tatsächlich pünktlich, sechs Stunden mit der Bahn unterwegs und dürfte auf eine Reisezeit von insgesamt jeweils rund sieben Stunden kommen. Diese Gleichgültigkeit gegenüber den Parteien – Mitarbeiter des Amtsgerichts berichteten, der »Dezernent« sei unwillig, sich vor seiner Rente noch in die simple Technik einzuarbeiten – ist nicht nur unhöflich, sie zeigt auch eine selbstherrliche Gleichgültigkeit gegenüber den Rechtsuchenden.

Wenn er nicht im Unterhemd auf Kontaktsuche ist, sitzt der Dezernent H. für die CDU als Gemeindevertreter im Gemeinderat des Ostseebades Binz. Auch privat stets umtriebig für das Gemeinwohl und die Interessen der Bürger auf Achse. Andererseits sind die Vorfälle in diesem Gemeinderat nicht unumstritten, wie der nachstehende Auszug eines Schreibens des Bürgermeisters Karsten Schneider an die »Lieben Bürgerinnen und Bürger des Ostseebades Binz und des Ortsteils Prora« vom 06.07.2022 zeigt:

> »Es ist außerordentlich zu bedauern, dass sich Teile der Gemeindevertretung Binz in voller Kenntnis dieser auch erörterten Vorgänge über geltendes Recht hinweggesetzt haben, was leider nicht zum ersten Mal geschieht. Offensichtlich rechtswidrige Entscheidungen behindern nicht nur das ordnungsgemäße Funktionieren unserer Verwaltung, sondern beschädigen auch daran beteiligte Persönlichkeiten.«

Mittendrin unser Dezernent, der laut Geschäftsverteilungsplan des Amtsgerichts u. a. zuständig ist für »die Sachen des Urkundsregisters I, II, IIB, einschließlich der Entscheidungen über Erinnerungen gegen Rechtspflegerentscheidungen in Beratungshilfesachen«. Damit kann man natürlich am Strand des Ostseebades Binz nicht so schrecklich großen Eindruck schinden. Und nun flattert die Klageerwiderung von Facebook auf den Tisch, ein Schriftsatz mit über 36 Seiten und über 50

Anlagen mit einem Umfang von über 500 Seiten. Und nun sollte der Dezernent, der sonst – metaphorisch gesprochen – auf dem Küchentisch Hühneraugen weghobelt, eine Herztransplantation vornehmen. Das konnte nicht gut gehen.

Facebook war, wie der absurde Aufwand zeigt, wirklich etwas daran gelegen, Heine als Hassredner löschen zu dürfen. Mit diesem Verfahren begann eine Serie von Prozessen wegen immer desselben Zitats, die aufgrund der Löschungen bis heute anhält. Serien von rechtskräftigen Verurteilungen und mehrfach verhängte fünfstellige Ordnungsgelder wegen Verstößen gegen gerichtliche Verbote änderten daran nichts.

Wie verlogen und absurd das Unternehmen in diesem Fall agiert, lässt erkennen, warum die *Washington Post* den juristischen Kampf gegen die IT-Giganten mit dem Kampf gegen die organisierte Kriminalität verglichen hat.

Nun findet sich in der Klageerwiderung von Facebook dieser bemerkenswerte Satz:

> *»In der Folge der Entfernung des streitgegenständlichen Posts unterzog Facebook Ireland ihre diesbezügliche Entscheidung einer erneuten Prüfung. Hierauf stellte Facebook Ireland die streitgegenständlichen Posts wieder her. [Diese] sind seitdem ohne Einschränkung auf dem Facebook-Dienst verfügbar.«*

Also hat nach der Beschwerde des Nutzers über die Löschung, nach der Abmahnung und nach der Klage angeblich eine »erneute Prüfung« stattgefunden, die Facebook dann schließlich zur Erleuchtung führte, dass Heinrich Heine kein Hassredner und das Zitat zulässig sei. Man habe angeblich festgestellt, dass das Zitat von Heine »nicht gegen die Gemeinschaftsstandards verstößt«. Ganz so eindeutig war die Ermittlung des Inhalts des Zitats dann aber wohl doch nicht, denn es handele sich immerhin um »scheinbare Hassrede«, also etwas wie »scheinbare Geschwindigkeitsüberschreitung«, »scheinbarer Diebstahl«, »scheinbarer Schwangerschaftsabbruch« – oder ist das einfach nur scheinbar sehr großer Unsinn? Diesen nicht nur scheinbaren Unsinn begründet Facebook in dem Schriftsatz so:

> »Der Kläger veröffentlichte Posts, welche scheinbar gegen das in den Gemeinschaftsstandards niedergelegte Verbot von Hassrede (Abschnitt III Ziffer 12) verstießen. Der Kläger schien Deutsche allein aufgrund ihrer nationalen Herkunft anzugreifen und als minderwertig zu bezeichnen. Er schien ihnen zu unterstellen, sie seien von Natur aus Sklaven und damit minderwertige Personen, die nicht in der Lage seien, ein freies und selbstbestimmtes Leben zu führen. Aus der Sicht eines objektiven, unvoreingenommenen Lesers konnten die streitgegenständlichen Posts daher jedenfalls zunächst vertretbar als Angriff auf eine Gruppe von Menschen gedeutet werden.«

Liest man Heine und diesen Absatz, dann schüttelt es einen bei dem Versuch, sich vorzustellen, welcher literarische Analphabet sich diesen kruden Erguss von »scheinbarer Hassrede« ausgedacht haben mag. Und man ist von dem Rechtsunsinn derart betäubt, dass man die wirkliche »Hassrede«, allerdings die von Facebook, fast überliest. Denn dort steht schwarz auf weiß *(no pun intended)*, Heine unterstelle den Deutschen »scheinbar«, sie seien

»Sklaven und damit minderwertige Personen«.

Nicht nur Abraham Lincoln, in dessen Amtszeit nach dem Ende des amerikanischen Bürgerkriegs die im 13. Verfassungszusatz der Vereinigten Staaten verankerte Abschaffung der Sklaverei fiel, würde sich im Grabe umdrehen. Auch erschließt sich die menschenverachtende These nicht, der zufolge Menschen »von Natur aus Sklaven« sein könnten.

H. wies die Klage dennoch ab, weil er an Facebooks Verhalten nichts zu beanstanden fand. Die Begründung ist ein Dokument völliger fachlicher Überforderung. Die Akte war dick, die vorgelegten Entscheidungen zahlreich. Ich bin mir sicher, dass Dezernent H. sich die

Entscheidung nicht leicht gemacht hat, ob er im Leibchen zum Bräunen an den Strand von Binz fahren oder die Akte mit ihm bis heute verschlossen gebliebenen Rechtsfragen lesen und zu verstehen versuchen sollte.

Die Hoffnung, beim Landgericht Stralsund, in der Kammer des Präsidenten des Landgerichts und seiner Berichterstatterin zumindest auf Spurenelemente von Kompetenz zu stoßen, erwies sich als trügerisch. Ob die Richter die Akte wirklich gelesen haben, kann ich nicht mit letzter Gewissheit sagen. Dass sie die Rechtsfragen nicht zu erfassen vermochten, hingegen schon. In dem Beschluss vom 15.08.2023 wird mitgeteilt:

> »Die Berufung gegen das Urteil des Amtsgerichts Stralsund … ist … zurückzuweisen, weil nach einstimmiger Auffassung der Kammer das Rechtsmittel offensichtlich keine Aussicht auf Erfolg hat … Die Wiederholungsgefahr ist auch nicht deshalb zu bejahen, weil die Beklagte denselben Post bei einer Vielzahl von anderen Nutzern gelöscht hat.«

Da bleibt nur resigniertes Kopfschütteln. Dieser komplette Rechtsunsinn ist vergleichbar mit dem Freispruch eines Straftäters, der vor den Augen der Richter noch im Gerichtssaal fortgesetzt weitere identische Straftaten begeht, aber freigesprochen wird, weil er fest versprochen hat, dass das niemals wieder passiert (»Ich schwöre, Herr Vorsitzender. Das kommt nie wieder vor«).

Opfer dieser Rechtsprechung sind die Menschen, die im Einzugsgebiet des Landgerichts Stralsund ihren Wohnsitz haben und damit dessen Zuständigkeit unterliegen. Wer hier seine Grundrechte gegen die Plattformen durchsetzen will, läuft ebenfalls Gefahr, mit derartigen richterlichen Leistungsnachweisen abgespeist zu werden.

Amtsgericht Itzehoe: Löschung von Heine-Zitat rechtswidrig

Helge P. wohnt in der Nähe von Itzehoe in Schleswig-Holstein. Am 12.04.2021 postete er auf Facebook das Zitat von Heine. Am 14.04.2021 um 11:15 Uhr wurde der Beitrag gelöscht. Um 11:19 Uhr legte Helge P. auf der Plattform Beschwerde ein. Um 11:24 Uhr, also ganze fünf Minuten später, teilte Facebook mit:

Mittwoch, 14. April 2021 um 11:24

Wir haben bestätigt, dass dein Beitrag nicht den Gemeinschaftsstandards entspricht

Wir haben deinen Beitrag noch einmal geprüft und können bestätigen, dass er unseren **Gemeinschaftsstandards** nicht entspricht.

Auch hier also wurde, Monate nach der Löschung in Stralsund, »noch einmal geprüft«. Ich erwirkte eine einstweilige Verfügung des Amtsgerichts Itzehoe, die Facebook am 29.06.2021 anerkannte. Das Verbot ist rechtskräftig. Ein Unternehmen, das die Rechtsordnung akzeptiert, akzeptiert auch ein solches Verbot. Bei Facebook ist das anders. Am 19.10.2022 postete der Nutzer das Zitat erneut, diesmal in Verbindung mit einem Bild von Heinrich Heine. Facebook löschte den Inhalt am 22.10.2022 um 07:01 Uhr, der Nutzer legte am selben Tag um 11:22 Uhr Beschwerde ein, die Facebook neun Minuten später zurückwies. Das hatte Folgen. Das Amtsgericht verhängte am 01.03.2023 ein Ordnungsgeld in Höhe von 20 000,00 Euro. Viel Geld für die Löschung eines Posts, wenig Geld, wenn man den vorsätzlichen Rechtsbruch und dessen Hartnäckigkeit bedenkt, die Arroganz des Monopolisten, der sich über dem Gesetz wähnt.

Erneuter »Heine-Prozess« in Erfurt

Am 15.04.2021 postete die in Weimar wohnhafte Karla W. auf einer von ihr betriebenen Facebook-Seite das Heine-Zitat:

> Der Deutsche gleicht dem Sklaven, der seinem Herrn gehorcht ohne Fessel, ohne Peitsche, durch das bloße Wort, ja durch einen Blick. Die Knechtschaft ist in ihm selbst, in seiner Seele; schlimmer als die materielle Sklaverei ist die spiritualisierte. Man muß die Deutschen von innen befreien, von außen hilft nichts.
>
> HEINRICH HEINE
>
> Liberalismus – Freiheit, die ich meine

Facebook löschte diese »Hassrede« am selben Tag, die Nutzerin legte noch um 11:06 Uhr Beschwerde ein, Facebook wies die Beschwerde fünf Minuten später, um 11:11 Uhr, zurück.

This post **doesn't** follow our Community Standards
Thursday, April 15 2021 at 11:11 AM
We reviewed your post again and it doesn't follow our Community Standards.
Oversight Board Reference ID: FB-P3R8QE40
Expired

Auch hier wurde noch einmal »geprüft«, mit der Prüfung aber die Löschung bestätigt. Am 03.05.2021 erließ das Landgericht Erfurt eine einstweilige Verfügung gegen die Löschung und die ebenfalls verhängte siebentägige Sperre. Es dauerte dann bis zum 19.11.2021, bis Facebook Widerspruch einlegte und diesen auf 40 Seiten begründete. In der Begründung finden sich die üblichen Klassiker:

> »Die Antragsgegnerin entfernte diesen Beitrag zunächst aufgrund der Annahme eines Verstoßes gegen das in den – wirksam in den Nutzervertrag einbezogenen – Gemeinschaftsstandards geregelte Verbot der Hassrede. Die Antragsgegnerin hielt an dieser Bewertung allerdings nach erneuter Überprüfung nicht fest. Sie geht nicht von einem Verstoß des Beitrags gegen die Nutzungsbedingungen und Gemeinschaftsstandards aus. Nach erneuter Prüfung und Neubewertung des Beitrags nach Kontaktaufnahme durch die Antragstellerin schaltete die Antragsgegnerin den Beitrag am 21. April 2021 wieder frei. Dies geschah damit fast zwei Wochen vor Erlass der hier gegenständlichen einstweiligen Verfügung. Der Beitrag der Antragstellerin war dementsprechend nicht einmal eine Woche nicht verfügbar. Eine erneute Nutzungsbeschränkung des Kontos aufgrund des betreffenden Beitrags wurde nicht verhängt und ist auch nicht zu befürchten, sodass der Antragstellerin keine fortbestehenden Nachteile aufgrund der kurzzeitigen Nutzungsbeschränkung entstanden sind.«

In der zuvor behandelten Sache von Helge P., die vor dem Amtsgericht Itzehoe anhängig war, hat man also das gerichtliche Verbot eines absolut identischen Inhalts am 29.06.2021 akzeptiert, vor dem Landgericht Erfurt dann aber etwa fünf Monate später Widerspruch eingelegt und Aktenberge produziert. Kann jemand diese Strategie erläutern? Es kommt hinzu, dass *nach* dem Anerkenntnis in Itzehoe und *vor* dem Widerspruch in Erfurt die richtungsweisenden Entscheidungen des Bundesgerichtshofs ergingen. Diese besagen im Kern, dass die Löschungen und Sperrungen durch Facebook, soweit die Inhalte nicht strafbar sind, aufgrund unwirksamer AGB (»Nutzungsbedingungen«) stets rechtswidrig waren. Dies machte das

Rechtsmittel in Erfurt bei nüchterner Betrachtung noch aussichtsloser, als es ohnehin schon war.

Es kam dann aber noch besser. Zwar war, wie immer, eine neue Löschung oder Sperrung »nicht zu befürchten«, aber als die Nutzerin das Heine-Zitat am 20.02.2022 noch einmal veröffentlichte, löschte Facebook trotz des gerichtlichen Verbots ein weiteres Mal und verstieß damit gegen die einstweilige Verfügung. Nach einer für das Unternehmen wenig erquicklichen Verhandlung über den Widerspruch vor der Zivilkammer 3 des Landgerichts Erfurt nahm das Unternehmen das Rechtsmittel zurück und erkannte das Verbot als rechtskräftig an. Das Landgericht verhängte wegen der erneuten Löschung am 27.09.2022 ein Ordnungsgeld von 10 000,00 Euro gegen Facebook. Das Thüringische Oberlandesgericht bestätigte diese Entscheidung.

Das Heine-Zitat beschäftigt das Landgericht Dresden

Stefan S. wohnt in Dresden. Am 18.04.2021 postete er das Heine-Zitat auf seinem Facebook-Profil, das am selben Tag als »Hassrede und Herabwürdigung« gelöscht wurde. Facebook hatte also in der Stralsunder Sache gelöscht, geprüft und wiederhergestellt. Und sechs Tage zuvor in Sachen Helge S. ebenfalls gelöscht und auf Beschwerde noch einmal geprüft und seine Entscheidung, es sei Hassrede (die man in Stralsund schon als »scheinbare Hassrede« erkannt hatte), bestätigt. Ebenso lief es in Sachen Karla W. aus Weimar am 15.04.2021 ab.

Stefan S. legte noch am Tag der Löschung Beschwerde ein. Ergebnis:

Heute um 18:58

Wir haben bestätigt, dass dein Beitrag nicht unseren Gemeinschaftsstandards entspricht

Wir haben deinen Beitrag noch einmal geprüft, und er entspricht nicht unseren **Gemeinschaftsstandards**.

Mittlerweile dürfte es sich schon im Frühjahr 2021 bei dem Heine-Zitat um einen der meistgeprüften Inhalte auf Facebook überhaupt handeln. Denn nach der Abmahnung in der Sache Stefan S. ging die Prüferei mit seinem bereits geprüften Beitrag munter weiter. In einem Schriftsatz vom 26.05.2021 an das Landgericht Dresden lässt das Unternehmen vortragen:

> »Nach erneuter Prüfung und Neubewertung des Beitrags schaltete die Antragsgegnerin den Beitrag am 21. April 2020 wieder frei. Der Beitrag des Antragstellers war dementsprechend nicht einmal drei Tage nicht verfügbar. Eine erneute Nutzungsbeschränkung des Kontos aufgrund des betreffenden Beitrags ist nicht zu besorgen.«

Und obwohl das alles schon Monate zuvor von Facebook vorgetragen wurde, schreibt man zwei Monate später, nachdem man die Großkanzlei gewechselt hatte, an das Landgericht Dresden:

> »Bei der Betrachtung der ersten Sätze des vom Antragsteller geposteten Beitrags *»der Deutsche gleicht einem Sklaven«* sowie *»die Knechtschaft ist in ihm [dem Deutschen] selbst, in seiner Seele; schlimmer als die materielle Sklaverei ist die spiritualisierte«*, liegt die Deutungsvariante, dass hierdurch eine Herabsetzung aller Deutschen ausgedrückt sowie den Deutschen als Personengruppe verminderte intellektuelle Fähigkeiten zugeschrieben werden sollen, nicht fern«.

Welche »verminderten intellektuellen Fähigkeiten« hier wem zuzuschreiben sind, ist eine Frage, die durchaus näherer Betrachtung wert ist.

Besondere Aufmerksamkeit verdient die Behauptung in dem Schriftsatz, eine erneute Löschung oder Sperrung sei »nicht zu besorgen«, zu deutsch, der Fehler würde sich jetzt nicht noch einmal wiederholen. Richtig ist entgegen diesem unwahren Vortrag, dass die Löschalgorithmen, soweit sie nicht umprogrammiert wurden, weiter genau so löschen wie zuvor. Wer behauptet, dies sei nicht der Fall oder dies sei nicht zu befürchten, sagt die Unwahrheit. Die vielen hier geschilderten Fälle belegen das eindrucksvoll.

Bemerkenswert auch, dass Facebook sich in dem Dresdner Verfahren mit dem Scheinargument zu verteidigen suchte, die Löschungen des identischen Inhalts seien durchaus unterschiedlich zu beurteilen, da es sich um »unterschiedliche Handlungsakteure mit individuellen Nutzerhistorien« handele. Also wird der identische Inhalt bei dem einen gelöscht, bei dem anderen nicht? Wie steht es bei unseren Freunden aus dem Silicon Valley mit dem sich aus Art. 3 GG ergebenden Gleichbehandlungsgrundsatz?

Heine wird bundesweit immer wieder gelöscht – Landgericht Berlin entscheidet

Am 19.04.2021 veröffentlichte der politische Blog »Die Achse des Guten« ein Posting, das ebenfalls das streitige Heine-Zitat enthielt. 33 Minuten später war der Beitrag als »Hassrede« gelöscht, die politische Publikation wurde für 24 Stunden gesperrt:

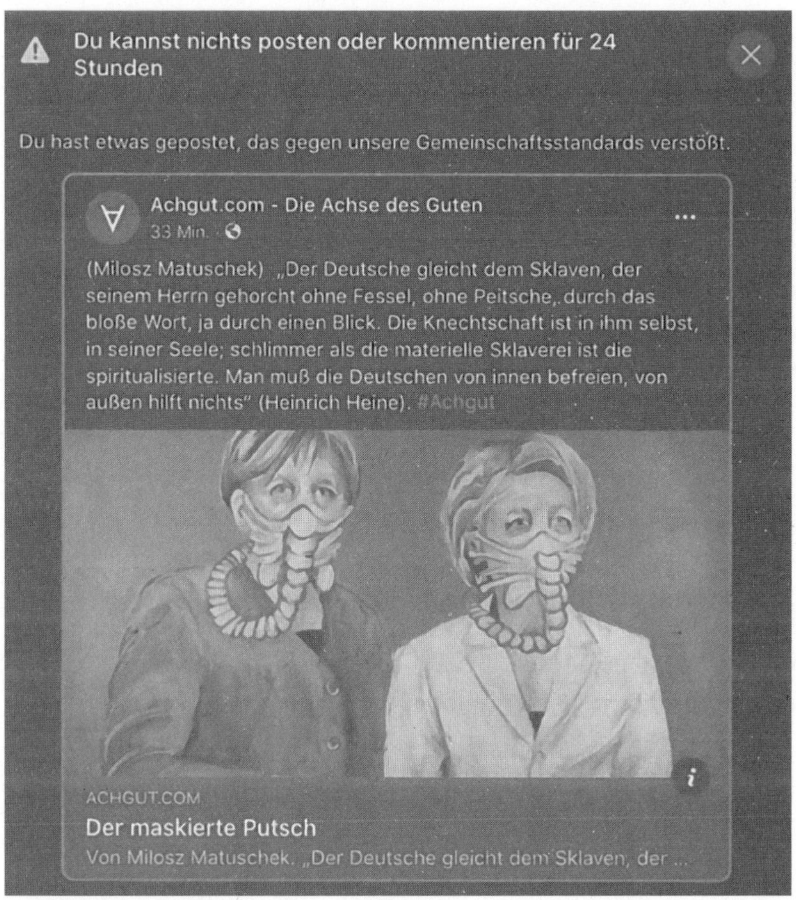

Die Löschung erfolgte am 19.04.2021 um 16:38 Uhr, die Beschwerde auf der Plattform wurde um 16:52 Uhr eingelegt und sechs Minuten später, um 16:58 Uhr, zurückgewiesen.

Auch hier erfolgte also innerhalb weniger Minuten eine angebliche erneute Prüfung. Haben Sie mitgezählt, wie oft jetzt schon geprüft, erneut geprüft und eine Neubewertung vorgenommen wurde? Es folgte eine Abmahnung, das Landgericht Berlin erließ eine einstweilige Verfügung gegen Facebook und das Unternehmen, das gerade noch vortragen ließ, eine erneute Löschung oder Sperrung sei nicht zu besorgen, legte Widerspruch ein. Denn, so kann man in dem Schriftsatz vom 06.09.2021 an das Landgericht Berlin lesen:

> »Nach erneuter Prüfung und Neubewertung des Beitrags schaltete die Antragsgegnerin den Beitrag am 3. Mai 2021 wieder frei. Eine erneute Nutzungsbeschränkung der Facebook-Seite aufgrund des betreffenden Beitrags erfolgte nicht und ist auch nicht zu befürchten.«

Später ist noch von einer »derartig einmaligen Sonderkonstellation« die Rede. Also hat man am 19.04.2021 gelöscht, dann neu geprüft und die Löschung nach sechs Minuten bestätigt und dann am 03.05.2021 noch eine weitere »erneute Prüfung und Neubewertung des Beitrags« vorgenommen. Blickt man in der Historie der Heine-Löschungen zurück, scheint es mit der »einmaligen Sonderkonstellation« dann doch nicht so weit her zu sein. Warum hat Facebook denn nun auch noch bei der »Achse des Guten« Heine gelöscht:

»Die kurzzeitige Entfernung des streitgegenständlichen Beitrags beruhte hier auf der Annahme, dass der streitgegenständliche Beitrag als Hassrede im Sinne der Gemeinschaftsstandards zu qualifizieren war.«

Und täglich grüßt das Murmeltier. Wie oft haben die Algorithmen wohl Heinrich Heine insgesamt deutschlandweit gelöscht? Tausendfach, zehntausendfach?

Am 19.04.2021 erhielt der Autor eine Mail von jemandem, der von einigen dieser Vorfälle in der Zeitung gelesen hatte und die so lesenswert scheint, dass sie hier vollständig wiedergegeben werden soll:

Sehr geehrter Herr Dr. Steinhöfel,
Facebook hatte einen Kommentar mit einem Heinrich-Heine-Zitat Ihres Mandanten Herrn S. gelöscht und diesen dann sogar für mehrere Tage gänzlich blockiert. Ja, Sie wissen es ja selbst bestens – Heinrich Heine, der Dichter und Humanist, der liberale Freigeist, der aus Deutschland 1831 floh und in Paris auf dem Cimitière de Montmartre begraben ist.

DER Heinrich Heine, nach dem die Heinrich-Heine-Universität in Düsseldorf, etliche Schulen, Straßen und Plätze benannt sind.

DER Heinrich Heine, in dessen Namen der »Heinrich-Heine Preis der Stadt Düsseldorf« für herausragende Denker und Literaten verliehen wird.

DER Heinrich Heine, dessen »Deutschland – Ein Wintermärchen«, »Die Harzreise« und viele seiner Gedichte in zahlreichen Schulen in Deutschland im Deutschunterricht gelesen werden (oder liest man die dort jetzt vielleicht nicht mehr?).

DER Heinrich Heine, dessen Bücher unter dem Terrorregime der Nazis verbrannt wurden, weil er das »Pech« hatte, nicht nur ein Freigeist, sondern auch Jude zu sein.

Genau DER Heinrich Heine entspricht offenbar nicht den FB-Community-Richtlinien.

Ich schätze die Dichtkunst Heinrich Heines überaus und finde, dass sein Oeuvre zu den größten Kulturgütern Deutschlands zählt. Außerdem gefällt mir Heinrich Heines kompromissloses Einstehen für freiheitlich-liberales Denken und seine hohe moralische Sensibilität.

Ich habe heute ebenfalls bewusst einen Kommentar mit genau diesem Heinrich-Heine-Zitat bei FB verfasst und wurde prompt für einen Tag geblockt. Als Antwort habe ich meinen FB-Account deaktiviert.

Ich frage mich, ob ich es nicht einfach dabei belassen und ganz auf FB verzichten sollte, aber ich bin bei FB auch Administrator einer Wissenschaftlichen Gruppe namens ».....« und außerdem Mitglied bei weiteren Gruppen ....., bei denen ich öfters für mich sehr erfrischende und inspirierende wissenschaftliche Dialoge mit anderen Wissenschaftler/innen und interessierten Laien aus aller Welt führe.

Aber ich will diese FB-Zensur auch nicht mehr länger erdulden.

Was maßen sich diese Menschen eigentlich an? Ich bin fast 62 Jahre alt, kultiviert und höflich, habe einen Universitätsabschluss, beleidige niemals irgendjemanden. Die meisten Berichte auf meiner FB-Page haben sowieso mit Literaten, die ich mag, Künstlern, die ich mag, wissenschaftlichen Publikationen, die mir gefallen und die ich für lesenswert halte, und Ähnlichem zu tun ...

Ich lasse mich aber doch nicht von irgendwelchen offensichtlichen menschlichen Bildungskatastrophen von FB, die vermutlich meine Kinder oder sogar Enkel sein könnten, mit einer Kommunikationsbarriere »bestrafen«, nur weil ich Heinrich Heine zitiert habe.

Facebook zeigt sich unbeeindruckt und löscht Heine immer weiter

Am 09.05.2023 postet der Nutzer Klaus K. das Heine-Zitat auf Facebook. Am 20.05.2023 wurde es von Facebook als »Hassrede« gelöscht, die Beschwerde des Nutzers nach acht Minuten zurückgewiesen.

Dein Beitrag verstößt gegen unsere Gemeinschaftsstandards gegen Hassrede

Für dein Konto gelten außerdem Einschränkungen, weil du mehrfach gegen unsere Standards verstoßen hast.

Niemand sonst kann deinen Beitrag sehen.

Wir haben Standards definiert, denn wir möchten, dass sich alle Menschen sicher, respektiert und willkommen fühlen.

Beim nächsten Verstoß gegen unsere Gemeinschaftsstandards wird dein Konto möglicherweise eingeschränkt oder deaktiviert.

Wenn du der Meinung bist, dass wir etwas missverstanden haben, kannst du unserer Entscheidung widersprechen.

9. Mai um 13:42 ·

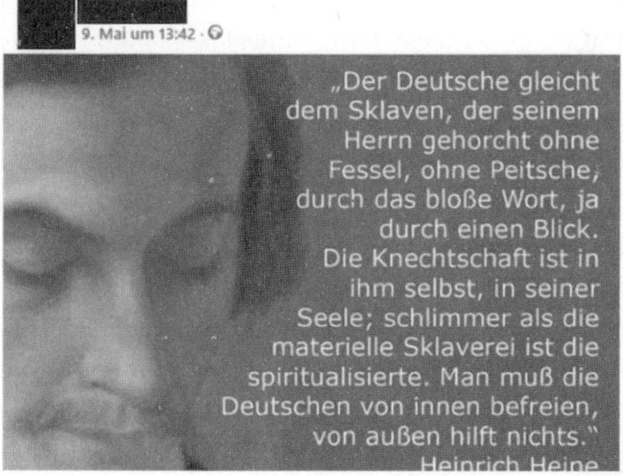

Weiter

Hier schickten die von Facebook mandatierten Rechtsanwälte Freshfields nun eine noch nicht verschlissene Nachwuchskraft ins Gefecht, um sich gegen den Erlass einer einstweiligen Verfügung wegen dieser erneuten Löschung zu wehren. Ein bisschen muss man sich da angesichts des Massengeschäfts der Verteidigung von Rechtsbrüchen wohl vorkommen wie das anwaltliche Äquivalent zu »Russeninkasso«. Angesichts der hier dokumentierten Vorgeschichte brachte der Gegnervertreter es am 3. Juli 2023 tatsächlich fertig, zur Verteidigung der Löschung die folgenden Leckerbissen an das Landgericht Berlin zu richten:

»Der streitgegenständliche Beitrag wurde zunächst aufgrund eines vermeintlichen Verstoßes gegen die Meta-Nutzungsbedingungen und Gemeinschaftsstandards entfernt. ... [Facebook] hielt nach Überprüfung des Sachverhaltes zunächst irrtümlich an ihrer Entscheidung fest. Diese Einstufung stellte sich nach erneuter Prüfung des Beitrags allerdings als unzutreffend heraus.«

Kommt mir irgendwie bekannt vor. Und siehe da, in dem von White & Case (der internationalen Großkanzlei, die Meta vertreten hat, bevor man zu Freshfields gewechselt ist) in der Heine-Sache an das Landgericht Stralsund gerichteten Schriftsatz vom 31. März 2021 steht:

»Allerdings überprüfte Facebook Ireland in der Folge ihre Entscheidung zur Entfernung der Posts und stellte fest, dass diese nicht gegen die Gemeinschaftsstandards verstießen. Daraufhin stellte Facebook Ireland die streitgegenständlichen Posts wieder her.«

Und später im selben Verfahren schreiben Freshfields folgenden bemerkenswerten Satz:

»Eine erneute Entfernung ist ... weder beabsichtigt noch zu befürchten.«

Das darf man sich dann auf der Zunge zergehen lassen und angesichts des hier dokumentierten Sachverhalts und der unveränderten Programmierung der Algorithmen darüber rätseln, ob es nur dreist, verlogen oder versuchter Prozessbetrug ist.

In der Berliner Rechtsverteidigung brachte Facebook dann noch diese Perlen zu Papier:

»Um die freie Kommunikation vor Missbrauch zu schützen, weist die Antragsgegnerin im Rahmen der Einleitung der Gemeinschaftsstandards auf die hierfür erforderliche Wahrung bestimmter Werte hin, nämlich Authentizität, Sicherheit, Datenschutz und Würde. Diese Werte werden in einzelnen Richtlinien weiter konkretisiert.«

Vortrag also »in einem Deutsch, das zu verschriftlichen eine angemessene Strafe für verurteilte Klimakleber« ist, wie mein Freund Henryk M. Broder in anderem Zusammenhang sehr treffend formulierte. Man liegt wohl nicht falsch, wenn man es als Strafe erachtet, einen derartig kruden Kram zu Papier bringen zu müssen. Was natürlich auch für die Betroffenen gilt, die es zu lesen haben. Weiter findet man dies:

»Es fehlt bereits an einer Vertragsverletzung.«

Und es fehle für die Annahme, Facebook könne das Heine-Zitat tatsächlich noch einmal löschen, »offenbar an jeglicher Basis«.

Diesen Unsinn glaubt in ganz Deutschland niemand mehr. Niemand? Doch, im Nordosten befindet sich die Kleinstadt Stralsund. Denn dort sprechen der Dezernent im Unterhemd und die Kammer des Präsidenten des Landgerichts und seine Berichterstatterin Recht. Oder das, was sie dort dafür halten.

In Stralsund war all das hier Geschilderte und noch viel mehr Bestandteil der Akte, die Serie der Löschungen von Heine, alle Verstöße gegen die gerichtlichen Verbote, die rechtskräftigen Bestrafungen, von 2020 bis in den Sommer 2023 hinein. Das hielt die Stralsunder aber nicht davon ab, die Berufung sogar, ohne sich zu einer Verhandlung herabzulassen, zurückzuweisen, »weil sie nach einstimmiger Auffassung der Kammer keine Aussicht auf Erfolg hat«.

Denn zwar habe Facebook die »Darstellung der Vorgehensweise zur Überprüfung mittels künstlicher Intelligenz nicht bestritten, weshalb der Kläger vermutlich zu Recht von einer Wiederholungsgefahr... ausgehen müsste«, im konkreten Einzelfall aber »eine Wiederholungsgefafahr (sic!) vorliegend nicht ersichtlich und zudem nicht hinreichend begründet ist.«

Dem kümmerlichen Befund gänzlich fehlender Sachkunde und dem Unwillen der Stralsunder Richter, die Akte zu lesen und den Inhalt zu begreifen, steht glücklicherweise eine überwältigende Mehrheit kluger, sachkundiger und zutreffender gerichtlicher Entscheidungen gegenüber. Die Zivilkammer 15 des Landgerichts Berlin befand in dem Fall der »Achse des Guten«:

»Das Zitat ist eine kritische Sicht eines Deutschen (Heinrich Heine, 1797–1856) auf seine eigenen Landsleute und es stellt eine Meinungsäußerung zum Gehorsam der Deutschen dar, wobei Heine zu einer Befreiung von innen aufruft. Seine Sprache ist weder gewalttätig noch menschenverachtend und seine Äußerung ist nicht ausgrenzend oder isolierend. Die Aussage bezieht sich auf das Wesen der Deutschen zu der Zeit, als Heine seinen Text verfasste, also vor mehr als 160 Jahren. Der Text ist ein – mittlerweile längst historischer – Befund und ihm liegt die Annahme zu Grunde, dass die Deutschen sich ändern (›befreien‹) können. Ein Bezug zu sich selbst kann ein deutscher Leser des Zitats allenfalls herstellen, wenn er sich selbst fragt, ob und was davon auf ihn oder auf ›die Deutschen‹ heute noch zutrifft.«

Und zu der absurden Charade des institutionalisierten und mit den Algorithmen sogar programmierten vorsätzlichen Rechtsbruchs von Facebook im Urteil vom 26.07.2022:

»Es ist unstreitig, dass dieses Heine-Zitat nicht als Hassrede zu qualifizieren ist und seine Löschung nicht von den vertraglichen Voraussetzungen gedeckt war, also im Ergebnis inhaltlich zu Unrecht erfolgte. Das war [Facebook] bereits vor der hiesigen Löschung als Ergebnis ihrer eigenen abschließenden Prüfungen desselben Zitats in früheren Beiträgen anderer Nutzer bekannt. Ein Nutzer ›S...‹ hatte dasselbe Zitat bereits im **Oktober 2020** als Beitrag eingestellt. [Facebook] löschte das Zitat dort ebenfalls wegen Hassrede. Sie stellte den Beitrag nach abschließender Prüfung mit dem Ergebnis, dass es doch keine Hassrede sei, spätestens im Januar 2021 wieder dauerhaft her. Die Löschung des Beitrags erfolgte daher in dem Wissen, dass das Zitat keine Hassrede ist.«

Das ist die Definition von Vorsatz, von Rechtsbruch und Selbstjustiz. Man beginnt zu verstehen, warum der juristische Kampf gegen Facebook von der *Washington Post* mit dem Kampf gegen die organisierte Kriminalität verglichen wurde:

»How the legal fight against big tech is like the fight against organized crime«.[27]

#16
»Der Staat gegen Julian Reichelt«

Gleich vorab ein Geständnis: Die Überschrift zu diesem Abschnitt habe ich geklaut, und zwar von dem *FAZ*-Journalisten Michael Hanfeld.[28] Eine bessere Überschrift kann es für diesen Vorfall aus dem Spätsommer 2023 nicht geben. Der Fall liegt etwas anders als die anderen, weil hier nicht die Plattformen die Übeltäter sind, sondern wir es mit einem noch mächtigeren Gegner der Meinungsfreiheit zu tun haben: dem Staat, der Bundesrepublik Deutschland.

Svenja Schulze (SPD), Bundesministerin für wirtschaftliche Zusammenarbeit und Entwicklung, mahnte Reichelt am 31.08.2023 ab. Wegen dieses Tweets:

Es liegen hier so viel Inkompetenz, Ahnungslosigkeit, taktisch höchst törichtes Verhalten, verfassungsrechtlich indiskutable Eingriffe in die Meinungs- und Pressefreiheit, unverantwortliche Steuergeldverschwendung und Einschaltung von umstrittenen Beratern vor, dass die Nerven bei Ministerin Schulz ganz und gar blank gelegen haben mussten. Hinzu kommt, dass wohl auch die Sicherungsschalter des Ministeriums ausfielen und das Ministerium kopf- und führerlos in das Fiasko steuerte. Denn niemand hielt den Staat auf. Der leckgeschlagene Kahn, der dampft und segelt, hatte keinen, der die Sache regelt. Intellektuelle und fachliche Seenot *sui generis*.

Hanfeld beschrieb den Sachverhalt in der FAZ so:

> »Unterlassen soll Reichelt nach Ansicht des Ministeriums, was er auf Twitter/X geschrieben hat. Dort hieß es: ›Deutschland zahlte in den letzten zwei Jahren 370 Millionen Euro (!!!) Entwicklungshilfe an die Taliban (!!!!!!).‹ Das, meint das Bundesministerium für wirtschaftliche Zusammenarbeit und Entwicklung, übermittelt durch den Anwalt …, sei eine falsche Tatsachenbehauptung. Das, retourniert Reichelts Anwalt Joachim Steinhöfel, sei eine Meinungsäußerung, und das Ministerium sei nicht berechtigt, von Reichelt zu verlangen, er möge diese Äußerung unterlassen.«

Natürlich kam es in den sozialen Medien sofort zu einer ganzen Flut unglaublich sachkundiger rechtlicher Einschätzungen zu dem Tweet. Diese waren besonders angefeuert von der Tatsache, dass Julian Reichelt bei den einen sehr beliebt, bei anderen aber höchst unbeliebt ist. Er publiziert bei hohen Abrufzahlen Videos und Artikel, die nicht jedermann gefallen. Ich könnte mir vorstellen, dass das auch bei Artikeln so ist, die im *Spiegel*, der *WELT*, der *Frankfurter Rundschau*, der *Jungen Freiheit* oder der *taz* erscheinen oder bei Sendungen, die von Anja Reschke oder Georg Restle journalistisch verantwortet werden. Entscheidend ist: Es ist piepegal. Ich persönlich finde es abstoßend, die Grundrechtsverletzung einer Person nur dann als relevant zu erachten, wenn der Betroffene die »richtige« politische Meinung hat.

Die Frage, ob es sich bei dem Tweet um eine Tatsachenbehauptung oder um eine Meinungsäußerung handelt, ist sicher weiterer Befassung wert. Denn auch der von der Bundesrepublik Deutschland eingeschaltete »fachlich spezialisierte« Rechtsanwalt (so das Ministerium auf eine Presseanfrage der *Neuen Zürcher Zeitung*) behauptete in seiner Abmahnung, es handele sich um eine »falsche Tatsachenbehauptung«, er fachsimpelte sogar etwas von einer angeblichen »Eindeutigkeit der Sach- und Rechtslage«. Ob der hochkarätige Honorarprofessor, den sich die Bundesrepublik zur Verstärkung an Bord geholt hat, tatsächlich richtigliegt, werden wir sehen.

Meine Auffassung in Kurzform: 1. Die Einschätzung ist falsch. 2. Es käme selbst dann nicht darauf an, wenn sie richtig wäre.

Der Tweet enthält die unübersehbare Überschrift zu dem verlinkten Artikel: »Deutschland zahlt wieder Entwicklungshilfe für Afghanistan«. Die Zahlung an Afghanistan bewertet Reichelt als Zahlung an die Taliban. Das darf man. Das sagt sinngemäß selbst Schulzes Kollegin Baerbock. Die Terrororganisation herrscht über das Land, nichts geschieht ohne ihre Billigung, sie unterdrückt die Bevölkerung auf menschenverachtende Weise, allen voran Mädchen und Frauen. Der entwicklungspolitische Sprecher der FDP-Bundestagsfraktion, Till Mansmann, am 27.04.2023 zu tagesschau.de: »Unter den aktuellen Voraussetzungen ist **Entwicklungszusammenarbeit** schlicht **nicht möglich** und sollte ausgesetzt bleiben – auch, **um nicht die Politik eines menschenfeindlichen Regimes zu stützen.**« Aus dem Auswärtigen Amt heißt es dazu laut tagesschau.de zur selben Zeit: Klar sei, »dass wir uns **mit der internationalen Hilfe nicht zum Handlanger der Taliban machen können**, die mit ihrem Vorgehen grundlegenden humanitären Prinzipien widersprechen«.[29]

Das, was Reichelt gesagt hat, behauptete im April 2023 also sinngemäß sogar das Auswärtige Amt. Damit hat Entwicklungshilfeministerin Schulze praktisch eine Äußerung ihrer Kollegin Baerbock angegriffen. Man kann sich das nicht ausdenken.

Der Rechtsstreit um diese Rechtsfrage befasst aktuell (Stand Januar 2023) drei Gerichte.

Etwas weniger als eine Stunde, nachdem mir die Abmahnung zuging, hatten wir Klage vor dem Landgericht Hamburg erhoben. Klagen kann nämlich nicht nur der, der dem anderen eine Aussage verbieten will, hier also der Staat dem Journalisten. Der Journalist kann den Spieß umdrehen und seinerseits ein Gericht anrufen. Der Antrag lautet dann festzustellen, dass der Staat keinen Unterlassungsanspruch hat, Reichelt also tweeten durfte, dass die Bundesrepublik Entwicklungshilfe an die Taliban zahlt. Ziemlich genau dann, wenn dieses Buch erscheint, dürfte die Sache vor dem Landgericht Hamburg verhandelt werden.

Der renommierte Presserechtler Prof. Dr. Ralf Höcker teilte auf X (Twitter) am 16.09.2023 seine Einschätzung zu diesem Verfahren mit und hielt es für »wirklich interessant zu wissen«, in welchem Umfang hier von der Bundesrepublik »völlig sinnfrei Steuergelder verballert werden«.

Prof. Dr. Ralf Höcker
@Ralf_Hoecker

Vor dem Hintergrund, dass Eure negative Feststellungsklage glatt durchgehen wird und hier völlig sinnfrei Steuergelder verballert werden, wäre das wirklich interessant zu wissen.

Translate post

3:45 PM · Sep 16, 2023 · **1,234** Views

Die *Neue Zürcher Zeitung* berichtet am 16.09.2023 über den Fall:

> »Auf die Frage, warum man trotz hauseigenen Juristen eine externe Kanzlei beauftragt habe, erklärte eine Sprecherin, dass sich das Ministerium bei gerichtlichen Verfahren in der Regel von fachlich spezialisierten Rechtsanwälten vertreten lasse. Die Höhe der Kosten dafür hänge von der Dauer und dem Ausgang der Auseinandersetzung mit Reichelt ab. Die Honorare würden nicht nach dem Rechtsanwaltsvergütungsgesetz abgerechnet, sondern nach einem vereinbarten Stundensatz.«[30]

Dieses Verfahren unterscheidet sich von »normalen« Verfahren im Presserecht oder bei Persönlichkeitsverletzungen grundlegend. Denn der Staat hat keine Grundrechte, die haben nur die Bürger. Der Staat hat keine Meinungsfreiheit, keine Pressefreiheit, keine Menschenwürde. Er kann nicht klagen und sich auf diese Grundrechte berufen, wie ein Bürger und Grundrechtsträger dies darf. Er ist lediglich Adressat der Grundrechte und hat diese zu beachten. Das steht sogar in Art. 1 Abs. 3 der Verfassung und das muss man wissen, wenn man die Bundesrepublik berät und dafür Geld verlangt.

Zwar können Hoheitsträger wie die Bundesrepublik einen zivilrechtlichen Ehrenschutz gegen Äußerungen Privater in Anspruch nehmen. In jedem Fall ist jedoch zu berücksichtigen, dass ein Unterlassungsanspruch nur in Ausnahmefällen und allenfalls dann in Betracht kommt, wenn die konkrete Äußerung geeignet ist, eine schwerwiegende Funktionsbeeinträchtigung zu bewirken. Das hat der Bundesgerichtshof schon vor rund 15 Jahren entschieden. Nach einer Entscheidung des Oberlandesgerichts Köln, die seit 2012 bekannt ist, »ist eine **schwerwiegende Funktionsbeeinträchtigung** [des Staates] deshalb zu fordern, weil es originäre Aufgabe der Presse ist, Institutionen öffentlicher Gewalt zu kontrollieren. Zur wirksamen Wahrnehmung ihrer Kontrollfunktion kommt der Presse gegenüber staatlichen Eingriffen ein besonderer Schutz zu. Dabei ist zu beachten, dass das Grundrecht der Meinungsfreiheit gerade aus dem besonderen Schutzbedürfnis der Machtkritik erwachsen ist und darin weiterhin seine Bedeutung findet.«

Das Bundesverfassungsgericht hat entschieden, dass strafrechtlicher Ehrenschutz im Hinblick auf Hoheitsträger das Ziel verfolgt, dasjenige Mindestmaß an öffentlicher Anerkennung zu gewährleisten, das erforderlich ist, damit die betroffenen staatlichen Einrichtungen ihre Funktion erfüllen können. Auch der hier theoretisch infrage kommende zivilrechtliche Ehrenschutz von Hoheitsträgern ist auf diese Gesichtspunkte zu beschränken.

»Insoweit ist der Staat nur dann zur Geltendmachung zivilrechtlicher Ansprüche als Folge einer Medienberichterstattung befugt, **wenn**

die konkrete Äußerung zu einer schwerwiegenden Beeinträchtigung seiner Funktion führt«, so das Bundesverfassungsgericht.

Die Bundesrepublik Deutschland ist finanziell mit enormen Mitteln ausgestattet und verfügt auch in der Rechtsabteilung über einen großen Stab an Juristen. Wenn der Staat vor diesem Hintergrund gegen einen Grundrechtsträger und Journalisten aktiv wird, hat er dies selbstverständlich (so sollte man meinen) erst nach sehr gründlicher Prüfung der Sach- und Rechtslage getan. Und ist danach zu einem Ergebnis gelangt, das von dem beauftragten Anwalt bestätigt und bekräftigt wurde.

Daraus ergibt sich, dass die Bundesrepublik Deutschland der Auffassung ist, dass bereits ein Tweet von Julian Reichelt mit einer zulässigen Meinungsäußerung zu einer schwerwiegenden Funktionsbeeinträchtigung der Bundesregierung geführt hat.

Dabei handelt es sich um eine urkundlich dokumentierte Würdigung der Reichweite und Bedeutung des journalistischen Tuns von Reichelt durch die Bundesregierung, die in so hohem Maße ungewöhnlich ist, dass die Öffentlichkeit von dieser staatlichen Ergebenheitsadresse erfahren sollte.

Damit ist die ganze Tragweite dieses veritablen Skandals aber noch nicht erfasst.

Der Staat geht gegen einen Tweet vor. Wirkt dies nicht wie eine neue Einschüchterungsstrategie gegenüber Journalisten und wie der Versuch, Grundrechte wie die Meinungs- und Pressefreiheit zu attackieren? Wie wirkt sich dies auf die Wahrnehmung der Pressefreiheit aus, wenn Journalisten befürchten müssen, der Staat setzt seine Macht jetzt auch noch gegen missliebige Journalisten ein, von denen aus Sicht des Ministeriums Reichelt einer ist? Was für ein (Wohl-)Verhalten des Journalismus, der Machtkritik können diese Übergriffe verursachen? Kommt das dabei heraus, wovor Winston Churchill einst warnte?

»Each one hopes that if he feeds the crocodile enough, the crocodile will eat him last. All of them hope that the storm will pass before their turn comes to be devoured. But I fear greatly that the storm will not pass. It will rage and it will roar ever more loudly, ever more widely«, Winston S. Churchill, 20. Januar 1940.

Welche Außenwirkung geht von diesem Schritt des Staates aus, vor dessen Allmacht jeglicher menschliche Widerstand zuschanden werden muss?

Wie wirkt dies auf normale Nutzer von X (Twitter), wenn sie ihre Grundrechte, vornehmlich ihr verfassungsmäßig verbrieftes Recht auf freie Meinungsäußerung, wahrnehmen wollen? Warum sollten sie sich vor dem Angriff des Staates sicher fühlen? Des Staates, der nicht nur das Gewaltmonopol innehat, sondern auch unbegrenzte finanzielle Mittel? Lieber etwas weniger sagen, lieber etwas vorsichtiger kritisieren oder auch einmal den Mund halten?

Auch strategisch und politisch war die Abmahnung eine Dummheit. Der Staat wertet einen Journalisten, dem man feindselig gesonnen ist, öffentlich massiv auf. Man zeigt, dass die Nerven blank liegen.

Wusste Frau Schulze überhaupt davon, was in ihrem Hause vor sich geht? Egal, was sie antwortet, es ist fatal. Wenn sie von der Abmahnung wusste, war nicht nur ihr Beraterstab inkompetent, sondern die Ministerin gleich mit. Wusste sie von nichts, hat sie ihr Haus nicht im Griff.

Der vorstehende Text zu diesem Fall wurde unverändert aus der 1. Auflage übernommen, um die ursprüngliche Darstellung der Sach- und Rechtslage unbeeinflusst von späteren Ereignissen zu belassen. Der Stand bei Redaktionsschluss der 1. Auflage war wie folgt:

Das Landgericht Berlin hat den Antrag der Bundesrepublik Deutschland auf Erlass einer einstweiligen Verfügung gegen Julian Reichelt zurückgewiesen. Auf das Rechtsmittel der Bundesrepublik Deutschland hin hat das Kammergericht Berlin (Beschluss vom 14. November 2023–10 W 184/23) die beantragte einstweilige Verfügung erlassen. Gegen diese Entscheidung habe ich am 12.12.2023 für Reichelt Verfassungsbeschwerde vor dem Bundesverfassungsgericht erhoben. Das Bundesverfassungsgericht hat die Verfassungsbeschwerde mit der Gelegenheit zur Stellungnahme an die Bundesrepublik Deutschland und den Berliner Senator für Justiz und Verbraucherschutz weitergeleitet.

Besonders bemerkenswert war es, dass die Bundesregierung Journalisten, die dieselbe Kritik wie Reichelt äußerten, teilweise sogar noch schärfer, nicht gerichtlich verfolgt hat. Auf Presseanfragen dazu verweigert man eine Antwort. Eine Klage auf Beantwortung der Presseanfragen ist anhängig.

Die Bundesregierung hat positive Kenntnis von diesem Tweet des ZDF aus September 2021 (»Geld für die Taliban«):

ZDFheute @ZDFheute · Sep 3, 2021 ···

Gestern stellte Außenminister #Maas den #Taliban in Aussicht, dass **Deutschland** die derzeit gestoppten #Entwicklungshilfe-Zahlungen für **Afghanistan** wieder aufnehmen könnte. Geld für die Taliban, gegen die man 20 Jahre lang gekämpft hat - warum? ZDF-Korrespondentin @a_gellinek:

49 21 26

Ein gerichtliches Vorgehen der Bundesregierung gegen diese Äußerung des ZDF hat es nicht gegeben. Am 19.12.2023 veröffentlichte die *WELT* einen Artikel von Alan Posener.

WELT+ BUNDESHAUSHALT

Absurd, wer alles deutsche Entwicklungshilfe bekommt

Die Bundesregierung muss sparen. Dann sollte sie mal überprüfen, ob ihre Entwicklungshilfe noch zeitgemäß ist. Warum bekommen China, Indien, Brasilien und Südafrika Geld? Warum die Taliban? Warum so viele Länder, die das Existenzrecht Israels leugnen?

»Warum bekommen China, Indien, Brasilien und Südafrika Geld? Warum die Taliban?« fragt der Autor.[31] Davon, dass die Bundesregierung auch gegen diese Äußerung der *WELT* vor Gericht gezogen wäre, ist ebenfalls nichts bekannt.

Es darf darüber spekuliert werden, welche Motive dieser Diskriminierung zugrunde lagen, also Reichelt zu verfolgen, das ZDF und die *WELT* aber nicht.

Die Bundesregierung hat umfangreich und in ungewöhnlich schrillem Ton auf die Verfassungsbeschwerde erwidert, nur um am 16.04.2024 in einer Pressemitteilung irreführend zu behaupten: »Das Bundesentwicklungsministerium (BMZ) war nicht Partei des Verfassungsbeschwerde-Verfahrens.«

Am Vortag, Montag, dem 15.04.2024, ging mir um 17:14 Uhr ein Telefax des Bundesverfassungsgerichts zu. Die Sekunden zwischen dem Anklicken der PDF und der Lektüre der ersten Seite des enthaltenen Beschlusses, dem Erkennen, was drinsteht, werde ich nie vergessen. Am 11. April 2024 hatte die 1. Kammer des Ersten Senats des Bundesverfassungsgerichts durch den Präsidenten Harbarth, die Richterin Härtel und den Richter Eifert einstimmig beschlossen (1 BvR 2290/23):

> »Der Beschluss des Kammergerichts vom 14. November 2023-10 W 184/23 – verletzt den Beschwerdeführer in seinem Grundrecht aus Artikel 5 Absatz 1 Satz 1 des Grundgesetzes.«

Die Verfassungsbeschwerde »ist...offensichtlich begründet«, heißt es weiter.

Diese Entscheidung ist nicht nur ein großartiger Erfolg gegen den mächtigsten denkbaren Gegner vor dem höchsten deutschen Gericht. Der Beschluss ist auch ein großes, rotes Stoppschild: Für Innenministerin Faeser (SPD), die Bürgern, die angeblich den Staat verhöhnen (übersetzt: kritisieren), droht, sie würden es mit einem starken Staat zu tun bekommen, für Familienministerin Paus (Bündnis90/Grüne), die mit dem »Demokratiefördergesetz« den Staat und dessen Ressourcen zur Bekämpfung missliebiger Weltanschauungen instrumentalisieren will, für ihren willigen Helfer Verfassungsschutzpräsident Haldenwang (CDU), der mit seinen wiederholten, narzisstischen Kompetenzüberschreitungen »Sprachmuster« ausmerzen will, die sich »in den Köpfen einnisten« und der behauptet, die Meinungsfreiheit sei kein Freibrief für Verfassungsfeinde. Das Gegenteil ist richtig, kommentierte Prof. Dr. Ladeur in der *FAZ* vom 08.04.2024. Und sie ist ein großes, rotes Stoppschild auch für den Vizekanzler Robert Habeck (Bündnis90/Grüne). In seinem Auftaktstatement zur Klausurtagung von Bündnis90/Die Grünen am 27.02.2024 nannte Habeck die »politische Polemisierung« einen »Angriff auf die Demokratie«. Mit dieser Äußerung steht auch Habeck nicht mehr auf dem Boden des Grundgesetzes. Denn, so das Verfassungsgericht in der Reichelt-

Entscheidung, »der Staat [hat] grundsätzlich auch scharfe und polemische Kritik auszuhalten«.

> »Kritik an Bundesregierung – Reichelt gewinnt vor dem Bundesverfassungsgericht«, *WELT*, 16.04.2024

Der Beschluss kam zum genau richtigen Zeitpunkt. Und man kann trefflich darüber spekulieren, ob sich Karlsruhe auch wegen der skizzierten Entwicklungen so beeilt hat und nur knapp vier Monate zwischen Einreichung der Verfassungsbeschwerde und dem stattgebenden Beschluss vergingen. Als wollte man den Regierenden schnell sehr deutlich machen, dass das Verfassungsgericht nicht beabsichtigt, seine verlässliche und stabile Rechtsprechung zur Meinungsfreiheit von den erwähnten Protagonisten einebnen zu lassen. Jetzt wissen wir, wer es mit Faesers starkem Staat zu tun bekommt, dem steht ein noch stärkeres Verfassungsgericht zur Seite. In Sachen Meinungsfreiheit ist Karlsruhe eine Bank. Frau Paus, Frau Faeser, Frau Schulze, Herr Habeck und Herr Haldenwang bekamen von ganz oben eine dringend erforderliche Lektion in Sachen Demokratieförderung erteilt.

> »Eine Klatsche für die Ministerin«, *FAZ*, 17.04.2024.

Diese Ministerinnen, der Vizekanzler und höchste Beamte wie Haldenwang, der mittlerweile völlig schamlos äußert, Meinungen könnten auch »unbeschadet ihrer Legalität (...) verfassungsschutzrechtlich von Belang sein« stehen mit dieser Auffassung zur Meinungsfreiheit außerhalb der Grenzen, die unsere Verfassung zieht. Das Bundesamt für Verfassungsschutz hat in einer weiteren trunkenen Machtanmaßung den Phänomenbereich »Verfassungsschutzrelevante Delegitimierung des Staates« eingerichtet. Es sollte für Faeser, Paus, Schulze, Habeck und seinen Präsidenten einen weiteren **Phänomenbereich** schaffen, die **»Verfassungsschutzrelevante Delegitimierung der Meinungsfreiheit«** nämlich und als ersten Verdachtsfall über den eigenen Präsidenten eine Akte anlegen.

Die Nachricht über den Beschluss des Bundesverfassungsgerichts schlug in den deutschen Medien ein wie eine Bombe. Die *FAZ*, dpa, *AFP*, *WELT*, *stern*, *Spiegel*, *Süddeutsche Zeitung*, tagesschau.de, das ZDF, WDR, *Tagesspiegel*, *Neue Zürcher Zeitung* und viele andere berichteten. Die Neuigkeit war allgegenwärtig. Bundestagsvizepräsident Wolfgang Kubicki (FDP) äußert sich auf Facebook so:

> »Das ist ein guter Tag für die Meinungsfreiheit in unserem Land. Karlsruhe setzt ein deutliches Stopp-Schild für all diejenigen in der Bundesregierung, die meinen, Kritik am Staat illegalisieren zu können. Artikel 5 schützt eben auch scharfe und polemische Kritik am Staat. [Die] Entscheidung [ist] mehr als ein juristischer Sieg für Julian Reichelt. Es ist ein Signal zur rechten Zeit, in der die Meinungsfreiheit zunehmend unter Druck gerät. Ich hoffe, die Bundesinnenministerin und die Bundesfamilienministerin lesen und verstehen die Entscheidung. Sätze wie: ›Diejenigen, die den Staat verhöhnen, müssen es mit einem starken Staat zu tun bekommen‹ hätten von einer Verfassungsministerin wie Nancy Faeser niemals ausgesprochen werden dürfen. Die Tatsache, dass Lisa Paus sich um Social-Media-Beiträge sorgt, die von der Meinungsfreiheit gedeckt sind, war immer skandalös. Ich hoffe sie nimmt den heutigen Tag zum Anlass, ihre grundsätzlichen Vorstellungen von ›Demokratieförderung‹ nochmal gründlich zu überdenken.
>
> …Kritik am System, an der Regierung oder an Gesetzen ist nicht nur zulässig, sondern ihre Zulässigkeit ist Teil des Grundrechtsstaates. Wer das nicht versteht und die Zulässigkeit eben solcher Kritik zu leichtfertigt verneint, entlarvt sich womöglich selbst als Feind unseres freiheitlich demokratischen Rechtsstaates.«

Die ganze Entscheidung ist auf den Seiten des Bundesverfassungsgerichts abrufbar, eine der vielen ganz wichtigen Passagen möchte ich zitieren:

»Dem Staat kommt kein grundrechtlich fundierter Ehrenschutz zu. [Er hat] grundsätzlich auch scharfe und polemische Kritik auszuhalten. Die Zulässigkeit von Kritik am System ist Teil des Grundrechtestaats. Zwar dürfen grundsätzlich...auch staatliche Einrichtungen vor verbalen Angriffen geschützt werden, da sie ohne ein Mindestmaß an gesellschaftlicher Akzeptanz ihre Funktion nicht zu erfüllen vermögen. Ihr Schutz darf indessen nicht dazu führen, staatliche Einrichtungen gegen öffentliche Kritik – unter Umständen auch in scharfer Form – abzuschirmen, die von dem Grundrecht der Meinungsfreiheit in besonderer Weise gewährleistet werden soll, und der zudem das Recht des Staates gegenübersteht, fehlerhafte Sachdarstellungen oder diskriminierende Werturteile klar und unmissverständlich zurückzuweisen ... Das Gewicht des für die freiheitlich-demokratische Ordnung schlechthin konstituierenden Grundrechts der Meinungsfreiheit ist dann besonders hoch zu veranschlagen, da es gerade aus dem besonderen Schutzbedürfnis der Machtkritik erwachsen ist und darin unverändert seine Bedeutung findet.«

Das Vorgehen von Ministerin Schulze war nicht nur juristisch töricht, sondern auch politisch. Es war auch verfassungswidrig und demokratiefeindlich. Die Regierung hat gegenüber der freien Presse höchste Zurückhaltung zu wahren. Diese Regierung tut das Gegenteil. Es ist dies bereits die zweite krachende Niederlage der Bundesregierung, das zweite Mal, dass sie in den ersten Monaten des Jahres 2024 gegen einen führenden Journalisten vor Gericht den Kürzeren zog.

»Henryk M. Broder blamiert Bundesinnenministerium«, *FAZ* 26.02.2024

Nancy Faesers Bundesinnenministerium (BMI) stampfte den Bericht des von ihr ins Leben gerufenen Unabhängigen Expertenkreises Muslimfeindlichkeit, der unter dem Titel »Muslimfeindlichkeit – Eine deutsche Bilanz 2023« erschien, ein, nachdem sie vor dem Oberverwaltungsgericht Berlin-Brandenburg gegen den Publizisten Henryk M. Broder verlor. Man habe den Bericht aus dem Internetportal des Ministeriums entfernt und »restliche Druckexemplare des Berichts entsorgt«, teilte mir das Innenministerium nach seiner Prozessniederlage mit. Der Bericht hatte Broder wegen eines 2010 im *Spiegel* erschienenen Artikels rechtswidrig als vermeintlichen Muslimfeind vorführen wollen. Durch ihren schon historischen Fehler hat Ministerin Svenja Schulze nun Julian Reichelt, den sie beschädigen wollte, zum Symbol für eine auch vor Gericht wehrhafte Presse gemacht. Die *FAZ*-Überschrift »Der Staat gegen Julian Reichelt« ist schon jetzt ein Klassiker.

Für diese denkbar größte öffentliche Demütigung bei ihrem Versuch, einen Journalisten anzuschießen, zahlte Ministerin Schulze ihren »fachlich spezialisierten Rechtsanwälten« rund 20.000 Euro (*Tagesspiegel*, 17.04.2024 »Schulzes Vorstoß gegen Reichelts ›Taliban-Tweet‹: Bundesregierung zahlte 20.000 Euro für Medienanwalt«). Genauer, nicht die Bundesregierung, denn die hat ja gar kein Geld, Sie zahlten, der Steuerzahler. Der Staat ist jetzt verpflichtet, wegen offenkundiger Beratungsfehler Schadensersatzansprüche gegen seine anwaltlichen Vertreter zu prüfen.

Die BRD hat den Antrag auf Erlass einer einstweiligen Verfügung und die Klage (Streitwert: 100.000 Euro) gegen Reichelt zurückgenommen und trägt alle Kosten. Vor dem Landgericht Hamburg erging ein Anerkenntnisurteil, die BRD trägt die Kosten.

Presseanfragen bei allen Ministerien und dem Bundeskanzleramt, ob es seit Amtsantritt der »Ampel« weitere Fälle gerichtlichen Vorgehens gegen Journalisten gäbe, wurden sämtlich negativ beantwortet. Die Antidiskriminierungsstelle gab keine Antwort und wird daher verklagt. Man geht also nur gegen einen Journalisten vor. Tatsächlich kam es am 31.05.2024 zu einer weiteren Abmahnung der BRD gegen Reichelt. Ein Erlanger Fitness-Studio nur für Frauen verweigerte einer Frau mit Penis die Aufnahme. Atamans Amt schrieb: »…würden wir vorschlagen, dass Sie eine angemessene Entschädigung in Höhe von € 1000 für die erlittene Persönlichkeitsverletzung zahlen.« Reichelt nannte das »Strafe«, die Bundesrepublik Deutschland mahnte ab. Wir haben sofort Klage erhoben.

#17 Der Staat hat immer recht: YouTube und die »Richtlinie zu medizinischen Fehlinformationen über COVID-19«

Die Fehlleistungen der sozialen Medien während der Corona-Krise sind so dramatisch, dass sie hier nicht annähernd abschließend behandelt werden können. Die Eingriffe in die Meinungsfreiheit, die Pressefreiheit und die Wissenschaftsfreiheit waren beispiellos und angesichts von Unternehmen, die in derartig weitgehendem Ausmaß die Rahmenbedingungen öffentlicher Kommunikation übernehmen, von besonderer Schwere.

So hat Google/YouTube seinen Nutzern »Richtlinien zu medizinischen Fehlinformationen« vorgegeben, die eine elementare Klausel enthalten, die die damalige CEO, Susan Wojcicki, im April 2020 in einem Interview mit CNN ankündigte:

> »Anything that would go against World Health Organization recommendations would be a violation of our policy.«[32]
> »Alles, was gegen die Empfehlungen der Weltgesundheitsorganisation verstoßen würde, wäre ein Verstoß gegen unsere Bestimmungen.«

In den »Richtlinien zu medizinischen Fehlinformationen« lautet das dann (Stand September 2023) so:

> »Auf YouTube sind keine Inhalte erlaubt, die ein ernsthaftes Risiko für körperlichen Schaden bergen, indem medizinische Fehlinformationen verbreitet werden, die im Widerspruch zu den Informationen der Weltgesundheitsorganisation (WHO) oder lokaler Gesundheitsbehörden zu bestimmten Gesundheitszuständen und Substanzen stehen.«

Das kategorische Verbot, eine medizinische These zu vertreten, die nicht von der WHO gebilligt wurde, ist ein Verstoß gegen die Wissenschaftsfreiheit, gegen die Meinungsfreiheit und gegen die Pressefreiheit.

Die WHO ist eine Koordinationsbehörde der Vereinten Nationen. Die Vereinten Nationen sind ein wichtiges Organ, ihre Mitglieder sind aber zu einem großen Teil Länder, die keine Demokratien sind. Vergleiche hierzu den nachstehend eingeblendeten »Demokratie-Index« der britischen Zeitschrift *Economist*:

Regime-Typ	Länder	% der Länder	% der Weltbevölkerung
Vollständige Demokratien	23	13,8	8,4
Unvollständige Demokratien	52	31,1	41,0
Hybridregime	25	21,0	15,0
Autoritäre Regime	57	34,1	35,6

Danach sind mehr als ein Drittel der Mitglieder der UN autoritäre Regime, mit Hybridregimen bezieht sich der Anteil an den UN-Mitgliedern auf deutlich über 50 Prozent, vollständige Demokratien sind in der Minderheit. Die (wissenschaftlichen) Positionen einer Koordinationsbehörde der Vereinten Nationen, deren Mitgliedermehrheit nicht demokratisch legitimiert ist, kann nicht der Maßstab für die Reichweite der Grundrechte in einem (unserem) demokratischen Rechtsstaat sein. Dies würde nicht mehr und nicht weniger bedeuten, als dass autoritäre Regime jedenfalls mittelbar ein wesentliches Mitspracherecht bezüglich dessen haben, was in Deutschland erlaubt ist und was nicht.

Mit maßgeblicher Unterstützung Chinas wurde Tedros Adhanom Ghebreyesus Generaldirektor der WHO. Die *New York Times* berichtete schon 2017 über Korruptionsvorwürfe gegen den neuen WHO-Chef. China wiederum stand wegen seiner mangelhaften und wahrheitswidrigen Informationspolitik in der Krise international in der Kritik. Tagesschau.de berichtet am 31.12.2020:

REPORTAGE Ein Jahr nach Chinas Corona-Warnung

Schweigen und verschleiern

Stand: 31.12.2020 03:04 Uhr

Vor einem Jahr meldete China der WHO den Ausbruch einer unbekannten Lungenkrankheit in Wuhan. Früh in der Krise wurden vor Ort schwerwiegende Fehler gemacht. Darüber offen zu sprechen, ist heute in China fast unmöglich.

Die *Ärzte Zeitung* fragt im April 2020:[33]

Pandemie-Management

WHO nur noch Spielball der Supermächte?

Und diese Personen und Staaten sollen ein maßgebliches Wörtchen dabei mitreden, was bezüglich Covid-19 in Deutschland gesagt werden darf und was nicht? Mich wundert bis heute, dass dieser Sachverhalt außerhalb meiner gerichtlichen Schriftsätze nicht aufgegriffen und diskutiert wurde.

Die sozialen Medien können zwar versuchen, eigene Grundsätze zu formulieren, eine pauschale Bezugnahme auf die WHO war und ist jedoch nicht vertretbar. Es kann auch keine – von der Bundesrepublik auch nicht eingegangene – völkerrechtliche Bindung der deutschen Gerichte an die WHO geben. Denn die Selbstbehauptung eigener Identität als Rechtsgemeinschaft steht dem im Wege.

Auch das kategorische Verbot, eine medizinische These zu vertreten, die nicht von staatlichen Gesundheitsbehörden gebilligt wurde, ist ein eindeutiger Verstoß gegen die Wissenschaftsfreiheit, gegen die Meinungsfreiheit und gegen die Pressefreiheit. Man kann es zugespitzt so formulieren: Auf YouTube ist nur zu sagen erlaubt, was die Gesundheitsminister Jens Spahn oder Karl Lauterbach und ihre Behörden vorher gestattet haben.

Staaten oder Institutionen, die die Verbreitung von Lügen verbieten wollen, müssen eine amtliche Wahrheit festlegen, die dann kein Unbefugter mehr infrage stellen darf. Dies ist mit einer freiheitlichen

Gesellschaft nicht vereinbar. Und auch gut gemeinte Zensur bleibt Zensur. Wer in Freiheit leben will, mit einem freien Austausch der Meinungen und freier Debatte, weiß, dass er es ertragen muss, dass auch die Dummen, die Wirren und die Irren ihre Weltsichten verbreiten dürfen, solange sie sich im Rahmen der Gesetze bewegen.

Die gegen elementare verfassungsrechtliche Normen verstoßende Richtlinie berührt die Grundlagen unserer Werteordnung. Denn der Schutz der Meinungsfreiheit ist gerade aus dem besonderen Schutzbedürfnis der Machtkritik erwachsen und findet darin unverändert seine Bedeutung. Teil dieser Freiheit ist, dass Bürger von ihnen als verantwortlich angesehene Amtsträger – und dann erst recht die Institutionen oder deren Standpunkte – in anklagender und personalisierter Weise für deren Art und Weise der Machtausübung angreifen können.

Nach der Richtline von YouTube dürfen deren Nutzer nur das sagen, was der Staat erlaubt

Peter Grimm hat es in einem im Mai 2021 erschienenen Artikel (»Nicht mit uns: Die Regeln der Corona-Zensur«)[34] treffend zusammengefasst: Wenn die Ämter eine neue Wahrheit festlegen, dann gilt die auch bei YouTube, doch die dem Sinneswandel zugrunde liegenden neuen Erkenntnisse dürften vor ihrer amtlichen Anerkennung nicht publiziert werden. Das ist nicht nur autoritär, es ist auch absurd bei einem Virus und einer Krankheit, bei der es noch viele offene Fragen gibt, also neue Erkenntnisse zu erwarten sind.

Die Behörde hat immer recht. Man kennt das aus der DDR

Auch Skeptiker gegenüber den nicht nach den üblichen Standards geprüften neuartigen Impfstoffen durften sich nach inzwischen teilweise aufgegebenen Regelungen auf YouTube nicht mehr tummeln. Auf der

Verbotsliste standen auch »Behauptungen über Schutzimpfungen gegen COVID-19, die der übereinstimmenden Expertenmeinung lokaler Gesundheitsbehörden oder der WHO widersprechen« sowie »Behauptungen, dass ein zugelassener Impfstoff gegen COVID-19 zu Tod, Unfruchtbarkeit, Fehlgeburten, Autismus oder zur Ansteckung mit anderen Infektionskrankheiten führt«.[35]

Man konnte also nicht regelkonform über Impfrisiken sprechen? Abgesehen davon nimmt YouTube eine »übereinstimmende Expertenmeinung« an, die es so nicht gibt. Grimm fragt sich: »Also etwas Experten-Streit darf schon sein, aber nur, wenn vorher feststeht, wer ihn gewinnt. Wo ist dieses Regelwerk erstellt worden? In China? Man möchte einfach nicht glauben, dass sich Menschen, die in einer freien westlichen Gesellschaft sozialisiert wurden, solche Regeln ausdenken.«

#18
Johann Joseph Görres, der Hassredner der Konrad-Adenauer-Stiftung

Etwa zeitgleich mit Heinrich Heine knöpfte sich Facebook Johann Joseph Görres vor. Görres (1776–1848) war ein bekannter katholischer Publizist. Die CDU-nahe Konrad-Adenauer-Stiftung schreibt auf ihrer Website über Görres: »Immer ein Gegner Napoleons, weckte die Völkerschlacht von Leipzig (1813) in Görres die Hoffnung auf nationale Regeneration der Deutschen, die er von 1814 an durch die Herausgabe des ›Rheinischen Merkur‹ zu fördern suchte. Die Orientierung des Blattes auf Freiheit und Einheit eines künftigen deutschen Reiches führte schon 1816 zum Verbot durch die preußische Zensur.« Die Stiftung stuft Görres als weltanschaulichen Vorläufer der CDU ein. Sie bezeichnet ihn als »Kämpfer für Freiheit und Kirche« und Vordenker des politischen Katholizismus. Ein Hassredner also, wie er im Buche steht. Es gibt, wie von Heine, auch von Görres ein Zitat, das im Netz populär ist, irrtümlich aber häufig ausgerechnet Napoleon, Görres' intellektuellem Gegenspieler, zugeschrieben wird. Görres legte die nachfolgenden Worte allerdings in einem von ihm verfassten Text, »Napoleons Proclamation an die Völker Europas vor seinem Abzug auf die Insel Elba«, dem Franzosen in den Mund:

> »Es gibt kein gutmütigeres, aber auch kein leichtgläubigeres Volk als das deutsche. Zwiespalt brauchte ich unter ihnen nie zu säen. Ich brauchte nur meine Netze auszuspannen, dann liefen sie wie ein scheues Wild hinein. Untereinander haben sie sich gewürgt, und sie meinten ihre Pflicht zu tun. Törichter ist kein anderes Volk auf Erden. Keine Lüge kann grob genug ersonnen werden: die Deutschen glauben sie. Um eine Parole, die man ihnen gab, verfolgten sie ihre Landsleute mit größerer Erbitterung als ihre wirklichen Feinde.«[36]

Viele, auch prominente, Stimmen haben diese Worte auf Facebook veröffentlicht und wurden dafür gesperrt, das Zitat wurde immer wieder als »Hassrede« gelöscht. Dies geschah auch einer Nutzerin aus Hamburg, die Görres am 17.10.2019 postete. Die Folge:

Dein Beitrag verstößt gegen unsere Gemeinschaftsstandards zu Hassrede

Niemand sonst kann deinen Beitrag sehen.

Wir haben diese Standards definiert, damit sich die Menschen in Diskussionen auf Facebook respektvoll verhalten.

Einen Tag später, am 18.10.2019, veröffentlichte ein Nutzer aus Dresden einen wortgleichen Beitrag mit Görres. Er kam nicht so glimpflich davon. Neben die Löschung trat eine Sperre von 30 Tagen.

Du kannst für 30 Tage nichts posten, kommentieren oder den Messenger verwenden

Du hast etwas gepostet, das gegen unsere Gemeinschaftsstandards verstößt.

Dieser Beitrag verstößt gegen unsere Standards zu Hassrede. Niemand sonst kann ihn sehen.

Neben der Diskriminierung durch Facebook, das Nutzer bei identischem Verhalten völlig abweichend bestraft, einmal keine Sperre, einmal 30 Tage, zeigen die nachfolgenden Verfahren vor den Landgerichten Dresden und Hamburg und dem Oberlandesgericht Hamburg sehr schön, wie wichtig der »richtige« Wohnsitz ist, wenn es um Fragen der Meinungsfreiheit in den sozialen Medien geht. Das Landgericht Dresden (Zivilkammer 1 a) erließ für den von »Meinungsfreiheit im Netz« unterstützten Nutzer am 04.11.2019 eine einstweilige Verfügung, mit der die Löschung und die Sperre untersagt wurden. Das war zwei Wochen vor Ablauf der 30-tägigen Sperre und mit beispielhafter, mittlerweile selten gewordener Schnelligkeit. In der Begründung des Beschlusses heißt es:

> »Es ist auch im Ansatz nicht erkennbar, warum die Wiedergabe eines Zitates von Johann Joseph Görres, einem einflussreichen Publizisten der ersten Hälfte des 19. Jahrhunderts, den Gemeinschaftsstandards der Antragsgegnerin widersprechen kann ... Es handelt sich um eine pointierte Auffassung, die den Geisteszustand des deutschen Volkes Anfang des 19. Jahrhunderts beschreibt und von dem Antragsteller auf die heutige Zeit übertragen wird. Dies stellt eine Meinungsäußerung dar.«

Der einstweiligen Verfügung wollte Facebook sich nicht beugen, die in der Folge erhobene Klage führte dann zu einer rechtskräftigen Verurteilung. Der Post, so das Unternehmen in der Klagerwiderung, »schien Deutsche durch die Unterstellung von schweren intellektuellen Defiziten herabzuwürdigen«. Weiter wurde behauptet, dass das Zitat »den Anschein erweckte, Hassrede darzustellen ... Der ...

Post erweckte den Anschein eines unmittelbaren Angriffs auf eine Personengruppe auf der Grundlage der nationalen Herkunft ... Im Übrigen erweckte der Kläger den Eindruck, die Deutschen unterstellte mindere Intelligenz durch einen Vergleich mit Tieren bekräftigt zu haben (›*Ich brauche nur meine Netze auszuspannen, dann liefen sie wie ein scheues Wild hinein*‹)«. Schließlich wurden noch die Geschäftsordnung des Bundestages, die Hausordnung des Deutschen Museums und die Hausordnung der Deutschen Bahn vorgelegt, um Löschung und Sperre zu rechtfertigen. Denn es sei »hervorzuheben«, »dass auch Behörden ... Hausregeln durchsetzen dürfen, um das Funktionieren ihrer öffentlichen Dienste zu gewährleisten und die Rechte anderer zu schützen.«

Davon, dass der Deutsche Bundestag einen Abgeordneten, der »scheinbar« gegen die Ordnung und Würde des Bundestages verstößt, vor die Tür setzt, wie Facebook dies hier zu rechtfertigen versucht, hat man bislang allerdings noch nichts gehört.

Besonders wichtig war und ist, dass die Gerichte in Dresden in vergleichbaren Fällen von jeher einstweilige Verfügungen erlassen, der Nutzer also schnell gerichtliche Hilfe erhält, wenn die Maßnahmen der Plattformen unzulässig waren. In Hamburg war das leider anders, bis es dort zu einem lange überfälligen Zuständigkeitswechsel kam. Nun ist die Pressekammer für diese Verfahren zuständig, dort kennt man das Geschäft. In den zuvor dort geführten Verfahren haben verschiedene Kammern des Landgerichts wiederholt den Erlass einstweiliger Verfügungen verweigert, der 1. Zivilsenat des OLG Hamburg hat sich dieser äußerst problematischen Sichtweise, die an anderer Stelle behandelt wird, auch noch angeschlossen.

Während also der Dresdner Nutzer innerhalb von zwei Wochen durch die einstweilige Verfügung zu seinem Recht gekommen ist und im Juni 2021 auch ein Urteil in der Hauptsache erlangte, musste die Hamburger Nutzerin den Rechtsbruch zu ihren Lasten fast zwei Jahre hinnehmen.

Die persönliche Erwähnung der Vorsitzenden Richterin der Zivilkammer 22 des Landgerichts Hamburg wäre normalerweise nicht erforderlich gewesen, die Auseinandersetzung mit ihrer Rechtsprechung ist in der Regel ausreichend. Die Vorsitzende hat jedoch vor Zuschauern in der öffentlichen mündlichen Verhandlung über die Löschung des Görres-Zitats erklärt: »Das Dresdner Urteil hätte ich meinen Referendaren zurückgegeben!« Dann muss sie damit leben, was Karl Kraus einmal gesagt haben soll: »Meine Dame, wenn Sie nicht schweigen, werde ich Sie zitieren!«

Die Dresdner Entscheidung, gegen die wohl auch Facebook keine Chancen in einer Berufung sah und die daher rechtskräftig wurde, soll also so miserabel gewesen sein, dass sie nicht einmal den von Studenten zu erwartenden Anforderungen genügte. Das waren deutliche Worte, auf die ich erwiderte, dass die bisherigen Einlassungen des Gerichts in den Hinweisen und in der mündlichen Verhandlung »sich außerhalb des fachlichen und intellektuellen Rahmens bewegen, den zu verlassen diesseits Bereitschaft besteht«. Ein bisschen Spaß muss sein.

Das Landgericht Hamburg hat die Klage abgewiesen. Die Regeln Facebooks zur »Hassrede«, so heißt es in dem Urteil, unterlägen »keinen AGB-rechtlichen Wirksamkeitsbedenken« (anders später der Bundesgerichtshof) und verstießen auch nicht gegen das »Transparenzgebot« (anders später der Bundesgerichtshof), »noch benachteiligten sie die Nutzer … unangemessen« (anders später der Bundesgerichtshof). Im Übrigen handele es sich bei dem Zitat von Görres um »Hassrede« (anders später das Hanseatische Oberlandesgericht). Das Zitat enthalte »eine pauschale Aussage über die angeblich grundsätzlich eingeschränkten intellektuellen Fähigkeiten von Menschen mit deutscher Nationalität und damit um eine Herabwürdigung dieser Menschen. [Das Zitat unterstellt den Deutschen] pauschal dümmliches und unvernünftiges Verhalten und wertet sie als Menschen allein wegen ihrer nationalen Herkunft ab. Es liegt damit unzweifelhaft ein direkter Angriff auf Personen aufgrund ihrer nationalen Herkunft und damit Hassrede im Sinne von Ziffer 12 der Gemeinschaftsstandards vor.« Unzweifelhaft?

So etwas von einem Gericht an einem renommierten Gerichtsstand lesen zu müssen, diese tragische Geringschätzung der Meinungsfreiheit und diese der politischen Korrektheit geschuldete Gängelung der Nutzer ist ernüchternd. Es war auch rechtlich unzweifelhaft falsch. Eine durch eine Gesamtbezeichnung gekennzeichnete Personenmehrheit ist nur beleidigungsfähig, wenn sie so deutlich aus der Allgemeinheit hervortritt, dass der Kreis der beteiligten Einzelpersonen scharf umgrenzt ist. »Die Deutschen« in ihrer Gesamtheit sind aber die Allgemeinheit. Das Zitat ist daher isoliert betrachtet nicht geeignet, einzelne Personen, die es auf Facebook lesen, direkt und individuell anzugreifen.

In der Berufung wurde diese Entscheidung erwartungsgemäß aufgehoben und Facebook antragsgemäß verurteilt. Und das Oberlandesgericht Hamburg schrieb Facebook noch einige sehr deutliche Zeilen ins Stammbuch:

> »Es kommt jedoch hinzu, dass die Beklagte nach dem unbestrittenen Vortrag der Klägerin nicht nur an ihren gemäß höchstrichterlicher Rechtsprechung unwirksamen AGB zur Löschung von Beiträgen und Sperrung von Nutzerkonten festhält, indem sie diese offenbar bis heute unverändert lässt, sondern sogar ihre Sanktionspraxis auf Basis dieser rechtswidrigen AGB fortsetzt. Sie nimmt also Löschungen und Kontosperrungen gegenüber Nutzern vor, obwohl sie positiv weiß, dass dafür gemäß höchstrichterlicher Rechtsprechung keine rechtliche Grundlage besteht.«

Das sind vernichtende Zeilen. »Knallhart-Klatsche vor Gericht – Facebook löscht ›ohne rechtliche Grundlage‹!« berichtet *BILD* noch am Tag der Verkündung des Urteils (07.07.2022). Facebook ist laut OLG Hamburg also ein vorsätzlicher, serienmäßiger Rechtsbrecher. Der IT-Riese ebnet unter Missachtung rechtsstaatlicher Grundsätze die Meinungsfreiheit auf seinen Plattformen ein.

Das Unternehmen wusste natürlich nicht erst seit Verkündung des Urteils, wohin die Reise vor dem Oberlandesgericht gehen würde, sondern schon nach der Verhandlung war klar, dass noch eine Niederlage anstand, in die man sich resigniert fügte.

Am Tag nach dem Urteil postete ein bei Dortmund ansässiger Nutzer erneut das Görres-Zitat und dazu einen Link zu dem Artikel in der *BILD*, der sich mit dem Hamburger Urteil befasst. Sie ahnen es schon?

Im Juli 2022 kassierte Facebook eine einstweilige Verfügung des Landgerichts in Dortmund, über ein Jahr später, im August 2023, erkannte man dieses Verbot an. Gegen Meta sind zahlreiche Urteile ergangen, die die Löschung dieses Zitats untersagen. Das Oberlandesgericht Hamburg verbietet die Löschung mit deutlicher Kritik, am Tag danach macht man einfach weiter. In dem Beitrag, den man gelöscht hat, ist aufgrund des verlinkten Artikels sogar noch ein Hinweis auf die oberlandesgerichtliche Entscheidung enthalten. Man löscht, man weist die Beschwerde des Nutzers zurück und man reagiert auf unsere Abmahnung nicht. Es muss für den bedauernswerten Anwalt, der diese Sache zu bearbeiten hat, ein traumatisierendes Erlebnis sein, wenn man schließlich, nachdem die Klage in Irland bei Meta eintrudelte, zur Erwiderung abgeordnet wird. Wir erinnern uns, dass das Landgericht Dresden die Löschung schon 2019 verboten hat. Andere Gerichte folgten, zuletzt das Oberlandesgericht Hamburg. Facebook löschte immer weiter, überfordert mit den eigenen Algorithmen, gleichgültig gegenüber den Erwartungshaltungen eines Rechtsstaates. Und was bringt der Anwalt zu Papier:

> »Nach einer erneuten Prüfung hat die Beklagte den Beitrag bereits am 27. Juli 2022 wiederhergestellt und die laufende Nutzungsbeschränkung des streitgegenständlichen Kontos aufgehoben. Weitere Entfernungen oder Nutzungsbeschränkungen wegen dieses Beitrags sind weder beabsichtigt noch zu befürchten.«

Ein ebenso törichter wie prozessbetrügerischer Textbaustein, der dreist die prozessuale Wahrheitspflicht verletzt. Die Algorithmen wurden nicht umprogrammiert, also löschen sie genau das weiter, was sie vorher gelöscht haben. Meta lügt das dem Gericht dreist ins Gesicht.

#19
YouTube löscht #allesdichtmachen aus seinen Suchergebnissen

»Dank Corona hab ich gelernt zu schweigen«, sagt eine Schauspielerin in ihrem Video für die Aktion #allesdichtmachen, die Ende April 2021 in der Bundesrepublik für enorme Resonanz sorgte. Und über 10 Millionen Videoaufrufe innerhalb von 48 Stunden auf dem erst wenige Tage alten YouTube-Kanal erreichte. Mit Ironie, Witz und Sarkasmus stellen die Schauspieler die Corona-Politik der Bundesregierung infrage und kritisieren vor allem das hiesige Diskussionsklima. Andere, wie der stets servil und regierungsfreundlich dienernde Böhmermann, lehnten die Aktion ab. Es galt als unerhört, Herrn Spahn, Frau Merkel oder gar Herrn Drosten zu kritisieren. Der nordrhein-westfälische WDR-Rundfunkrat Garrelt Duin forderte zunächst sogar berufliche Konsequenzen für die beteiligten Personen, löschte seinen Tweet dann aber aufgrund der empörten Reaktionen. Berufsverbot, wenn man ein

Grundrecht wahrnimmt? Am 24.04.2021 stellten die Initiatoren fest, dass YouTube den Kanal »allesdichtmachen« aus den Suchergebnissen seiner Plattform entfernt hatte. Stattdessen erschienen dort diverse Berichte über die Aktion, auch solche mit sehr geringen Abrufzahlen.

Der Kanal, der sehr schnell sehr hohe Abrufzahlen erreichte, wurde von YouTube digital ausgeblendet. Dies war unzulässig und verletzte Meinungs-, Presse-, und Informationsfreiheit. Warum soll jemand, der auf YouTube nach #allesdichtmachen sucht, den Kanal nicht finden, die Videos nicht ansehen? Warum wurde diese Funktion, die bei YouTube sonst grundsätzlich zur Verfügung steht, hier deaktiviert?

Der Vorstandsvorsitzenden von YouTube, Frau Susan Wojcicki, wurde etwa zeitgleich der von YouTube gesponserte »Freedom Expression«-Award verliehen. Diese Auszeichnung, die YouTube erst finanziert und dann an sich selbst verliehen hat, hat folgenden Zweck: »The Free Expression Awards supports the educational work of the Freedom Forum Institute by recognizing individuals for their courageous acts of free and fearless expression.« [37] Dies hat auch in dem US-Nachrichtenmagazin *Newsweek* für Erheiterung gesorgt.

U.S.

YouTube CEO Susan Wojcicki Gets 'Freedom Expression' Award Sponsored by YouTube

BY CHRISTINA ZHAO ON 4/20/21 AT 3:27 PM EDT

Eine an YouTube gerichtete Abmahnung hatte Erfolg. Kurze Zeit später fand man den Kanal »allesdichtmachen« bei Eingabe des Suchbegriffs an Position 1. Aber versuchen kann man es ja mal.

#20
Die Deutschen sind Schafe

Am 12.01.2022 bestätigte das Oberlandesgericht Stuttgart ein vom Landgericht Heilbronn gegen Facebook verhängtes Ordnungsgeld von

15 000,00 Euro. Vorangegangen war die Löschung dieses Postings von Frau M., die bei Heilbronn lebt.

Dabei waren die Schafe so possierlich, dass sie auch bei *Sheepworld* Chancen gehabt hätten. Aber wie wir schon in dem berühmten »Männer sind Schweine«-Fall gesehen haben, haben selbst harmlose Cartoons des Unternehmens auf der Plattform schlechte Karten. Die Löschung dieses Postings wurde durch eine einstweilige Verfügung des Landgerichts Heilbronn verboten. Vorher wurde verhandelt, Facebook trat gleich mit zwei Anwälten auf und hatte vorher mit einem 26-seitigen Schriftsatz versucht, die Löschung zu rechtfertigen. Hier ein Auszug:

> »Die Antragstellerin setzt in diesem Zusammenhang einen allein anhand der nationalen Herkunft identifizierten Personenkreis (»deutsche Mehrheit«) mit Tieren gleich (»Schafe«). Aus dem Kontext des Beitrages ergibt sich, dass die Antragstellerin der Mehrheit der deutschen Bevölkerung die Fähigkeit zu eigener, reflektierter Überlegung abspricht und sie als dumme, zu Argwohn oder komplexeren Gedanken unfähige Tiere abqualifiziert. In der von der Antragstellerin in Bezug genommenen Fabel »Die Farm der Tiere« werden die Schafe als die dümmsten Tiere präsentiert. Sie sind dort – an-

ders als andere vorkommende Tiere – nicht in der Lage, Lesen und Schreiben zu lernen und treten in erster Linie als »Masse« in Erscheinung, die zu nicht mehr fähig ist, als immer wieder einen stumpfsinnig einstudierten Slogan zu blöken. Zwar dürfte eine Kollektivbeleidigung hier aufgrund der nicht gegebenen Abgrenzbarkeit der Adressaten ausscheiden, die Bezeichnung als (dummes) Schaf läge – wenn sie an eine Einzelperson gerichtet wäre – aber wie andere »Tierbezeichnungen« für Menschen (z.B. »Affe«, »Esel«, »Schweine/Sau«, »Ratte«) tatbestandlich im Bereich einer Beleidigung nach § 185 StGB.«

Dem wollte das Landgericht Heilbronn in seinem Urteil nicht folgen. Facebook könne, so die 1. Zivilkammer, nicht einerseits einen freien Zugang zu Informationen und zum Teilen von Informationen propagieren, sich aber andererseits auf den Standpunkt stellen, man habe das Recht, enge Regeln aufzustellen, die es der alleinigen Entscheidungskompetenz des Unternehmens unterwerfen, welche Beitrage veröffentlicht werden dürften. Die Nutzerin nehme in ihrem Beitrag auf das Buch *Farm der Tiere* von George Orwell, einen Klassiker der Weltliteratur, Bezug. Der Beitrag übertrage den Inhalt des Buchs, das im Jahr 1945 erstmals erschienen ist – in freilich stark verkürzter Weise – auf die Gegenwart. Derartige Parallelen seien im politischen Journalismus und Feuilleton gerade in Bezug auf Werke von George Orwell, insbesondere den Klassiker *1984*, häufig. Die Bezugnahme auf George Orwell sei Ausdruck einer gewissen Intellektualität; die Verwendung der Bilder mache den Beitrag harmlos und spielerisch. Daher sei der Beitrag auch nach Abwägung mit den wirtschaftlichen Interessen von Facebook hinzunehmen.

Die Nutzerin freute sich über ihren Erfolg und verlieh dieser Freude auf Facebook Ausdruck. Das blieb nicht ohne Folgen. Der nachfolgende Screenshot zeigt, dass Facebook nicht nur ein identisches Posting löschte, als man sich schon an das Urteil des Gerichts halten musste. Man »prüfte« auch noch und blieb dabei, lehnte die Beschwerde der Nutzerin ab.

Heute um 02:59

Wir haben bestätigt, dass dein Kommentar nicht unseren Gemeinschaftsstandards entspricht

Wir haben deinen Kommentar noch einmal geprüft, und er entspricht nicht unseren Gemeinschaftsstandards.

Heute um 02:53

Du bist mit der Entscheidung nicht einverstanden

Danke für dein Feedback. Wir werden es nutzen, um künftige Entscheidungen zu verbessern.

Heute um 02:30

Dein Kommentar hat gegen unsere Gemeinschaftsstandards zu Hassrede verstoßen

Niemand sonst kann deinen Kommentar sehen.

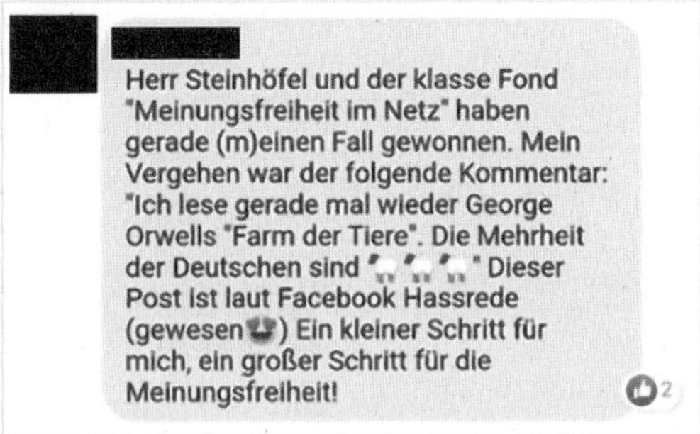

Das war schon ein starkes Stück. Aber wenn man bei Facebook erst einmal in Fahrt ist in der Missachtung gerichtlicher Verbote, dann gibt es kein Halten mehr. Denn am 09.05.2021 kam es zu noch einer Titelverletzung. Ergebnis war das Ordnungsgeld, das mit 15 000,00 Euro sehr maßvoll ausgefallen ist. Zum »Beweis« dafür, dass Facebook irgendwann im Laufe des Bestrafungsverfahrens die gelöschten Inhalte wiederhergestellt habe, wurde ein ganz besonderes Dokument vorgelegt, ein Authentizitäts- und Integritätsnachweis.

Beweis: Vorlage des Authentizitäts- und Integritätsnachweises zum Ordnungsmittelantrag vom 27. April 2021 und des Nachweises der Wiederherstellung des ersten streitgegenständlichen Beitrags (Content ID: 2854086658190305), anbei als

Anlage B 1

Und dieser »Authentizitäts- und Integritätsnachweis« sah so aus. Putzig, nicht wahr:

Ein Zettel mit viel Druckerschwärze also, den sich ein jeder zu Hause zusammenschustern kann. Was tatsächlich ein gerichtliches Beweismittel ist, lernt man im Studium. Wenn man aufgepasst hat.

#21
Antisemitischer Boykottaufruf gegen Pressefreiheit. Und X (Twitter) hält die Steigbügel

Ab Sommer 2022 versandte eine Gruppe von Nutzern von X (Twitter) Hunderte von Boykottaufrufen an solche Unternehmen, die auf dem politischen Blog »Die Achse des Guten« Werbung schalteten. Mehrere Unternehmen stellten ihre Werbung auf den Internetseiten der »Achse« daraufhin ein oder kündigten an, dies überprüfen zu wollen. Audi erklärte sogar, man habe eine »Blacklist«. Die Täter, ohne den Mut, ihr Gesicht zu zeigen, operierten anonym. Sie wandten sich an Eurowings, Audi, O2, Eon, die Commerzbank, Vodafone, die Aktion Mensch und viele andere. Nicht Meinungsstreit, sondern wirtschaftliche Vernichtung war das Ziel der Aktion. Denn zur Begründung wurden ausschließlich weltanschauliche Differenzen angegeben, diese aber reißerisch aufbereitet. Schaut man sich die Profile der aus dem Verborgenen agierenden Personen an, gewinnt man einen Eindruck davon, um was für einen Personenkreis es sich handeln muss. So werden von diesen auch solche judenverachtenden Karikaturen verbreitet und geliked, die einer nationalsozialistischen Hetzschrift entnommen sein könnten. Dies spielt auch deswegen eine Rolle, weil einer der Gründer der »Achse des Guten« Henryk M. Broder ist, Sohn von Überlebenden der Vernichtungslager in Auschwitz und Buchenwald.

Am 20. Juli 2022 äußerte sich Jan Fleischhauer mit diesem Tweet zu dem Boykottaufruf:

Dem Juden Weinthal sollte man „den Stecker ziehen". Das ist das Umfeld, aus dem gerade die Kampagne gegen @Achgut_com lanciert wird. Noch Fragen?

Die *Welt* schreibt am 27.10.2022 von einer »Boykottkampagne gegen das Medium …, die auf Twitter von diversen antisemitischen Accounts verbreitet worden war.«

Wie man auf X (Twitter) sehen kann, mögen sich die Denunzianten mit dem Antisemitismusvorwurf nicht anfreunden. Aber schon Karl Kraus, auch auf die Gefahr hin, ihn wiederholt zu zitieren, wusste: »Was trifft, trifft auch zu.«

Die Personen finden sich alle unter einem extra für diese Aktion ersonnenen Hashtag zusammen, was die Zuordnung von antisemitischen Äußerungen durch die Personen erleichtert. Einige wenige weitere Beispiele:

Dass Henryk M. Broder sich »ewig als den verfolgten Juden hinstellt, ist inzwischen zur Masche verkommen«, Broder »kokettiere offen mit Antisemitismus«, er »verharmlose den Holocaust«, man fragt »in welchem KZ war Broder doch gleich«, man behauptet »Aber das Jude-Sein ist ein Freibrief für Broder«, Broder betreibe »Holocaustrelativierung«, er hätte einen »super Job in Auschwitz bekommen«, Broder »hat kein Problem mit Vernichtungslagern. Er würde nur gern bestimmen, wer drin sitzt.« Dies ließe sich lange fortsetzen, es ist so widerwärtig und niederträchtig, wie der hinter diesen Äußerungen stehende Personenkreis.

Unternehmen, die behaupten, »ethische Richtlinien« und »das Wohl der Gesellschaft fest im Blick« zu haben, würden solchen Denunziationen nicht gehorchen, sondern mit einem entschlossenen Bekenntnis zur Meinungsfreiheit beantworten. Sie würden prüfen, wer da denunziert, und nicht anonymen Verleumdern gehorchen. Die Wirklichkeit sieht anders aus.

- »Wird sofort geprüft. Sind dran!«, Kaufland.
- »… vielen Dank für den Hinweis. Wir haben die [Werbung] sofort gestoppt«, Aktion Mensch.
- »… für alle Werbeaktivitäten geblacklisted«, Eurowings.
- »Wir werden den Fall prüfen und unsere Blacklist überarbeiten«, Audi.

- So oder ähnlich äußerten sich auch die Commerzbank, die Welthungerhilfe, Eon, Vodafone und Telefonica/O2 auf X (Twitter).

Man muss mit Unternehmen, die mit erklärten Antisemiten paktieren, keine Geschäfte machen.

Auf Hunderte von Boykottaufrufen der Antisemiten reagierte die Achse nun ihrerseits mit naheliegenderweise standardisierten und an die angeschriebenen Unternehmen gerichteten Antwort-Tweets. Eine von mehreren Versionen lautete beispielsweise so:

> »Diese Kampagne wird von der ›Jüdischen Rundschau‹ als ›Antisemitischer Angriff‹ auf @achgut eingestuft. Bitte machen Sie sich nicht zum Erfüllungsgehilfen antisemitischer Aktivisten.«

Mir persönlich erscheint die Verwendung des Begriffs »Aktivisten« recht euphemistisch und bagatellisierend.

Nach einigem Hin und Her hat X (Twitter) das Profil der »Achse des Guten« gelöscht. Es liege aufgrund der etwas über 100 Antwort-Tweets ein Verstoß gegen die »Richtlinie zu Plattformmanipulation und Spam« vor. Notwehr gegen antisemitische Boykottaufrufe mit dem Ziel der Existenzvernichtung eines Presseorgans sind aus dortiger Sicht also Spam. X kannte den Sachverhalt dabei ganz genau. Mit gerichtlicher Hilfe wurde die Löschung des Profils sehr schnell mit einstweiliger Verfügung untersagt, im Spätsommer 2023 kam es vor dem Landgericht Karlsruhe zu Verhandlungen über den Widerspruch von Twitter, Ende September lagen die Urteile vor. Zwei Passagen aus den Entscheidungen möchte ich zitieren:

> »Konzertierte Boykottaufrufe wie im Streitfall sind geeignet, die wirtschaftliche Existenz des zu boykottierenden Unternehmens zu vernichten. [Die Achse des Guten] kann ohne ausreichende Werbeeinnahmen nicht wirtschaften. Von Spenden allein kann sie auf Dauer nicht leben. Ein anderes Ziel als die wirtschaftliche Schädigung der Klägerin, um sie als Verbreiterin von - aus Sicht der #achbessercrew falschen und schädlichen - Meinungen

> im gesellschaftspolitischen Meinungskampf zu schwächen oder sogar auszuschalten, ist nicht ersichtlich oder behauptet.«

Und weiter:

> »Zum anderen beschneidet die Sperre die Möglichkeit der [Achse], auf die von ihr bzw. ihren Autoren auf achgut.com geäußerten Meinungen hinzuweisen. Insofern sind ihre Grundrechte auf Meinungs- und Pressefreiheit betroffen. Dies wiegt besonders schwer, weil sich die Klägerin – ohne dass man ihre pointierten Meinungsäußerungen inhaltlich gutheißen müsste - jedenfalls in Themenbereichen zu Wort meldet, die für die Öffentlichkeit von besonderem Interesse sind. Insofern kann die Klägerin in hohem Maße den Schutz des Grundrechts aus Art. 5 Abs. 1 GG in Anspruch nehmen.«

Man kann das so zusammenfassen: Ein Kreis von antisemitischen Denunzianten schließen sich zusammen, um ein Presseorgan, das aus ihrer Sicht politisch missliebige Positionen vertritt, »zu schwächen oder sogar auszuschalten«. Die Antisemiten agieren aus der Anonymität, sie wollen über den Umweg des Boykottaufrufs das Grundrecht der Meinungs- und Pressefreiheit von Andersdenkenden schleifen. Anstatt die koordinierten Boykottaufrufe zu löschen, löscht X den Account des Opfers, das sich wehrt. Große deutsche Unternehmen biedern sich servil bei den Denunzianten an und versprechen Wohlverhalten. Meinungsfreiheit und Zivilcourage im Deutschland des Jahres 2023.

#22
Lucy von den Peanuts, Dunja Hayali und das Diskriminierungsverbot

Welches Selbstverständnis muss in den Chefetagen eines IT-Riesen herrschen, wenn man einen Nutzer für einen Cartoon mit Lucy von den Peanuts für 30 Tage sperrt, während der identische Inhalt bei der ZDF-Moderatorin Dunja Hayali weiter online bleiben darf? Willkür, Arroganz, Hybris? Auf jeden Fall wird der »normale« Nutzer diskriminiert, abgesehen davon, dass die Sanktion ohnehin vollkommen albern und peinlich war. Hayali stellte also Lucy mit einem kecken Spruch online, der durchaus zum sonstigen Sprachbild unserer Protagonistin passt.

Ein Nürnberger Unternehmer, der Fabriken für Solaranlagen produziert, postete die völlig identische Kachel mit genau derselben Sprechblase. Sein Inhalt wurde gelöscht, er wurde für 30 Tage gesperrt. Er klagte und gewann. Dass es so nicht geht, dass bei der einen, hier Prominenten, ein legitimer Post durchgeht, der dem anderen untersagt wird, hat schon mehr als zwei Jahre vor diesem Vorfall die Pressekammer des Landgerichts Berlin entschieden. Nun könnte Facebook sagen, die Entscheidung kannten wir gar nicht. Was möglich wäre, wäre die Entscheidung nicht gegen Facebook ergangen. Der Betreiber einer Social-Media-Plattform, befand das Landgericht Berlin, der einen (rechtmäßigen) Post eines Nutzers löscht und zudem dessen Account sperrt, während er andere vergleichbare, zum Teil sogar wortgleiche Posts weiterhin veröffentlicht und die Accounts dieser Nutzer nicht sperrt, verstößt gegen Treu und Glauben und Art. 3 GG (den Gleichheitsgrundsatz und das Diskriminierungsverbot).

Dein Konto wird 29 Tage lang eingeschränkt

Deine vorherigen Beiträge haben gegen unsere Gemeinschaftsstandards verstoßen. Deshalb kannst du vorerst nichts posten oder kommentieren.

29.12.2020

Dein Beitrag hat gegen unsere Gemeinschaftsstandards verstoßen

Bemerkenswert war, dass das Unternehmen vor Gericht die Mitteilung verweigerte, gegen welche Richtlinie der bestrafte Nutzer verstoßen haben soll. Im Prozess steht Facebook mit großer Gelassenheit zu seiner Willkür und glaubt, man stehe über dem Gesetz. Der Nutzer könne ja auf Auskunft klagen, wenn er wissen wolle, warum er bestraft wurde. Man dürfe den Nutzer nach Gutdünken sanktionieren, aber die Begründung verweigern. Strafe ohne Tatvorwurf. Schlimmer als bei Kafkas *Der Prozess*. Das ist die pure Arroganz der Macht und reine Willkür noch dazu. Hier Ihr Bußgeldbescheid, wo Sie angeblich falsch geparkt haben, müssen sie nicht wissen. Hier können nur die Gerichte helfen. Und die Öffentlichkeit.

#23
So doof ist nur die deutsche Kartoffel

Wer in diesem Teil des Buches angelangt ist, ahnt bereits, welchem Vorwurf von Facebook sich der in München ansässige und unter Pseudonym aktive Nutzer ausgesetzt sah und warum er für sieben Tage von der Plattform gesperrt wurde, als er wie aus der Überschrift ersichtlich kommentierte. Richtig. Hassrede. Und die erfolgte ausgerechnet in einer Antwort auf ein Posting von mir. Es war mitten in der Corona-Zeit, als eine öffentlich-rechtliche Nachrichtensendung auf gefährliche Mängel von FFP2-Masken bei einem Teil der Bevölkerung hinwies. Der Vorschlag an die politischen Verantwortungsträger, sofort mit einem Bundes- oder Landesgesetz eine Rasur der Gesamtbevölkerung anzuordnen, war da naheliegend.

Joachim Nikolaus Steinhöfel
6 Tg. ·

Ich habe gerade in ZDF heute gehört, dass FFP2-Masken bei Bartträgern gar nicht sauber abschliessen. Im Sinne der Volksgesundheit verlange ich hiermit von den MinisterpäsidentInnen und der KanzlerIn, unverzüglich eine "Bart ab"-Verordnung zu erlassen.

1,3 Tsd. 257 Kommentare 131 Mal geteilt

Gefällt mir Kommentieren Teilen

Zutreffend wies mich ein Bekannter darauf hin, dass der richtige Titel für das Gesetz nach Maßgabe der von der Bundesregierung zur Schönfärbung eingesetzten Terminologie wohl eher »Gute Rasur«-Gesetz wäre. Er hatte recht. »Chrizzy Beck« antwortete darauf ganz im Sinne der schon erwähnten These von Lenin, wonach die Deutschen sich eine Bahnsteigkarte kaufen, bevor sie einen Bahnhof stürmen, so:

Chrizzy Beck
Das wird den Muslimen aber nicht gefallen. So doof ist nur die deutsche Kartoffel

Löschung und sieben Tage Sperre wegen »Hassrede« waren die konsequente Folge, wenn man weiß, wie es in Facebook tickt. Das Landgericht München hatte an unserem Antrag irgendetwas zu mäkeln. Zu Unrecht, meinte der Pressesenat des Oberlandesgerichts und verfasste einen ganz wunderbaren Beschluss. Mit großer Gelassenheit und nüchterner Klugheit kam die Einzelrichterin zu dem Schluss, dass der Kommentar gegen den Teil der deutschen Bevölkerung gerichtet sei, der in den Augen des Kommentators kritiklos freiheitsbeschränkende Maßnahmen im Rahmen der Pandemiebekämpfung hinnimmt. Es lohnt sich, die Entscheidung aus Februar 2021 weiter zu zitieren:

»Der verständige und unvoreingenommene Leser erkennt, dass sich der Kommentator mit seiner Äußerung auf einen Beitrag des Nutzers Joachim Nikolaus Steinhöfel bezieht. Dieser berichtete in seinem Beitrag, dass er in ZDF heute gehört habe, dass FFP2-Masken bei Bartträgem nicht sauber abschließen würden. Im Sinne der Volksgesundheit verlange er von den Ministerpräsidentinnen und der Kanzlerin, unverzüglich eine ›Bart ab‹-Verordnung zu erlassen. Der Ausgangsbeitrag des Nutzers Steinhöfel setzt sich damit mit der Anordnung der FFP2-Maskenpflicht zur Bekämpfung der Corona-Pandemie auseinander. Der Leser versteht den Beitrag allerdings dahingehend, dass nicht ernsthaft eine Verordnung zum Verbot von Bärten gefordert wird, um die Wirksamkeit der Anordnung der FFP2-Maskenpflicht zu steigern. Vielmehr erkennt der Leser in dem Beitrag eine in ironischer Form geäußerte Kritik des Nutzers Steinhöfel an den Maßnahmen zur Pandemiebekämpfung dahingehend, dass eine restriktive Maßnahme die nächste nach sich zieht. Dass die Forderung nach einer ›Bart ab-Verordnung‹ nicht ernst gemeint ist, wird bereits an den verwendeten Anführungsstrichen deutlich. Zusätzlich kommt die beabsichtigte Ironie aus den einleitenden Worten ›Im Sinne der Volksgesundheit‹ zum Ausdruck.

Der Antragsteller hat diesen Beitrag mit der streitigen Äußerung ›Das wird den Muslimen aber nicht gefallen. So doof ist nur die deutsche Kartoffel – Smiley‹ kommentiert. Auch wenn dem flüchtigen Leser aus dem ersten Satz nicht sofort klar werden mag, wer mit ›den Muslimen‹ gemeint sein soll, wird er diese Äußerung naheliegenderweise dahingehend interpretieren, dass es sich um in Deutschland lebende, vielleicht sogar die deutsche Staatsangehörigkeit besitzende Muslime handeln muss, da allein diese von deutschen Verordnungen betroffen sind. Dies hat zur Folge, dass der verständige Leser die im zweiten Satz verwendete Bezeichnung ›die deutsche Kartoffel‹ nicht auf alle Deutschen beziehen wird, da auch deutsche Staatsbürger dem muslimischen Glauben angehören. Vielmehr wird der Leser den Begriff seiner üblichen Verwendung entsprechend auf solche Deutsche beziehen, die sich deutschen Klischees entsprechend verhalten. Wenn der Antragsteller ›die deutsche Kartoffel‹ als ›doof‹ bezeichnet, wird der verständige Leser dies in der nötigen Gesamtschau daher nicht als Angriff auf das deutsche Volk als Ganzes oder alle deutschen Staatsangehörigen verstehen, sondern vielmehr als Kritik an den Deutschen, die dem Bild des obrigkeitshörigen Bürgers entsprechen, das historisch vielfach – beispielsweise in dem Roman von Heinrich Mann ›Der Untertan‹- beschrieben wurde und auch in der aktuellen Debatte um die Bekämpfung der Corona-Pandemie beschrieben wird.«

Wenn das Berufungsgericht sich im Eilverfahren so deutlich äußert, erkennt ein verständiger Beteiligter das Verbot an und erspart sich eine Hauptsacheklage. Verständig war man aufseiten des Verlierers aber nicht, darum folgte der Niederlage im Eilverfahren ein weiterer Prozessverlust im Klageverfahren. Facebook bezahlt seine Anwälte dafür, dass sie, nachdem das Oberlandesgericht in der Sache entschieden hat und nach menschlichem Ermessen keine vernünftige Aussicht auf Erfolg mehr besteht, in der 29-seitigen Klagerwiderung Perlen wie diese zu Papier zu bringen:

»Die Beitragskommentierung des Klägers unterstellt nach ihrem Sinngehalt und unter Berücksichtigung ihres Äußerungskontextes eine stereotypische Einschränkung der geistigen Fähigkeiten aller Deutschen.«

Warum nur einmal verlieren, wenn man auch zweimal verlieren kann?

Nein, tut sie nicht. Sie ahnen jetzt, warum man diese Schriftsätze, auch wenn sie 30 Seiten lang sind, oft in Minuten durchblättern kann, ohne etwas zu verpassen. Und das ist keine Arroganz, es ist sogar meine Pflicht, das Geld des Mandanten zu sparen, wenn nach Stundensätzen abgerechnet wird. Nach dem bewährten Facebook-Prinzip, warum nur einmal verlieren, wenn man auch zweimal verlieren kann, ging auch die Klage gegen das Unternehmen aus.

#24
Der antisemitische Antisemitismusbeauftragte wütet auf X (Twitter)

Es ist das eine, wenn anonyme Antisemiten der Meinungs- und Pressefreiheit den Kampf ansagen, weil sie abweichende Meinungen nicht ertragen. Fall #21 hat gezeigt, wie sich so etwas in der Praxis abspielen kann. Es ist allerdings etwas ganz anderes, wenn ein von einer Landesregierung ernannter Antisemitismusbeauftragter auf seinem staatlichen Twitter-Profil, also mit der Autorität des Amtes, mit derartigen Personen gemeinsame Sache macht, sie lobt und sich sogar noch öffentlich bei ihnen bedankt. Einen solchen Beauftragten leistet sich das Bundesland Baden-Württemberg.

Der jüdische Historiker und Publizist Prof. Dr. Michael Wolffsohn hat den umstrittenen Antisemitismusbeauftragten des Landes Baden-Württemberg, Dr. Michael Blume, in der *Neuen Zürcher Zeitung* vom 29.12.2021 so eingeordnet:

»Blume ist ein ›nützlicher Idiot‹ der Antisemiten.«

Der ehemalige israelische Botschafter in den USA, Michael Oren, verlangte gegenüber der *Jerusalem Post*, dass Blume wegen der Verunglimpfung des britischen Generals Orde Wingate, der weithin als Vater der israelischen Verteidigungsstreitkräfte gilt, »zurücktreten sollte«. Blume hatte Wingate auf X als »Kriegsverbrecher« beschimpft. Das muss man bei einem »Antisemitismusbeauftragten« erst einmal sacken lassen. Dass man Blume sogar folgenlos selbst als Antisemiten bezeichnen darf, hat das Landgericht Hamburg festgestellt. Die Bezeichnung Blumes als »antisemitisch« sei eine »zwar scharfe, aber noch zulässige Meinungsäußerung«, für die »hinreichende Anknüpfungstatsachen« vorliegen.

Der Regierung von Baden-Württemberg gefiel dies naturgemäß nicht. Ihr Regierungssprecher bezeichnete die Einschätzung Blumes als antisemitisch sogar als »niederträchtig«. Eine Äußerung, die dem Bundesland Baden-Württemberg durch den Verwaltungsgerichtshof Baden-Württemberg durch einstweilige Anordnung verboten wurde, die »Abwertung auch der Person des Äußernden wahre die Grenzen der Sachlichkeit hier nicht«.

Fakt ist, Michael Blume ist kein Antisemit der alten Schule. Er hat den Holocaust weder geleugnet noch verharmlost. Er hat nicht zu Gewalt gegen Juden aufgerufen. Er ist bei keiner Anti-Israel-Demo mitgelaufen. Einerseits. Andererseits: Sein Verhältnis zu Juden ist, freundlich gesagt, ambivalent. Er versteht sich als Behüter und Beschützer von Juden, aber eben nicht aller Juden, sondern nur derer, die er als gute Juden anerkennt. Diejenigen, die es wagen, ihn zu kritisieren, sind »rechtsextreme Menschen in den jüdischen Gemeinden« oder verbreiten »rassistische & demokratiefeindliche Positionen« – Tatbestände, die er für so evident hält, dass er sie mit keinem Beispiel belegt.[38] So fasst es Henryk M. Broder zusammen, der sich diesen problematischen Protagonisten etwas näher angeschaut hat.

Baden-Württemberg begeht auf X (Twitter) Verfassungsverstöße in Serie

Der Antisemitismusbeauftragte hat sich nun auf Twitter mit einem Mob von Antisemiten gemein gemacht. In diesem Zusammenhang hat er auf seinem dienstlichen X-Profil mit der eigenartigen Bezeichnung @ beauftragtgg die Reaktionen von Unternehmen auf die in Abschnitt 21 beschriebenen Boykottaufrufe gegen den politischen Blog »Die Achse des Guten« gepriesen. Er hat damit durch hoheitliches Handeln, so das Verwaltungsgericht Stuttgart in einer gegen das Land Baden-Württemberg erwirkten rechtskräftigen Entscheidung, in »die Grundrechte der Pressefreiheit (Art. 5 Abs. 1 Satz 2 GG) und der Berufsfreiheit (Art. 12 Abs. 1 GG) sowie das … allgemeine Persönlichkeitsrecht aus Art. 2 Abs. 1, Art. 1 Abs. 1, Art. 19 Abs. 3 GG« der »Achse des Guten« eingegriffen. Blume habe, so das Gericht, »unter spezifischer Inanspruchnahme der Autorität seines Amts konkrete Schritte« gegen das Medium, also die Pressefreiheit, gefördert und habe mit weiteren Äußerungen gegen das Sachlichkeitsgebot verstoßen.

Das Land Baden-Württemberg hat das gerichtliche Verbot anerkannt. Blume wütete gegen diese Angriffe auf X weiter, was eine weitere einstweilige Anordnung des Verwaltungsgerichts Stuttgart gegen seinen Dienstherren zur Folge hatte, die ebenfalls rechtskräftig ist. Und Blume bekam dabei von genau den Personen Unterstützung, deren antisemitische Ausfälle weiter oben auszugsweise dokumentiert wurden. Bei dem Antisemitismusbeauftragten des Landes Baden-Württemberg muss man nicht auf den fragwürdigen Vorwurf des Beifalls aus der falschen Ecke zurückgreifen. Denn der Antisemitismusbeauftragte bedankte sich am 30.09.2022 in einem Tweet bei den Antisemiten *coram publico* für deren »rechtsstaatliche Solidarität«.

Wenn dem umstrittenen Antisemitismusbeauftragten Baden-Württembergs gerichtlich mehrfacher Verfassungsbruch, ein Vorgehen ohne Ermächtigungsgrundlage und Verstöße gegen das Sachlichkeitsgebot attestiert werden, ist das geeignet, das Ansehen des

Bundeslandes weiter zu beschädigen. Es stellt sich mit gewisser Dringlichkeit die Frage, ob Herr Dr. Blume noch für sein Amt geeignet ist.

#25
Meisterwerke der niederländischen Malerei im Visier der Zensoren

Ich bin ein Anhänger der Malerei von Pieter Bruegel dem Älteren, dem zweifellos berühmtesten niederländischen Künstler des 16. Jahrhunderts. Eines seiner berühmten Werke hängt im Kunsthistorischen Museum in Wien. Es trägt den Titel *Bauerntanz* und entstand um 1568. Im Jahre 1808 plünderte Napoleon in den Niederlanden, bekam dabei auch dieses Werk in seine Hände, brachte es nach Paris, von wo es 1815 aber zurückgegeben wurde.

»Bauerntanz« von Pieter Bruegel d. Ä., um 1568. Kunsthistorisches Museum, Wien, © mauritius images/CBW/Alamy/Alamy Stock Photos

Das Kunsthistorische Museum in Wien beschreibt das Meisterwerk auf seiner Website so:

> »Dargestellt ist der Eröffnungstanz des Kirchweihfestes: Ein traditioneller Springtanz, der von nur zwei Paaren ausgeführt wurde und dem allgemeinen Tanz voranging. Das Paar im Vordergrund eilt hinzu, wird aber von der Szene ganz links abgelenkt: ein Bettler (oder Pilger?) tritt bittend an den Tisch heran. Bruegels Sicht auf die Bauern ist weder herablassend noch humoristisch – vielmehr herrscht ein ins Ideale erhobener Realismus vor.«[39]

Im Januar 2018 meldete sich Helga S. bei mir. Sie hatte das Gemälde auf Facebook gepostet und von dem Unternehmen die folgende Meldung erhalten:

> »Wir haben etwas entfernt, das du gepostet hat. Offenbar entspricht ein von dir geposteter Inhalt nicht unseren Gemeinschaftsstandards. Wir entfernen Beiträge, die Personen basierend auf Rasse, Ethnizität, nationaler Herkunft, Religionszugehörigkeit, sexueller Orientierung, Geschlechtsidentität oder Behinderung angreifen.«

Was mögen die Kunstkenner von Facebook in dem Werk entdeckt und beanstandet haben? Man kann Völlerei, Lust und Wut lokalisieren. Der Mann, der neben dem Dudelsackspieler sitzt, trägt eine Pfauenfeder im Hut, ein Symbol der Eitelkeit. Der Anlass für das Gelage der Bauern ist der Tag eines Heiligen, aber die Tänzer kehren der Kirche den Rücken zu und schenken dem Bild der Jungfrau Maria, das am Baum hängt, keinerlei Beachtung. Die Kneipe im Hintergrund macht deutlich, dass das Volk eher mit materiellen als mit geistlichen Dingen beschäftigt sind. All das kann man einem Nutzer nicht durchgehen lassen. Neben der Löschung wurde Helga S. wegen der schwerwiegenden Regelverstöße für 30 Tage gesperrt. Sie sollte sich nicht so anstellen. Kurz zuvor war einem Nutzer aus Düsseldorf dasselbe widerfahren. Sein Richtlinienverstoß: Er hatte einen Smiley gepostet.

2. Beschneidung von Grundrechten durch Gerichte

Die martialische These, es gebe durch die sozialen Medien eine »digitale Massenvernichtung freier Rede«, findet man in den sogenannten Transparenzberichten der Plattformen bestätigt. Die auf den Seiten der Anbieter abrufbaren halbjährlichen Berichte, zu denen das Netzwerkdurchsetzungsgesetz verpflichtete, erwähnen »Maßnahmen gegen gemeldete Inhalte (geschätzt)« (Facebook Juli 2021), die sich im deutlich sechsstelligen Rahmen bewegen. Diese Zahlen bleiben weit hinter den tatsächlichen Löschungen zurück, denn sie erwähnen nicht die entfernten Inhalte, die Opfer der »Gemeinschaftsstandards« geworden sind, noch diejenigen, die automatisiert entfernt werden. Die »Gemeinschaftsstandards«, ein Synonym für die Allgemeinen Geschäftsbedingungen, die die Plattform den Nutzern vorgibt, werden teilweise äußerst restriktiv ausgelegt, teilweise so, dass man nur noch irritiert den Kopf schütteln kann.

Sich schnell und entschlossen gegen diese ebenso unsinnigen wie rechtswidrigen Sanktionen zu wehren, ist erfolgversprechend oder weniger erfolgversprechend, sinnvoll oder weniger sinnvoll. Das hängt ganz davon ab, wo der betroffene Nutzer seinen Wohnsitz hat.

Beabsichtigt er, gerichtliche Hilfe in Anspruch zu nehmen, kann man sich das Gericht nicht aussuchen. Zuständig ist ausschließlich das Gericht des jeweiligen Wohnsitzes, das wiederum in dem Zuständigkeitsbereich eines der 24 deutschen Oberlandesgerichte liegt. Diese haben nach aktuellem Stand ihrer Rechtsprechung äußerst unterschiedliche Auffassungen davon, wie wichtig die Grundrechte der Nutzer von sozialen Medien sind. Die jeweilige Interpretation der Meinungsfreiheit reicht dabei von vorbildlich (z. B. Oberlandesgerichte in Stuttgart, München, Dresden, Saarbrücken, Köln, Brandenburg, Thüringen, aber auch weitere) bis zu einer Entscheidungspraxis, deren schwerwiegende Fehlinterpretationen der Grundrechte den Rechtssuchenden schutzlos im Stich lässt (z. B. die Oberlandesgerichte in Bremen, Celle und Hamm). Nachfolgend sollen Lob wie Vorwürfe näher erläutert werden.

Fachliche Mängel beim Oberlandesgericht Bremen

Das Eilverfahren – schnelle Hilfe gegen die Beschränkung der Meinungsfreiheit

Vor Gericht gibt es im Wesentlichen zwei Wege, sich gegen Sanktionen der sozialen Medien zu wehren. Meistens handelt es sich dabei um Löschungen, Sperrungen oder Verwarnungen. Der Nutzer beantragt eine einstweilige Verfügung oder klagt. Eilverfahren werden – meistens und je nach Gericht – beschleunigt behandelt, ein Klageverfahren hingegen nimmt in der Regel bis zu einem rechtskräftigen Urteil mehrere Jahre in Anspruch, wenn die Rechtssache auch noch ins Rechtsmittel durch zwei oder sogar (sehr selten) drei Instanzen geht. Auch ohne Rechtsmittelinstanz wird man rund ein Jahr auf eine Entscheidung im Klagewege warten müssen. Die Zeiträume weichen, je nach Gericht, deutlich voneinander ab.

Warum Eilverfahren für den Rechtsschutz besonders bedeutend sind

Die grundlegende Einschätzung dieses rechtlichen Sachverhalts ist recht einfach. Der Nutzer hat ein elementares Interesse daran, dass bei einer ungerechtfertigten Sperre noch vor deren Ablauf ein gerichtliches Verbot erlangt werden kann und die Sperre aufgehoben wird. Er hat ebenso den naheliegenden Wunsch, dass (politische) Kommentare, die häufig von großer Aktualität oder auch einer Veränderung des Meinungsbilds zu einzelnen Aspekten geprägt sind, nach Löschung schnell wiederhergestellt werden. Wer sich zum Regierungshandeln in der Corona-Pandemie äußert, dem nützt es nichts, wenn sein Kommentar zwei Jahre nach deren Ende erneut erscheint. Wer in legitimer Weise die zahlreichen Aspekte des Krieges in der Ukraine thematisiert, will bei einer nicht gerechtfertigten Entfernung seiner Äußerung sofort gerichtliche Hilfe erhalten. Und wer den »Kopf« eines Ministers fordert, will seine Teilnahme an der aktuellen politischen Debatte nicht erst nach der nächsten Bundestagswahl wiederveröffentlicht sehen. Nutzern kann also grundsätzlich nicht zugemutet werden, die Einschränkung ihrer Meinungsfreiheit über Jahre hinzunehmen. Sie müssen sich nicht rechtswidrig verwehren lassen, sich in zulässiger Weise an einer aktuellen Debatte zu beteiligen. Es hilft den Nutzern nichts, wenn ihre Postings in mehreren Jahren wieder erscheinen. Die meisten Nutzer würden bei einer derartigen Rechtsprechung resignieren, die Plattformen könnten nach Belieben – wie dieses Buch zeigt: häufig rechtswidrig – sanktionieren. Dies wäre die Folge, wenn Gerichte den Zugang zu Eilverfahren verwehren.

Nun könnte man sich zwar auf den Standpunkt stellen, dass die Meinungsfreiheit warten, dass z. B. die Teilnahme an Debatten ein paar Jahre zurückgestellt werden kann, bis ein Urteil in einer Hauptsacheklage rechtskräftig wird. Die These, Eingriffe in die Meinungs- und Pressefreiheit für sich genommen rechtfertigten kein Eilverfahren, verkennt die Wirklichkeit politischer, religiöser, kultureller und sonstiger Debatten allerdings komplett. Dennoch gibt es eine Minderheit von Oberlandesgerichten, die auch weiterhin auf diesem Standpunkt steht. Wenn der Nutzer nicht jetzt, sondern erst in Jahren antworten oder sich äußern kann, ist der Zugang zum Meinungsstreit komplett, für die jeweilige Debatte sogar final, verschlossen. Ob etwas wichtig oder richtig oder mitteilungswert ist, entscheidet dabei einzig und allein der sich Äußernde, nicht das Gericht. Und auch die Frage, ob eine Anmerkung noch aktuell ist oder nicht, muss der gerichtlichen

Bewertung entzogen sein. Es ist auch kein Grundsatz bekannt, wonach nach dem Ablauf einer bestimmten Zeit automatisch davon auszugehen wäre, dass ein Beitrag im Internet nicht mehr aktuell ist und daher dann nach Belieben und ohne die Möglichkeit des einstweiligen Rechtsschutzes gesperrt werden dürfte, wie die Zivilkammer 41 des Landgerichts München völlig zu Recht feststellte.

Einige Oberlandesgerichte verweigern Eilverfahren

Der Leser wird sicherlich schon vermutet haben, dass die Großkanzleien, die die sozialen Plattformen vertreten, schwerwiegende Bedenken gegen Eilverfahren suggerieren und vor Sorge um den Bestand des Rechtsstaates ganz außer sich geraten, wenn Gerichte den Eilrechtsschutz gewähren. Die tatsächlichen Motive sind höchst opportunistisch und ruhen auch hier allein in dem Interesse, die Möglichkeiten der Nutzer, ihre Rechte wahrzunehmen, so weit wie möglich zu blockieren. Würde es ihnen gelingen, die Gerichte davon zu überzeugen, den Nutzern den Eilrechtsschutz zu verweigern, hätten sie einen großen Erfolg erzielt. Nicht nur, weil die Meinungsfreiheit dann als Kollateralschaden auf der Strecke bliebe – das Interesse daran erscheint bei den Vertretern der Plattformen ohnehin äußerst begrenzt. Sondern auch, weil die ganz überwiegende Zahl der Nutzer dann resignieren würden und die hundertausendfachen Grundrechtseingriffe von Facebook & Co. ungeahndet blieben. Die Aussicht, ein Posting erst in Jahren zurückzubekommen und für ein solches, in ferner Zukunft liegendes Ergebnis auch noch Prozess- und Kostenrisiken übernehmen zu müssen, würde bei den meisten Betroffenen dazu führen, dass sie kapitulieren und ihre Rechte nicht mehr vor Gericht durchzusetzen versuchen. Es wird gelöscht, und es bleibt dabei. Dies läuft »im Ergebnis darauf hinaus, dass die nach Auffassung der Plattformen und deren Ermessen berechtigte Löschung (und gegebenenfalls erfolgte Sperrung des Accounts) auch von nicht gegen ihre Richtlinien verstoßenden Beiträgen immer dann endgültig werden kann, wenn sich der betroffene Nutzer nicht wehrt. Es kann aber nicht richtig sein, dass nur die zulässigen Beiträge im Netz bleiben, bei denen sich Nutzer gegen eine unberechtigte Löschung zur Wehr setzen, sondern es ist eine Vertragspraxis zu verlangen, die die Nutzer bei zulässigen Beiträgen gleich behandelt«, so das Oberlandesgericht Stuttgart in einem ganz frühen, wichtigen und grundlegenden Urteil (Urteil vom 23.01.2019 - 4 U 214/18). Wenn ein Oberlandesgericht den Nutzern den Zugang zu einstweiligem Rechtsschutz verweigert, wird der Nutzer faktisch »rechtlos gestellt« (Oberlandesgericht Saarbrücken). »Unter Berücksichtigung des gewöhnlichen Verfahrensgangs kann nahezu ausgeschlossen werden, dass ein Nutzer bis zum Ablauf der auf 30 Tage befristeten Sperrung ein obsiegendes Urteil in der Hauptsache erstreiten könnte. Seine Verweisung auf die Erhebung der Hauptsacheklage käme deshalb im Ergebnis einer Rechtsverweigerung gleich«, so das Oberlandesgericht München (Beschluss vom 24.08.2018 – 18 W 1294/18).

An diesen kurzen Auszügen aus der Rechtsprechung ist zu erkennen, dass es um Ihre Meinungsfreiheit jedenfalls dann recht gut bestellt ist, wenn Sie in der Region um Stuttgart, München oder im Saarland und im Zuständigkeitsbereich der dortigen Oberlandesgerichte leben. Sie müssen sich auch in und um Oldenburg, Köln oder Dresden oder im Raum Brandenburg oder Thüringen und mittlerweile auch in Berlin (nach erheblichen Metamorphosen der ersten Instanz) keine Sorgen machen, ohne dass diese Aufzählung abschließend wäre.

Das Oberlandesgericht Bremen verweigert schnellen Rechtsschutz

Sehr schlecht sieht es hingegen für die Nutzer sozialer Medien aus, wenn sie ihren Wohnsitz z. B. in Bremen haben. Dies musste der FDP-Politiker Tobias Huch erfahren, der nicht nur auf Facebook und Instagram sehr aktiv ist, sondern auch in der »Liberalen Flüchtlingshilfe«, mit der er bei regelmäßigen Reisen in den Irak insbesondere die Kurden unterstützt. Ein auf Instagram veröffentlichtes Foto von seinen Reisen zeigt ihn mit einem kurdischen Peshmerga-Kämpfer, der mit einem von der Bundeswehr gelieferten Gewehr ausgestattet war. Der Soldat, ein Verbündeter der Bundeswehr, kämpfte vor Ort gegen den Islamischen Staat (IS), Huch bezeichnete ihn als »Mein Held«. Wohl mit gutem Grund.

Instagram löschte diese journalistische Dokumentation der Tätigkeit von Huch (rechts im Bild) im Irak. Huch mandatierte uns. Instagram verteidigte sein Vorgehen allein im ersten Schriftsatz in der ersten Instanz vor dem Landgericht Bremen auf 46 Seiten (ca. 800 Seiten an Anlagen kamen hinzu). Warum? Das wie Facebook von Meta Platforms Ireland Ltd. betriebene Instagram behauptete, Huch »postete Inhalte, welche terroristische Organisationen ... unterstützen ... Zusammenfassend ist festzuhalten, dass die Unterstützung einer Hassorganisation bereits in der bloßen Verbreitung des Inhalts liegt ... Damit signalisiert die betreffende Person ihr Einverständnis mit dem gezeigten Inhalt und der dahinterstehenden Organisation.« Das steht wirklich so in Metas Schriftsatz!

Links auf dem Foto sieht man übrigens den bekannten Kriegsreporter Enno Lenze, der von der *BILD*-Zeitung über den *Spiegel* bis zu *arte* für viele deutsche Medien tätig ist. Noch so ein Sprachrohr des Terrorismus also, jedenfalls nach der Lesart von Instagram/Meta.

Nachdem das Landgericht die einstweilige Verfügung zum überwiegenden Teil erlassen hatte, ging die Sache in der Berufung vor den 4. Zivilsenat des Hanseatischen Oberlandesgerichts Bremen. Auch mit der Erfahrung aus über 10 000 Zivilprozessen war das, was man dort an fachlichen Mängeln, fehlender Aktenkenntnis, leichtfertiger Verletzung von Grundrechten und dem völligem Unwillen, sich mit der Sach- und Rechtslage intellektuell auseinanderzusetzen, erlebte, für ein Oberlandesgericht in einem Rechtsstaat in jeder Hinsicht indiskutabel.

In einem vor der auf den 08.04.2022 anberaumten Verhandlung gefassten Beschluss teilte der Senat den Parteien mit, dass Instagram »alle drei Beiträge des Verfügungsklägers zu Unrecht gelöscht« habe. Der Kläger habe aber trotzdem keinen Anspruch. Huch? Wo muss man studiert haben, um das verstehen zu können? Der Verfasser dieser bemerkenswerten Zeilen war der Berichterstatter, Herr Küchelmann, der sich angesichts derartiger juristischer Leistungsergebnisse eine gewisse öffentliche Aufmerksamkeit verdient hat. Herr Küchelmann machte diese frontal mit den Denkgesetzen und anerkannten juristischen Kategorien kollidierenden Überlegungen an dem gestellten Antrag fest. Dieser war nun allerdings wortgleich mit Anträgen, die der Bundesgerichtshof weniger als ein Jahr zuvor ausdrücklich gebilligt hatte. Und zwar in zwei Urteilen, die von dem Herrn Berichterstatter in Bremen in seinem Text mehrfach als »Beschlüsse« bezeichnet wurden und die er offenbar nicht gelesen, ganz sicher aber nicht vollständig erfasst hatte. Damit einher ging die in dem Beschluss eindeutig dokumentierte völlige Unkenntnis des Senats der seit 30 Jahren bestehenden Rechtsprechung des Bundesgerichtshofs zur Formulierung von Anträgen und deren Rechtsfolgen.

Für Rechtssuchende sind derartig gravierende fachliche Mängel gerade im grundrechtssensiblen Bereich schlicht und einfach eine Zumutung.

»Ich beneide wirklich deinen Lehrer, der dir für ein so hohes Honorar (...) beibringt, keine Ahnung zu haben.« Cicero, Phil. II 8

Der 4. Zivilsenat des OLG Bremen, von links RiLG Wesemüller, RiOLG Dr. Siegert, RiOLG Küchelmann am 08.04.2022 © Steinhöfel

Es war daher absehbar, was in der mündlichen Verhandlung zu erwarten sein würde. Antworten auf die eingangs gestellten Fragen, ob einer oder mehrere der Richter ein Profil in den sozialen Medien hätten, wurden verweigert. Ich finde es legitim, erfahren zu wollen, ob Richter, die eine gewichtige Entscheidung zu treffen haben, eigene Kenntnisse von den Plattformen haben oder nicht. Natürlich muss man darauf nicht antworten, einen vernünftigen Grund für diese Verweigerungshaltung vermag ich allerdings nicht zu erkennen. Da nach Recherchen keine einzige veröffentlichte Entscheidung des OLG Bremen gefunden werden konnte, die sich mit Löschungen auf den

Plattformen befasste, richtete ich die weitere Frage an die Vorsitzende Richterin Dr. Siegert, ob der Senat bereits zuvor mit diesen Rechtsfragen befasst gewesen war und Urteile oder Beschlüsse existierten. Die Antwort: »Das weiß ich nicht, da müsste ich nachsehen.« Dass die stellvertretende Vorsitzende eines Oberlandesgerichts, das im Verhältnis zu anderen OLGs jährlich eine sehr überschaubare Anzahl von Fällen zu bearbeiten hat, nicht weiß, worüber sie selbst schon entschieden hat, verdient es, festgehalten zu werden.

Im Verlauf der mündlichen Verhandlung berief sich Frau Dr. Siegert zur Untermauerung der problematischen Rechtsauffassung des Senats auf ein Urteil des Oberlandesgerichts München. Das Problem an dem vergeblichen Versuch, die Position des Senats zu verteidigen, war, das a) in dem herangezogenen Urteil genau das Gegenteil dessen stand, was die Richterin behauptete, und b) genau dies sogar schon im Detail in Schriftsätzen unserer Kanzlei dargelegt und Aktenbestandteil war, woraus sich c) zwingend ergab, dass die Richterin den Inhalt der Akte gar nicht kannte. Ich hielt ihr daher vor, dass sie nicht einmal die Akte kenne und ein derart mangelhafter Umgang und eine derart unzureichende Verfahrensvorbereitung mit den berechtigten Interessen des Rechtssuchenden kollidiere. Eine derart deutliche Kritik an einem Gericht ist, unabhängig davon, ob hier oder in der Verhandlung vorgebracht, unüblich. Sie ist jedoch gerade bei schweren gerichtlichen Fehlern im grundrechtssensiblen Bereich erforderlich, und ein serviles Hinnehmen solcher Vorfälle trägt zur Gefährdung der für einen Rechtsstaat schlechthin konstituierenden Grundrechte bei, zu denen insbesondere die in Art. 5 GG verbürgte Meinungsfreiheit gehört.

Einsicht in seine Kompetenzdefizite war von diesem Senat nicht zu erwarten. Leidtragende dieser Rechtsprechung sind die in der Hansestadt Bremen wohnhaften Nutzer der Plattformen, die sich der Rechtsauffassung eines Senats ausgeliefert sehen, der sich weder den rechtlichen noch den fachlichen Anforderungen gewachsen zeigte.

Das Eilverfahren ist gescheitert, und alle Bremerinnen und Bremer können sich darauf einrichten, dass »ihr« Oberlandesgericht sich zum Erfüllungsgehilfen der Löschpraxis der IT-Riesen gemacht hat, sie rechtlos stellt und ihnen den Zugang zu Eilrechtsschutz verweigert. In dem dann ergangenen Urteil machte das OLG deutlich, welche Rolle es der Meinungsfreiheit und der Rechtsschutzgarantie aus Art. 19 Abs. 4 GG einräumt. Dort führt es aus:

»Auch eine Eilbedürftigkeit in diesem Sinne ist vom Verfügungskläger nicht dargelegt, geschweige denn glaubhaft gemacht worden. Der Verfügungskläger beruft sich vielmehr allein auf die Bedeutung der Meinungs- und Pressefreiheit im Allgemeinen und darauf, dass es unzumutbar sei, den Ausgang eines Hauptsacheverfahrens abzuwarten. Dass vorliegend die Meinungs- und Pressefreiheit des Verfügungsklägers betroffen sind, führt für sich genommen aber nicht zu einer besonderen Eilbedürftigkeit ... Eine Unzumutbarkeit im Hinblick auf das Abwarten einer Hauptsacheentscheidung ist im vorliegenden Fall, in dem es um die Löschung von drei einzelnen, in den Jahren 2015 und 2018 vom Verfügungskläger veröffentlichten Beiträgen geht, die keinerlei aktuellen Bezug aufweisen, hingegen nicht im Ansatz erkennbar.«

Wie schon angemerkt, existiert kein Grundsatz, wonach nach dem Ablauf einer bestimmten Zeit automatisch davon auszugehen wäre, dass ein Beitrag im Internet nicht mehr aktuell ist und daher dann nach Belieben und ohne die Möglichkeit des einstweiligen Rechtsschutzes gesperrt werden dürfte. Dem steht auch die Rechtsschutzgarantie des Grundgesetzes entgegen.

Dennoch muss die Meinungsfreiheit also warten. In Bremen jedenfalls. Da das Ergebnis nicht akzeptabel ist, haben wir in der Zwischenzeit Klage erhoben, damit die im November 2020 gelöschten Fotos von Herrn Huch und seinem heldenhaften Peshmerga-Kämpfer irgendwann einmal zurück auf Instagram gelangen. Nach Ablauf der Anzahl von Jahren, die man nach der Auffassung des Bremer Senats eben warten kann.

Beim Oberlandesgericht Celle – Befangenheit, Blamagen und Rechtsverweigerung

Verweigerung des rechtlichen Gehörs in Celle

Der 5. Zivilsenat des Oberlandesgerichts Celle ist laut Geschäftsverteilungsplan neben Pressesachen auch für »Rechtsstreitigkeiten ... aus Automatenaufstellverträgen« zuständig. Was sich vor diesem Senat, der im Spannungsfeld zwischen Presserecht und Rechtsfragen in Bezug auf Kaugummiautomaten operiert, in Sachen Alexander Prinz zu Schaumburg-Lippe vs. Facebook abspielte, ist ein tragender Beweis dafür, dass nicht »alles schon mal da gewesen« ist. Aber überzeugen Sie sich doch bitte selbst in dem folgenden Drama in mehreren Akten.

Da der Triumph des Sprechens mit Schnappatmung (vulgo: Gendern) nicht jeder aktivistischen Minderheit genügt, ist man in diesen Kreisen auch sprachschöpfend tätig, als »Sprachschaffende« könnten sich diese Personen selber bezeichnen. Einer der Protagonisten, die sich hier tatkräftig hervortun, ist ein Malcolm Ohanwe. Kürzlich beendeten der Bayerische Rundfunk und Arte die Zusammenarbeit, weil unser Proband öffentlich Verständnis für die Hamas-Massaker vom 07.10.2023 geäußert hatte. »Wenn die Zunge der Palästinenser systematisch abgeschnitten wird, wie sollten sie sich mit Worten wehren?«, fragte der Antisemit auf X (Twitter; https://twitter.com/PhilippPeyman/status/1710753205418668372). Und wer ihn bislang nicht namentlich kannte, dem ist leider auch die gewinnbringende Lektüre seiner im *Spiegel* veröffentlichten Traktate entgangen, eines davon aus September 2020 mit der Überschrift: »Beschneidung: Vorhaut ab oder Vorhaut dran?«, Untertext: »Unsere Autoren sind beide beschnitten – und unterschiedlicher Meinung, ob sie ihre Söhne auch beschneiden lassen würden.« Manchmal erfährt man in der Presse Sachen, die man gar nicht wissen will.

Welcher Meinung Malcom Ohanwe zu dieser für Penisbesitzer nicht unbedeutenden Frage war, bin ich nicht nachgegangen. Ein knappes halbes Jahr später lief Ohanwe erneut zu intellektueller Höchstform auf, wie der nachfolgende Tweet dokumentiert[40]:

Alle an deutschen Rassismus- und Diskriminierungsdiskursen teilnehmenden Abkürzungsinteressenten werden diese Ankündigung Ohanwes mit großem Gewinn zur Kenntnis genommen haben. SOJARME-Personen also. Sollte sich die Gelegenheit ergeben, könnte man Herrn Ohanwe einmal fragen, ob es nicht eigentlich SOJARM-Personen heißen müsste oder ob er in der Zwischenzeit noch eine Minderheit gefunden hat, die mit »E« anfängt. Und wenn jemand den Tweet nicht verstanden hat, weil dort die nach der Lesart seines Verfassers überkommene Abkürzung »BiPoC« vorkommt, ja, dann ist fraglich, ob Sie sprachlich noch auf der Höhe der Zeit sind. BIPOC steht für »Black, Indigenous, and people of color«.

Zu Schaumburg-Lippe versah das mit dem Kommentar: »Ohanwe will in den Duden. Or else ...« und ergänzte den Kommentar mit einer

Animation, die eine Bruce Willis ähnelnde Person mit Pistole zeigt. Facebook wertete den sarkastischen Kommentar zu dem Abkürzungsvorschlag als »Aufruf zur Gewalt« (gegen wen?) und sperrte seinen prominenten Nutzer für drei Wochen: »Dein Kommentar verstößt gegen unsere Gemeinschaftsstandards zu Gewalt und Anstiftung zu Gewalt.«

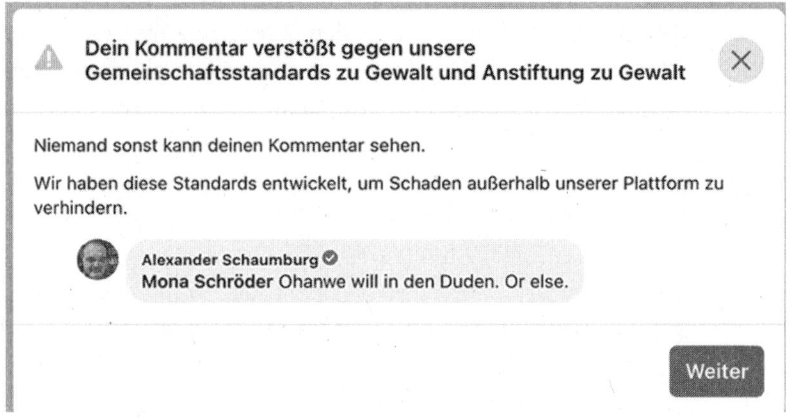

Wie mangelhaft die Algorithmen von Facebook arbeiten, zeigt sich auch daran, dass die Sanktion nach einer Beschwerde auf der Plattform auch hier in kürzester Zeit bestätigt wurde. Wir wissen, diese Einspruchsmöglichkeit ist pure Simulation, sie dient allein der Sedierung und Täuschung der Nutzer.

Am 31.08.2021 verurteilte das Landgericht Bückeburg Facebook im Eilverfahren zur Unterlassung und stellte zu den juristischen Verteidigungsversuchen fest: Die »Ausführungen liegen größtenteils neben der Sache und sind fernliegend«.

Obwohl Facebook schon in der ersten Instanz einräumte, dass der Beitrag tatsächlich in Ordnung und auch die Sperre nicht gerechtfertigt war, ging man in die Berufung. Man war auch in diesem Verfahren der Meinung, dass man auch dann löschen dürfe, wenn gar kein Regel- oder Gesetzesverstoß des Nutzers vorliege. Dass kein ernst zu nehmendes Gericht dieser Argumentation je gefolgt wäre und dass dies erst recht nicht nach den Entscheidungen des BGH aus Juli 2021 der Fall war, hindert das Unternehmen nicht, immer wieder auf 20 oder 30 Seiten Gericht und Gegner mit einem unsinnigen Textbaustein zu konfrontieren. Der Vorteil für den Prozessgegner besteht darin, dass man diese Seiten in ein bis zwei Minuten ungelesen überblättern kann.

Wie immer, wenn ihre digitalen Löschungen und Sperrungen nicht haltbar sind, berichtet Facebook pauschal davon, wie man nach »erneuter Prüfung und Neubewertung« den jeweiligen Beitrag wieder freigeschaltet habe. Die Wirklichkeit sieht anders aus als dieser Vernunft und Einsicht suggerierende Textbaustein. Das Unternehmen wies auch in diesem Rechtsstreit darauf hin, es müsse »in einer sehr hohen Anzahl von Fällen unter hohem zeitlichen Druck komplexe Bewertungen ... vornehmen«.

Abgesehen davon, dass der streitige Inhalt alles andere als komplex, sondern denkbar einfach zu erfassen war, ist das ganze Vorbringen völlig unsubstanziiert und mindestens irreführend.

Es spielt überhaupt keine Rolle, wie hoch eine »sehr hohe Anzahl« von Fällen ist, denn es spielt allein eine Rolle, wie viele Fälle von den jeweils zuständigen Mitarbeitern zu bearbeiten sind. Dies liegt aber allein in der Hand von Meta, das wirtschaftlich angesichts zweistelliger Milliardengewinne ohne Weiteres in der Lage ist, ausreichend Personal zum rechtskonformen Betrieb des Geschäftsmodells zu beschäftigen. Dessen Herausforderungen werden nur dann unbeherrschbar, wenn dies – fahrlässig – unterbleibt.

Schon Anfang 2019 musste sich das Unternehmen über diese ganz elementaren Grundsätze in einer der ersten ganz grundlegenden Entscheidungen vom OLG Stuttgart (Urteil 4 U 214/18) belehren lassen, als der dortige Pressesenat festhielt, dass Facebook nicht einerseits geltend machen könne, ursprünglich habe man zum Beispiel von einer Hassbotschaft ausgehen können, um sich dann nach einer nochmaligen Überprüfung plötzlich eines Besseren zu besinnen und doch noch einen erlaubten Kommentar festzustellen. Entweder es liege eine Hassbotschaft vor, die nach den vertraglichen Standards verboten ist, oder aber es liege ein zulässiger Inhalt vor, der geteilt und dann auch nicht gelöscht werden dürfe. Facebook könne sich nicht darauf zurückziehen, dass »scheinbar« oder vorläufig eine Hassbotschaft vorgelegen habe, die sie dann wenig später doch noch verneint.

Man könne sich insoweit auch nicht auf ein vorbeugendes oder vorläufiges – vertragliches – Löschungsrecht berufen. »Denn es darf nicht nur von einer (gegebenenfalls rein subjektiven) Ansicht des Unternehmens abhängen, ob (objektiv) eine Vertragspflichtverletzung vorliegt oder nicht. Angesichts der überragenden Bedeutung des Grundrechts auf freie Meinungsäußerung und wegen der Quasimonopolstellung von Facebook überwiegt jedenfalls bei erlaubten politischen Kommentaren das Recht zur freien Äußerung, das im Übrigen auch vertraglich gewollt und eingeräumt sei, von Facebook ja auch so propagiert wird, weil ›die Welt‹ vernetzt werden soll. Facebook könne nicht einerseits einen freien Zugang zu Informationen und zum Teilen von Informationen propagieren, sich aber andererseits auf den Standpunkt stellen, sie habe das Recht, enge Regeln aufzustellen, die es seiner alleinigen Entscheidungskompetenz unterwerfen, welche Beiträge veröffentlicht werden dürfen.«

Die Auffassung von Facebook liefe ansonsten darauf hinaus, dass die nach ihrer Auffassung und ihrem Ermessen berechtigte Löschung (und gegebenenfalls erfolgte Sperrung des Accounts) auch von nicht gegen ihre Richtlinien verstoßenden Beiträgen immer dann endgültig werden kann, wenn sich der betroffene Nutzer nicht wehrt.

Es kann aber nicht richtig sein, dass nur die zulässigen Beiträge im Netz bleiben, bei denen sich Nutzer gegen eine unberechtigte Löschung vor Gericht zur Wehr setzen, sondern es ist eine Vertragspraxis zu verlangen, die die Nutzer bei zulässigen Beiträgen gleichbehandelt.

Kurz: Wer nicht klagt, bleibt gelöscht und gesperrt, auch wenn er sich regelkonform verhalten hat. Diese Lex Facebook, das Recht, auch legitime Inhalte folgenlos löschen und die Nutzer sperren zu können, möchte das Unternehmen gerne durchsetzen. Es wird damit keinen Erfolg haben.

Der Schaumburg-Lippe-Fall ging in die Berufung vor den 5. Zivilsenat des Oberlandesgerichts Celle, weil Facebook selbst hier Rechtsmittel einlegte.

Der 5. Zivilsenat des Oberlandesgerichts Celle (v.l. RiOLG Dr. Schoss, Vorsitzender Richter Klaas Endler, Berichterstatter RiOLG Borman) © Steinhöfel

Das über diesen Zeilen befindliche Foto des Senats für dieses Buch zu machen war nicht möglich, ohne vorher das Bundesverfassungsgericht anzurufen. Der Vorsitzende hatte zunächst, verfassungswidrig, die Erstellung von Fotoaufnahmen durch mich untersagt. Dazu aber später mehr. Auch ansonsten ging es vor diesem Senat, dessen Vorsitzender aus einer alteingesessenen Celler Richterfamilie stammt und bereits in dritter Generation in Celle Urteile fällt, eigenwillig zu. Diese Einschätzung ist jedenfalls dann naheliegend, wenn man die Vorgehensweise der ganz überwiegenden Mehrheit der anderen deutschen Oberlandesgerichte als Maßstab heranzieht. Aber nur, weil bestimmte Rechts- und Verfahrensfragen von der großen Mehrheit der Fachsenate in der Bundesrepublik weitestgehend übereinstimmend anders beantwortet werden, heißt das noch lange nicht, dass das auch in Celle gilt. Und daher ist das Celler Gericht in seiner, soweit ersichtlich, ersten Befassung mit den einschlägigen Rechtsfragen überhaupt auch zu einer anderen Auffassung gelangt und hat sich der Auffassung des Oberlandesgerichts Bremen angeschlossen, die wir bereits eingehend gewürdigt hatten.

Das Celler Berufungsverfahren begann zunächst unauffällig. Facebook hatte vor Ablauf der einmonatigen Frist zur Begründung der Berufung um eine einmonatige Fristverlängerung gebeten, die ihr anstandslos bewilligt wurde. Mithin stand dem Unternehmen zur Begründung seines Rechtsmittels ein Zeitraum von zwei Monaten zur Verfügung. Mit Eingang der Berufungsbegründung und deren Weiterleitung setzte der Senat den Kläger dann bereits ohne jeden vernünftigen Grund unter Druck, indem er eine völlig unüblich kurze Frist von nur sechzehn Tagen setzte. Hierfür bestand keinerlei vernünftige Veranlassung. Insbesondere wenn man bedenkt, dass Facebook den streitigen Inhalt vor dem Löschverbot des Landgerichts Bückeburg aus angeblicher eigener Einsicht selbst wiederhergestellt hatte, also durch das Verbot überhaupt nicht beeinträchtigt war. Es verpflichtete das Unternehmen nur, etwas zu tun, was es angeblich freiwillig sowieso tun wollte. Warum dann diese Eile, warum wurde der Kläger so unter Zeitdruck gesetzt? Dies war ein erster Hinweis auf eine unfaire Verfahrensführung. Vier Tage vor Fristablauf, als die 44-seitige Berufungserwiderung, zu der die kurze Fristsetzung nötigte, schon fertig war und auch der Senat damit rechnen musste, dass dies der Fall war, ging dann ein Beschluss des OLG Celle zu.

Ohne dem Kläger rechtliches Gehör zu gewähren oder abzuwarten, was in der Berufungserwiderung vorgetragen wird, teilte das Gericht mit, die Berufung von Facebook werde Erfolg haben, »auch wenn der Verfügungskläger bislang noch keine Gelegenheit zur Stellungnahme zu der Berufungsbegründung ... hatte«. Sinngemäß also: Es kommt gar nicht mehr darauf an, was der Kläger zu erwidern habe, es interessiert uns nicht, was du schreibst, hier wirst du nichts.

Der Senat teilt dem Kläger unter Verweigerung seines rechtlichen Gehörs also mit, dass er sich auf die Seite von Facebook stellen werde.

Die Mitteilung an den Betroffenen, dass seine Rechtsverfolgung völlig unabhängig von seinen Ausführungen in der Berufungsinstanz scheitern und man diese gar nicht erst zur Kenntnis nehmen müsse, war einer der Gründe für den dann folgenden Befangenheitsantrag.

In demselben Beschluss wurde dem Kläger weiter nahegelegt, er möge »für sich prüfen, ob er aus Kostengründen seinen Antrag … zurücknimmt«.

Nachdem der Senat sich unter Missachtung des rechtlichen Gehörs festgelegt und den Kläger mit der höhnischen Frage konfrontiert hatte, ob es nicht in seinem Interesse sei, für ein solches Verfahren unbeachtliche zwei- oder dreihundert Euro zu sparen, weil er vor dem Senat sowieso unterliege, wurde diese Befangenheit durch den Hinweis gesteigert, der Senat beabsichtige auch nicht, dem Kläger in einer mündlichen Verhandlung rechtliches Gehör zu gewähren.

Denn das Gericht würde jedenfalls »keinen zusätzlichen Erkenntnisgewinn für die Verhandlungsbeteiligten darin sehen, eine mündliche Verhandlung durchzuführen.«

Befangenheitsantrag gegen Richter am OLG Celle

Nun waren es aber sicher nicht die Parteien und schon gar nicht der Kläger, sondern allein das Gericht, dem in einer mündlichen Verhandlung Erkenntnisse zu vermitteln gewesen wären. Denn die richterlichen Hinweise im Streitfall waren nicht nur fehlerhaft, sie bekannten sich auch zu greifbaren Grundrechtsverletzungen, die in erschütternder und gleichgültiger Weise bagatellisiert wurden.

Der Anspruch auf Durchführung einer mündlichen Verhandlung dient dazu, den Anspruch der Verfahrensbeteiligten auf rechtliches Gehör zu sichern, und darf nicht der Rezeption von Belehrungen durch das Gericht dienen.

Damit hat das Gericht noch vor Zugang, geschweige denn Kenntnisnahme der Berufungserwiderung zu erkennen gegeben, dass es nicht nur deren Lektüre nicht bedürfe, sondern dass man auch in der Folge nicht beabsichtige, in einer mündlichen Verhandlung den Anspruch des Klägers auf rechtliches Gehör zu wahren, ihn anzuhören.

Zusammengefasst hieß dies: Wir entscheiden, ohne eine Partei zu hören. Wir lesen deren Schriftsätze nicht und wir wollen auch nicht hören, was die Partei zu sagen hat, unsere Entscheidung steht fest.

Richter, die in derart kategorischer Weise elementare und in der Verfassung verbriefte Verfahrensrechte ignorieren, sind nicht nur befangen, hier stellen sich noch ganz andere und noch viel grundlegendere Fragen.

Dass die im Prozess zu entscheidenden Rechtsfragen keineswegs lapidar und einfach zu beantworten waren, wie das Oberlandesgericht aber meinte, liegt auf der Hand. Das Bundesverfassungsgericht führt in dem Beschluss vom 22.5.2019, in dem es um die Verpflichtung zum vorübergehenden Entsperren des Accounts auf einem sozialen Netzwerk ging, aus:

> »Zur Entscheidung stehen damit schwierige Rechtsfragen, die im Verfahren des vorläufigen Rechtsschutzes nicht entschieden werden können. Ihre Klärung ist – gegebenenfalls nach Durchführung eines Hauptsacheverfahrens vor den Fachgerichten – der Klärung in der Hauptsache vorbehalten.«

Die Celler Richter mochten sich dieser Einschätzung von höchster Stelle aber nicht anschließen. Eine mündliche Verhandlung sei auch deswegen entbehrlich, so der 5. Zivilsenat mit einem unerschütterlichen Selbstbewusstsein, weil die Rechtsfragen sich als »überaus ›überschaubar‹« darstellten. Wir enthalten uns einer Bewertung dieser Einlassung, die von einem Senat stammt, der zu den streitigen Rechtsfragen zu diesem Zeitpunkt noch nicht eine einzige Entscheidung veröffentlicht hatte und sich dennoch mit seinen Ausführungen vom 09.12.2021 in Widerspruch zur großen Mehrheit der anderen Oberlandesgerichte in der Bundesrepublik und zur Frage der Schwierigkeit der Rechtsfragen sogar über das Verfassungsgericht stellte. Eine derartige richterliche Hybris ist immer dann besonders problematisch, wenn sie nicht von fachlicher Sachkunde begleitet wird.

Dieser Hochmut, und dies wiederum war ebenfalls für den Befangenheitsantrag ausschlaggebend, führte den Senat erneut zu der

Verletzung des Anspruchs auf rechtliches Gehör, der sich dadurch konkretisierte, dass er zulasten des Klägers die Bedeutung der mündlichen Verhandlung marginalisierte, da »nicht zu erkennen [sei], dass in dem Termin am 9. Februar 2021 noch in größerem Umfang Argumente ausgetauscht oder erörtert werden«. Es mag ja sein, dass der Senat auch das nicht zu erkennen vermochte. Aber dies machte es für den Kläger nur umso wichtiger, seinen Anspruch auf rechtliches Gehör zu wahren. Die prozessualen Grundrechte des Klägers sind jedenfalls nicht davon abhängig, was der Senat zu erkennen vermag und was nicht.

Und weil das Gericht den Termin nicht durchführen und den Termin wegen einer Verhinderung auch nicht verlegen wollte, wurde dem Kläger angesonnen, doch mit einem anderen, mit der umfangreichen Sache nicht vertrauten lokalen Anwalt als Unterbevollmächtigtem zu erscheinen, damit er auf diese Weise in dieser »durchaus überschaubaren« Sache in wahrstem Sinne des Wortes kurzen Prozess machen könne.

Über Befangenheitsanträge entscheiden die abgelehnten Richter naturgemäß nicht selbst. Sie sind in der Sache zunächst gesperrt und geben dienstliche Erklärungen zu den gegen sie vorgebrachten Vorwürfen ab. Andere Richter entscheiden dann, ob der Befangenheitsantrag begründet ist oder nicht. Im Zivilrecht haben diese Anträge nur sehr selten Erfolg. Aber die erhobenen Vorwürfe werden in der Regel einer anderen Kammer oder einem anderen Senat bekannt. Dies geschah mit den hier nur auszugsweise dargestellten Befangenheitsgründen allerdings nicht. Denn der Senat hat den Befangenheitsantrag »als unzulässig verworfen«. So konnte der Senat selbst entscheiden, ob er befangen war oder ob nicht. Denn nach »Prüfung« des Befangenheitsantrags war der »Senat hinreichend davon überzeugt«, dass mit dem »Ablehnungsgesuch in erster Linie der Zweck verfolgt« werde, »mittels einer missbräuchlichen Verwendung des ... Ablehnungsrechts eine ... nicht genehme Verfahrensanordnung des Senats zu unterlaufen«. So kann man vorgehen, wenn man vermeiden möchte, dass andere Senate desselben Oberlandesgerichts Kenntnis davon erlangen, wie dort Verfahren geführt werden, und man sich darüber hinaus gerne zum Richter in eigener Sache machen möchte. Eine gegen diese Entscheidung eingelegte Verfassungsbeschwerde blieb ohne Erfolg.

Verfassungsbeschwerde gegen die Anordnung des Vorsitzenden Richters

Schließlich wurde der Rechtsstreit auf den 11.05.2022 terminiert, weil dem Senat keine andere prozessuale Möglichkeit blieb, er also zu einer mündlichen Verhandlung gezwungen war. Da der Fall eine Reihe von Besonderheiten aufwies, wollte ich für dieses Buch vor der Verhandlung ein Foto des Senats machen und über den Prozess berichten. Ich teilte dem Pressesprecher des OLG Celle diesen Wunsch in einer Mail vom 30.03.2022 mit. Acht Tage später, am 07.04.2022, erfolgte zunächst die Information des Pressesprechers, dass das »Gesuch leider vor meinem Urlaub nicht abschließend« bearbeitet werden konnte, man sich aber »nach Ostern« melden werde. Vor einer Verhandlung ein Foto des Gerichts zu machen ist eine völlige Petitesse, eine alltägliche Kleinigkeit. Warum man für die positive Bescheidung eines solches »Gesuchs« mehr als acht Tage, hier sogar 27 Tage brauchte, kann ich nicht erklären. Als bis zum 25.04.2022 immer noch keine Antwort vorlag, erinnerte ich und erhielt am Folgetag die Mitteilung, dass die Entscheidung »kraft seiner Sitzungshoheit« dem Vorsitzenden Richter Endler obliege, an den die Anfrage weitergeleitet worden sei. Man könnte sich auf den Standpunkt stellen, dass diese bloße Weiterleitung auch vier Wochen früher, noch vor dem Osterurlaub, möglich gewesen wäre.

»Hat er denn überhaupt das Zeug und Format zum Richter?« Cicero, Phil. V 13

Sicherlich war das Verhältnis zum Senat zu diesem Zeitpunkt auch aufgrund des Befangenheitsantrags mindestens angespannt. Dass die

Richter aufgrund der deutlichen Kritik an ihrer Verfahrensführung indigniert waren, war nicht zu übersehen. Und man kann sich schließlich vorstellen, dass der Senat nicht sonderlich darauf erpicht war, mit diesem Verfahren auch noch in die Öffentlichkeit zu gelangen. Erst recht nicht, wenn mit einer wenig schmeichelhaften Schilderung zu rechnen war. Ob derartige Motive tatsächlich die Ursache für den dann folgenden Verfassungsbruch des Vorsitzenden Richters waren, wird ungeklärt bleiben. Dieser erließ am 26.04.2022 die nachfolgend auszugsweise wiedergegebene Anordnung.

> »5 U 152/21
> Vfg.
> 1. Anordnung des Vorsitzenden
>
> Die Anfertigung von Lichtbildern und Kameraaufnahmen des Senats durch den Prozessbevollmächtigten des Klägers im Sitzungssaal anlässlich der Verhandlung am 11. Mai 2022 wird nicht gestattet.«

Zwar seien dem Senat die Grundsätze zur Zulässigkeit von Lichtbildaufnahmen durch die Presse, insbesondere die Grundsätze, die das Bundesverfassungsgericht aufgestellt habe, bekannt.

> »Im konkreten Fall kann der Prozessbevollmächtigte des Klägers diese Grundsätze aber nicht für sich in Anspruch nehmen. Als Prozessbevollmächtigter einer Partei ist er in diesem konkreten Prozess als Organ der Rechtspflege tätig und der Interessenwahrnehmung für seinen Mandanten verpflichtet. Er hat deswegen in der konkreten Prozesssituation nicht die für Angehörige der Presse, die sich auf Art. 5 Abs. 1 Satz 2 GG berufen, typische Wächter- und Beobachterposition, ungeachtet der Frage, ob er anderweitig auch journalistisch tätig ist.
>
> Celle, 26. April 2022
> Endler
> Vorsitzender Richter am Oberlandesgericht«

Gegen diese Anordnung habe ich am 02.05.2022 Verfassungsbeschwerde erhoben und Antrag auf Erlass einer einstweiligen Anordnung an das Bundesverfassungsgericht gestellt. Die Verfassungsbeschwerde wurde im Wesentlichen wie folgt begründet:

> »Der Antragsteller kann sich auf den Schutz der Pressefreiheit berufen, soweit – wie hier – seine publizistische Tätigkeit betroffen ist. Der Antragsteller verliert nicht seine Position als Grundrechtsträger der Pressefreiheit (und der von dieser umfassten Freiheit des Zugangs zu Information), soweit er unabhängig und neben seiner eigenen publizistischen Tätigkeit im Rahmen der prozessualen Wahrnehmung der Rechte seines Mandanten als Organ der Rechtspflege (§ 1 BRAO) handelt. Das Begehren des Antragstellers zielt nicht auf ein Verhalten als Rechtsanwalt im Rahmen der mündlichen Verhandlung selbst, sondern nur auf den Zeitraum vor Sitzungsbeginn.
>
> Namhafte deutsche Juristen, die anwaltlich tätig waren oder noch sind, haben seit Jahrzehnten über ihre eigenen Prozesse publiziert. Zu den Veröffentlichungen zählen nur beispielhaft die nachfolgenden Werke, teilweise Klassiker der juristischen Literatur:
>
> - Hannover, Heinrich: Terroristenprozesse: Erfahrungen und Erkenntnisse eines Strafverteidigers (Terroristen & Richter), Verlag: VSA, Hamburg, 1991;
> - Bossi, Rolf: Halbgötter in Schwarz: Deutschlands Justiz am Pranger, Verlag: Eichborn; 1., Edition (8. März 2005);
> - Müller, Ingo: Furchtbare Juristen: Die unbewältigte Vergangenheit der deutschen Justiz (Critica Diabolis), Verlag: edition TIAMAT; Neuausgabe Edition (23. September 2020);
> - Strate, Gerhard: Der Fall Mollath: Vom Versagen der Justiz und Psychiatrie, Orell Füssli Verlage (1. Januar 2015).
>
> Die publizistische Tätigkeit von anwaltlich tätigen Juristen als Autoren von Publikationen, die sich mit gerichtlichen Verfahren befassen, die entweder Einzelschicksale zum Gegenstand haben oder sich mit der juristischen Aufarbeitung gesellschaftlich relevanter Phänomene befassen, wird vom Schutz der Pressefreiheit nicht anders als die Tätigkeit sonstiger Autoren umfasst.

Der Grundrechtsschutz hängt nicht davon ab, ob die Veröffentlichung des (anwaltlichen) Autors auf eigener Verfahrenskenntnis oder auf der Information durch Dritte beruht. Erst recht entfällt der Grundrechtsschutz nicht etwa deshalb, weil ein Anwalt auch journalistisch oder publizistisch tätig ist.

Die Verfügung des Vorsitzenden des 5. Zivilsenats des OLG Celle verkennt daher bereits, dass sich der Antragsteller ungeachtet seiner Tätigkeit als Rechtsanwalt im Hinblick auf die von ihm gewünschten Aufnahmen der Mitglieder des gerichtlichen Spruchkörpers vor Sitzungsbeginn einschränkungslos auf das Grundrecht der Presse- und Informationsfreiheit berufen kann.«

Das Bundesverfassungsgericht nahm sich der Sache an und teilte durch die mit der Sache befasste Verfassungsrichterin und Berichterstatterin des Ersten Senats am 04.05.2022 mit:

»Verfassungsbeschwerde des Herrn Joachim Nikolaus Steinhöfel, […] Hamburg
gegen die Verfügung des Vorsitzenden Richters des 5. Zivilsenats des Oberlandesgerichts Celle vom 26. April 2022 – 5 U 152/21 –
diverse Anlagen

Sehr geehrter Herr Rechtsanwalt Steinhöfel,
die Verfassungsbeschwerden habe ich dem Niedersächsischen Justizministerium zugeleitet und Gelegenheit zur Stellungnahme bis zum 6. Mai 2022, 12 Uhr, gegeben. Eine hier eingehende Stellungnahme wird Ihnen zugeleitet werden.«

Der Vorsitzende Richter erfährt hiervon spätestens am 5. Mai 2022, als er Facebook über die Verfassungsbeschwerde informiert.

Am 09.05.2022 hebt er dann, aus naheliegenden Gründen, seine Anordnung vom 26.04.2022, mit der das Fotografieren untersagt wurde, auf. In einer weiteren Anordnung vom selben Tag, die als »Klarstellung« bezeichnet wird, heißt es dann:

> **»Beglaubigte Abschrift**
> 5 U 152/21
> Vfg.
> In dem Rechtsstreit
> **Facebook Ireland Ltd. gegen Prinz zu Schaumburg-Lippe**
> Anordnung des Vorsitzenden
>
> Klarstellung:
> Die Anordnung vom 26. April 2022 wird aufgehoben. Dem Bevollmächtigten des Verfügungsklägers wird die Anfertigung von Lichtbildern des Senats im Sitzungssaal vor Beginn der Verhandlung bis zum Aufruf der Sache gestattet.
> Celle, 9. Mai 2022
> Endler
> Vorsitzender Richter am Oberlandesgericht
> **Beglaubigt**
> Celle, 9. Mai 2022«

Erst unter dem Druck des vor dem Bundesverfassungsgericht anhängigen Verfahrens hat der Vorsitzende seine verfassungswidrige Anordnung, eine Verletzung der Grundrechte des Verfassers und einen Eingriff in die Pressefreiheit aufgegeben. Dies ist auch deshalb schwerwiegend, weil der Senat laut Geschäftsverteilung auch mit Pressesachen befasst ist und so regelmäßig im grundrechtssensiblen Bereich Urteile fällt.

Es hat also erhebliche Mühen gekostet, das etwas weiter oben befindliche Foto des Senats erstellen und hier veröffentlichen zu können.

Am 18.05.2022 hat die 2. Kammer des Ersten Senats des Bundesverfassungsgerichts einstimmig beschlossen:

> »1. Das Land Niedersachsen hat dem Beschwerdeführer seine notwendigen Auslagen im Verfahren auf Erlass einer einstweiligen Anordnung und im Verfassungsbeschwerdeverfahren zu erstatten .«

Denn, so das Bundesverfassungsgericht in dem Beschluss:

> »Beseitigt die öffentliche Gewalt von sich aus den mit der Verfassungsbeschwerde angegriffenen Akt...kann, falls keine anderweitigen Gründe ersichtlich sind, davon ausgegangen werden, dass sie das Begehren des Beschwerdeführers selbst für berechtigt erachtet...Mit Aufhebung seiner sitzungspolizeilichen Anordnung vom 26. April 2022 hat der Vorsitzende des Berufungssenats zu erkennen gegeben, dass er die durch den Beschwerdeführer erhobene Rüge einer Verletzung der Pressefreiheit (Art. 5 Abs. 1 Sat 2 GG) sowie des allgemeinen Gleichheitssatzes (Art. 3 Abs. 1 GG) jedenfalls grundsätzlich für berechtigt erachtet.«

In dem dann folgenden Urteil hob das Oberlandesgericht die zugunsten von Schaumburg-Lippe vom Landgericht Bückeburg erlassene einstweilige Verfügung auf und begründete dies im Wesentlichen so wie das OLG Bremen in dem bereits behandelten Verfahren. Es sei, nachdem die Sperre abgelaufen und der Inhalt wiederhergestellt worden sei, »nicht ersichtlich, warum es für den Verfügungskläger wegen besonderer Dringlichkeit unzumutbar sein soll, die vorliegenden Rechtsfragen im Hauptsacheverfahren zu klären«. Einer der zahlreichen Gründe liegt darin, dass Facebook mit Algorithmen löscht und schon von daher nicht ersichtlich ist, was das Unternehmen, das seine Algorithmen nicht umprogrammiert, daran hindern sollte, ohne gerichtliches Verbot erneut zu löschen. Die Zivilkammer 28 des Landgerichts Köln hat in einem Urteil vom 13.07.2022 zugunsten der proisraelischen Aktivistin Malca Goldstein-Wolf genau auf diesen Aspekt hingewiesen. Die Gefahr einer erneuten Löschung folge »insbesondere auch daraus, [dass die] erste Löschung des zweifellos zulässigen Beitrags naheliegenderweise darauf zurückzuführen ist, dass die Entscheidung zur Löschung nicht von einer natürlichen Person, sondern von einem Algorithmus getroffen wurde. Es ist somit durchaus naheliegend, dass der Algorithmus den Beitrag bei einer erneuten Einstellung wieder als unzulässig bewertet und entfernt.«

Es sei denn, man glaubt daran, dass der Facebook-Algorithmus, so wie Skynet in dem Hollywood-Blockbuster »Terminator 2«, ein »eigenes Bewusstsein« entwickelt.

Abmahnung der Präsidentin des Oberlandesgerichts Celle

Das war es mit dem Oberlandesgericht Celle dann aber immer noch nicht. Wenn einmal der Wurm drin ist … Am 19.05.2022 veröffentlichte das Oberlandesgericht Celle eine Pressemitteilung über »unser« Verfahren. Diese Pressemitteilung über ein Verfahren eines auch für Persönlichkeitsrechtsverletzungen zuständigen Senats verletzte nun die Persönlichkeitsrechte unseres Klägers. Sie enthielt falsche Tatsachenbehauptungen über den dem Verfahren zugrundeliegenden Sachverhalt. Darauf wurde das Land Niedersachsen, vertreten durch die Präsidentin des OLG Celle, sowie der Pressesprecher des Gerichts (ein Richter eines anderen dortigen Senats) abgemahnt.

Sowohl die Präsidentin des Oberlandesgerichts Celle als auch der Sprecher gaben gegenüber Schaumburg-Lippe die geforderte Unterlassungserklärung ab und erklärten sich bereit, die Kosten der Abmahnung zu übernehmen.

Wahrscheinlich ist es ein Novum in der deutschen Rechtsgeschichte, dass sich ein Oberlandesgericht gegenüber einer Partei strafbewehrt zur Unterlassung verpflichten musste, weil es deren Persönlichkeitsrechte verletzt hatte.

Die Pressemitteilung ist in korrigierter Form nach wie vor abrufbar. Sie lautet auszugweise:

> »Die ursprüngliche Pressemitteilung vom 19. Mai 2022 war fehlerhaft…Um ein Fehlverständnis zu vermeiden, wird die ursprüngliche Pressemitteilung berichtigt. Sollte aufgrund der ursprünglichen Pressemitteilung eine insoweit unrichtige Berichterstattung erfolgt sein, wird gebeten, diese – soweit möglich – zu korrigieren.«

Das war es dann aber mit diesem Verfahren. Irgendwann wird der Mandant oder werden wir sicher nach diesem »Rumble In The Jungle« wieder mit demselben Senat des Oberlandesgerichts Celle zu tun haben. Dann wird sich zeigen, ob die Beteiligten, wie es wünschenswert wäre, zurück auf null zu gehen vermögen und den dann anstehenden Fall so behandeln, wie er es verdient hat. Nach Recht und Gesetz, sachkundig und fair und unbefangen.

3. Facebooks AGB: Regeln zur Nutzerdiskriminierung

Wenn es nach den Nutzungsbedingungen von Meta Platforms Stand Januar 2022 (dort: 4.4 Zusätzliche Bestimmungen – Streitfälle) geht, haben alle Nutzer, die keine Verbraucher sind, in einem »Streitfall« mit der Plattform schlechte Karten. Diese Regelung der AGB (Allgemeine Geschäftsbedingungen) lautet auszugsweise (Fettdruck ergänzt):

> »*Wenn du ein Verbraucher bist und deinen ständigen Wohnsitz in einem Mitgliedstaat der Europäischen Union hast, gelten die Gesetze dieses Mitgliedstaats für jeglichen Anspruch, Klagegegenstand oder Streitfall, den du uns gegenüber hast und der sich aus diesen Nutzungsbedingungen oder aus den Meta-Produkten oder im Zusammenhang damit ergibt (Anspruch). Du kannst deinen Anspruch vor jedwedem Gericht in diesem Mitgliedsstaat klären lassen, das für den Anspruch zuständig ist.* ***In allen anderen Fällen stimmst du zu, dass der Anspruch vor einem zuständigen Gericht in Irland zu klären ist und dass diese Nutzungsbedingungen sowie jeglicher Anspruch irischem Recht unterliegen …***«

Diese überraschende und daher unwirksame und rechtsmissbräuchliche Klausel hat nur einen einzigen Zweck: Sie soll für alle Nutzer der Plattform aus Deutschland (oder anderen EU-Staaten), die keine Verbraucher sind, den Zugang zu staatlichem Rechtsschutz durch die Anrufung deutscher Gerichte (oder der Gerichte des jeweiligen EU-Landes) verbauen. Ein Verein ist z. B. kein Verbraucher; die obige Klausel gilt für jeden Verein, jeden kleinen Gewerbetreibenden und jeden, der seine Seite oder sein Profil nicht privat, sondern auch gewerblich nutzt. Meta Platforms möchte diesen gegenüber unbeeinträchtigt und willkürlich ohne rechtliche Konsequenzen agieren können.

Deutsche Nutzer sollen irische Gerichte anrufen

Der Bundesgerichtshof hat entschieden, »dass der Zugang der Nutzer zu dem sozialen Netzwerk Facebook jedenfalls für Teile der Verbraucher in erheblichem Umfang über die Teilhabe am gesellschaftlichen Leben entscheidet, sodass diesen nicht zugemutet werden kann, darauf zu verzichten ... Mangels einer entsprechenden Ausweichmöglichkeit kann von einer autonomen Entscheidung des Nutzers allenfalls insofern die Rede sein, als er auf die Inanspruchnahme einer nicht lebensnotwendigen Leistung auch verzichten kann.«

Also entweder schluckt man die AGB und klickt auf »Einverstanden« oder man ist raus aus der Teilhabe am gesellschaftlichen Leben, die die Plattform gewährleistet. Wirksam ist eine solche Vereinbarung nur, wenn die Parteien sie freiwillig vereinbaren. Die Vertragsparteien sollen frei sein, eine Vereinbarung über die Zuständigkeit eines Gerichts zu treffen, sie sollen sich dasjenige Gericht selbst aussuchen dürfen, das über Streitigkeiten am besten entscheiden kann. Die Grenze der Parteiautonomie liegt dort, wo eine echte Selbstbestimmung nicht vorliegt, sondern eine Fremdbestimmung einer Partei durch die Gegenpartei.

Wie sieht es denn aus, wenn ein Vogelzüchterverein mit 60 Mitgliedern und einer Facebook-Seite dem IT-Riesen gegenübersteht und sich verpflichten soll, in Dublin nach irischem Recht gegen Meta zu klagen, wenn seine Seite zu Unrecht gelöscht wurde. In dem Zwang, die Nutzungsbedingungen insgesamt entweder anzuerkennen oder aber eine Anmeldung des Profils zu unterlassen, liegt die klassische missbräuchliche Ausnutzung einer marktbeherrschenden Stellung durch ein marktbeherrschendes Unternehmen.

Wäre die Klausel wirksam, beträfe sie mutmaßlich Millionen von Nutzern in Deutschland. Diese tauschen sich in Deutschland in deutscher Sprache ganz überwiegend mit deutschen Staatsbürgern oder der deutschen Sprache mächtigen Personen in erheblichem Umfang und über die Bundesrepublik oder das dortige Leben berührende Themen aus. Die Fragen einer in diesen Rechtssachen fast immer zu prüfenden Grundrechts- oder Vertragsverletzung eines deutschen Nutzers auf Facebook und damit Fragen deutschen Verfassungs- und Vertragsrechts müssten dann aber absurderweise **in Irisch oder Gälisch in Dublin vor einem irischen Gericht verhandelt** werden. Dass dessen erforderliche Sachkunde, soweit auch deutsche Rechtsfragen betroffen sind, eher fraglich sein dürfte, liegt auf der Hand.

Die Nutzer sollen sich also in Fragen der Verletzung ihrer Vertrags- und Grundrechte einem unkundigen Gericht ausliefern. Das ist nicht nur überraschend, weil völlig fernliegend und ohne jeden vernünftigen Grund. Es verletzt auch die in Art. 19 Abs. 4 der Verfassung verbriefte Rechtsweggarantie. Man muss, wenn man in seinen Rechten verletzt zu sein vorgibt, ein Gericht anrufen können.

Der gesamte Vorgang oder sämtliche Prozessunterlagen müssten übersetzt werden. Das Prozesskostenrisiko würde sich daher immens erhöhen, weil für die Übersetzung von Schriftsätzen, Anlagen, Protokollen, erstinstanzlichen Urteilen, Berufungsschriften sowie für die Anwesenheit eines Dolmetschers in den mündlichen Verhandlungen leicht Kosten im hohen fünfstelligen Bereich anfallen können. Die Kosten betragen in der Regel bei juristischen Übersetzungen 0,18 Euro pro Wort. Facebook kann also allein durch umfangreiche Schriftsätze das Prozesskostenrisiko exponentiell erhöhen. Da das Unternehmen allen seinen Nutzern wirtschaftlich weit überlegen ist, kann es diese somit leicht zum Aufgeben zwingen. Facebook reicht Schriftsätze bei Gericht ein, die mit Anlagen durchaus einen Umfang von über 1000 Seiten haben.

Gerichtlicher Schriftsatz von Facebook mit Anlagen, teilweise zweiseitig bedruckt. © Steinhöfel

Faktisch wäre damit – und genau das ist der einzige Grund für diese Klausel – die Verfolgung von Unterlassungsansprüchen wegen Verletzung von Vertrags- und Grundrechten wegen dieses gigantischen Kostenrisikos fast immer abschließend versperrt.

Niemand, der auch nur annähernd wirtschaftlich verantwortungsbewusst handelt, würde noch gerichtliche Schritte einleiten. Niemand würde wegen der rechtswidrigen Löschung eines von der Meinungsfreiheit gedeckten Inhalts bei deutlich fünfstelligem Kostenrisiko bei fraglicher Erstattung im Obsiegensfalle vor ein Gericht in Dublin ziehen, um sich dagegen zu wehren. Dies würde im Ergebnis dazu führen, dass eine Geltendmachung vergleichbarer Ansprüche vollständig unterbliebe. Irgendein vernünftiger Grund, deutsche Rechtsfragen gegen deutsche Nutzer bei enorm erhöhten Kosten vor einem mit den Rechtsfragen nicht vertrauten, weit entfernten irischen Gericht nach irischem Recht klären zu lassen, existiert nicht. Die Klausel dient einzig dem Wunsch von Facebook, »sich den Konsequenzen von Rechtsverstößen möglichst zu entziehen«, wie das Oberlandesgericht Köln in anderem Zusammenhang feststellte.

Ob bislang überhaupt schon eine einzige in Deutschland ansässige Partei den Weg vor ein Gericht in Dublin eingeschlagen hat, ist höchst fraglich. Facebook hüllt sich hierzu vor Gericht in Schweigen, man müsse dazu keine Erklärungen abgeben. In einer Reihe von Prozessen versuche ich, die Unwirksamkeit dieser Klausel feststellen zu lassen.

LinkedIn: Klagen in Deutschland, aber nach irischem Recht

Geradezu kurios ist in diesem Punkt die »Nutzervereinbarung« (Version vom 01.02.2022, abrufbar unter https://de.linkedin.com/legal/user-agreement#dispute) des beruflichen Netzwerks LinkedIn. Mit deren Punkt 6 versucht die Plattform, »Anwendbares Recht und Streitschlichtung« zu regeln. Zwar dürfen die Nutzer von LinkedIn, die in der EU ansässig sind, an ihrem Wohnsitz klagen, also z. B. in München, wenn man in München wohnt. Aber es »unterliegen sämtliche Ansprüche hinsichtlich der Bereitstellung der Dienste durch LinkedIn dem Recht Irlands«.

Eine Klausel, die jeglichen Nutzern einer Plattform die Geltendmachung von gegen diese gerichteten Ansprüchen an ihrem Wohnsitzgericht zubilligt, diese jedoch ausschließlich einer ausländischen Rechtsordnung unterwirft, ist unwirksam. Sie ist auch vollkommen absurd. Deutsche Gerichte und deutsche Anwälte verstehen in der Regel rein gar nichts vom irischen Recht, sollen aber Streitigkeiten nach irischem Recht entscheiden.

Wer sich diese Klausel ausgedacht hat, hat nur eins im Sinn: dem Nutzer bei Rechtsbrüchen von LinkedIn auf möglichst perfide Weise den Zugang zu staatlichem Rechtsschutz zu versperren.

4. Faktencheck bei den Faktencheckern

»Nicht zuletzt steht die fundamentale Frage im Raum, wer in einer offenen Gesellschaft legitimerweise über wahre/richtige und falsche Meldungen entscheiden soll.«

Prof. Dr. Peukert, Goethe-Universität Frankfurt am Main

»Faktencheck« wird im Duden definiert als »das Überprüfen von Informationen auf ihren Wahrheitsgehalt«. Eine Aussage ist danach »falsch«, wenn sie nicht der Wahrheit entspricht. Es entspricht ferner dem öffentlich bekundeten Selbstverständnis und der Selbstdarstellung von Faktencheckern, dass sie recherchierte, belegte Tatsachen prüfen und diesbezügliche Aussagen nicht politisch beurteilen. Meinungen hingegen eignen sich nicht für Faktenchecks, vergl. Prof. Peukert, WRP 2020, 391 – Faktenchecks auf Facebook aus lauterkeitsrechtlicher Sicht.

Faktenchecker sind in aller Munde und auf allen denkbaren Kanälen aktiv, vom öffentlich-rechtlichen Fernsehen bis zu den sozialen Medien. Dass auch dem Faktenchecker der *tagesschau* bereits Faktenchecks, weil rechtswidrig und falsch, von uns wiederholt gerichtlich untersagt wurden, ist durchaus kein Einzelfall und sollte zu einer gewissen Zurückhaltung gegenüber der leichtfertigen Annahme führen, wenn diese selbst ernannten Hüter der Wahrheit etwas geprüft haben, könne man sich auf das Ergebnis verlassen. Faktenchecker irren sich häufig und unterscheiden sich dabei von anderen Meinungsinhabern lediglich durch die Anmaßung, sie seien dazu berufen, wie Richter über Richtig oder Falsch oder über Wahr oder Unwahr befinden zu dürfen. Verliehen hat ihnen diese Macht allerdings niemand anders als sie selbst. Und häufig haben die Faktenchecker eine ideologische Agenda. Denn Faktenchecker kann sich jeder nennen, der im breitesten Ruhrgebiets-Idiom schwadronierenden David Schraven von Correctiv und selbst der linientreue Thomas Laschyk vom Volksverpetzer, dem Faktencheck für Mittelschüler.

Laschyk möchte die Bevölkerung mit seinem parteiischen Portal »Impfen gegen die Fake-News-Verbreiter und die dann in Quarantäne« stecken. Das ist wohl vergleichbar mit weltanschaulicher Lagerhaft. Das Wort »Quarantäne« hat er in der »Kulturzeit« von 3sat am 17.11.2021 tatsächlich verwendet und war sich wohl auch hier nicht so recht darüber im Klaren, was er da von sich gegeben, was für eine Metapher er verwendet hat. Quarantäne ist eine zum Schutz einer Gesellschaft vor ansteckenden Krankheiten befristete (behördlich angeordnete) Separation von Menschen, die verdächtig sind, an bestimmten ansteckenden Krankheiten zu leiden oder Überträger dieser Krankheiten zu sein. Wenn Laschyk »impft«, sind, schaut man sich den »Volksverpetzer« an, Impfschäden nicht weit. Das Internet müsse reguliert werden, nur wie, das wisse er, Laschyk, auch nicht, meint er, schlägt aber in der Sendung tatsächlich vor: »Machen wir eine öffentlich-rechtliche Instanz, die dann Faktenchecks durchführt!?« Vielleicht einer der dümmlichsten Vorschläge des Jahres. Nicht nur wegen der beträchtlichen Glaubwürdigkeitseinbußen, die die öffentlichen-rechtlichen Sender Umfragen zufolge hinnehmen mussten. Sondern auch deshalb, weil auch den Faktencheckern der *tagesschau* wiederholt gerichtlich Falschmeldungen untersagt wurden. Nein danke, machen wir also nicht. Faktenchecker dieses Kalibers gibt es schon genug. Und dass diese oft vor Gericht unterliegen oder selbst Fake News verbreiten, schildere ich in der Folge.

Faktenchecker am Beispiel Correctiv – an der Schwelle zur Zensur

Es ist nicht nur die beschriebene Anmaßung, die die von niemandem kontrollierten Faktenchecker problematisch, in mancher Hinsicht sogar gefährlich macht. Denn in den sozialen Medien hat eine einmal erfolgte Stigmatisierung unter Umständen schwerwiegende Folgen. Das ist dann einer Separation, einer Quarantäne mit schwerwiegenden Folgen, durchaus vergleichbar. Denn dort werden Warnhinweise an die Beiträge geheftet, Neudeutsch: getaggt, die z. B. so aussehen:

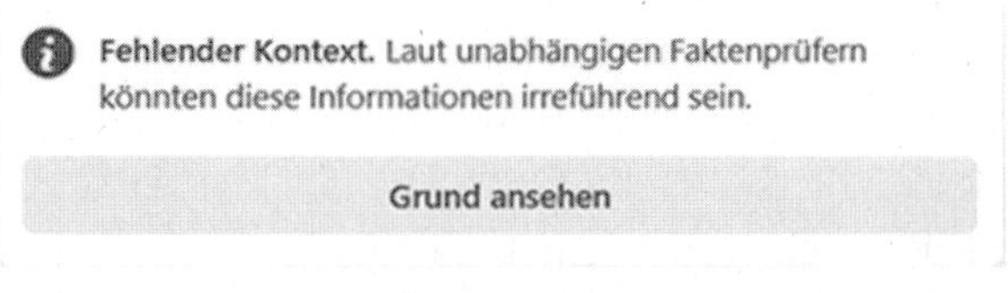

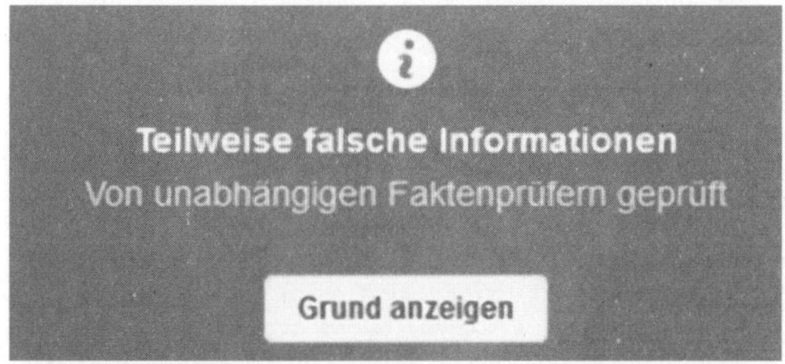

Okay, der letzte Screenshot war ein Scherz.

Correctiv schildert auf seiner Website die Konsequenzen dieser Markierung:

> »Das Verknüpfen hat mehrere Folgen:
> 1. Laut Facebook wird die Reichweite der Meldungen verringert, die wir als falsch oder halb-falsch eingeschätzt haben. Das bedeutet, sie erscheinen weiter unten im Newsfeed ...
> 2. Wer die falschen Inhalte sieht, bekommt darunter auch unseren Faktencheck angezeigt. Wir versuchen mit unseren Titeln direkt die falsche Behauptung zu widerlegen. Der Nutzer sieht also in seiner Timeline, dass er etwas wahrscheinlich unwahres (sic!) liest.
> 3. Wer den falschen Inhalt teilen will, bekommt ein Fenster angezeigt, in dem auf unseren Faktencheck hingewiesen wird.
> 4. Die Leute, die den falschen Inhalt geteilt haben, bekommen eine Benachrichtigung, dass es eine andere Einschätzung zum Thema gibt, mit Link zu unserem Faktencheck.
> 5. Facebook-Seiten, die wiederholt falsche Inhalte veröffentlichen, können laut Facebook die Möglichkeit verlieren, auf der Plattform Werbung zu schalten oder darüber Geld zu verdienen. Auch könne die Reichweite ihrer Beiträge eingeschränkt werden.«

Gegenüber dem Branchendienst Meedia hat einer der Geschäftsführer von Correctiv auf die Frage, ob man auch Meldungen etablierter Medien überprüfen werde, also etwa der *Zeit*, der *SZ*, von *Spiegel* oder der *BILD*, geantwortet:

> »Grundsätzlich kann alles geprüft werden. Gerade bei den klassischen Pressemedien haben wir aber schon eine ziemlich gut wirkende Selbstkontrolle. Da gibt es den Presserat, in den einzelnen Häusern gibt es Ombudsmänner, Leser-Beiräte und sonstige Sachen. Jeder macht mal einen Fehler. Da würde ich grundsätzlich darauf vertrauen, dass diese erprobten Instrumente der Selbstkontrolle funktionieren. Deswegen kann man sich die Arbeit an dieser Stelle wohl sparen. Wenn da einer großen Mist baut, landet das in der Regel beim Presserat.«

Ein Hinweis auf den Fall Claas Relotius oder auf die kürzlich enttarnte und u. a. auch für die *Zeit* und den *Spiegel* tätige »Hochstaplerin« (Zitat *Der Tagesspiegel*) Marie Sophie Hingst genügt, um diese Einschätzung realitätsnah einordnen zu können. Auch in der Folge musste der *Spiegel* schwere Fehler einräumen und seine Berichterstattung über illegale Migranten zurückziehen. Die aus dem Netz genommenen Artikel zum Tod des Flüchtlingsmädchens Maria werden nie wieder online gehen. Eine Überarbeitung ergebe keinen Sinn, »zu vieles darin müsste korrigiert werden«.

Bereits 2017 hat das reichweitenstarke IT-Nachrichtenportal heise.de über Correctiv berichtet und die Frage thematisiert, ob diese Firma Zensur ausübe und ob sie überhaupt greifbare konkrete Kriterien für die »hochsensible Arbeit« entwickelt habe.[41]

Facebook-"Wahrheitsprüfer" Correctiv verstrickt sich in Widersprüche

24. Januar 2017 - Paul Schreyer

Die Faktenchecker von Correctiv können bislang nicht sagen, nach welchen Kriterien sie "Fake News" auf Facebook kennzeichnen wollen

Das Fazit von heise.de war schon damals vernichtend:

> »Ich fragte daraufhin bei Schraven nach, nach welchen Kriterien Correctiv denn Meinungen von Tatsachenbehauptungen unterscheiden wolle. Die bei-

den Begriffe haben eine gemeinsame Schnittmenge und lassen sich nicht immer sauber trennen. Als Beispiel nannte ich Schraven einige denkbare Aussagen:

›Trump gefährdet die Demokratie.‹
›Angela Merkel ist eine Marionette der USA.‹
›Putin bedroht die Sicherheit Europas.‹

Sind solche Aussagen nun Meinungen oder Tatsachenbehauptungen? Welche präzisen Kriterien will Correctiv zur Trennung der Begriffe anlegen? Wann ist eine Aussage ein Fall für den Faktencheck und wann nicht? Wenn man keine Meinungen zensieren will, muss das vorab geklärt werden.

Was wird als ›Fake News‹ gekennzeichnet?

Andere denkbare Aussagen sind fraglos Tatsachenbehauptungen, müssten demzufolge also – bei häufiger Meldung als ›Fake News‹ durch die Facebook-User – von Correctiv eindeutig als wahr oder falsch definiert werden, zum Beispiel:

›Russland hat die US-Wahlen manipuliert.‹
›Die Anschläge von 9/11 waren ein Inside Job.‹
›Assad hat Giftgas gegen sein eigenes Volk eingesetzt.‹
›Den Bürgerkrieg in der Ostukraine hat nicht Moskau begonnen, sondern Kiew.‹

Das Problem hier: All diese Tatsachenbehauptungen sind strittig. Es besteht kein öffentlicher Konsens über ihre Wahrheit. Und alle diese Aussagen sind politisch brisant. Wenn Correctiv hier über ›wahr‹ oder ›gelogen‹ entscheidet und der entsprechende Facebook-Eintrag dann gegebenenfalls in seiner ›Sichtbarkeit reduziert‹ wird, wie Facebook mitteilte, dann ist die Schwelle zur Zensur sicherlich überschritten.

Schraven schilderte ich diese Beispiele und fragte ihn, ob Correctiv tatsächlich alle Tatsachenbehauptungen checken wolle, sofern sie nur zahlreich als ›Fake News‹ gemeldet werden, oder ob man noch nach weiteren Kriterien aussieben werde?

Seine Antwort war kurz und bündig: Er habe ›derzeit nicht mehr zu sagen‹. Vielleicht später, ›wenn wir so weit sind‹, so der Correctiv-Chef. Und weiter: ›Das Spekulieren über irgendwelche Aussagen, die möglicherweise kritisiert werden könnten, bringt wenig. Ich würde das lieber im Indikativ anschauen, statt im Konjunktiv zu rätseln.‹«

Das Markieren durch Faktenchecker hat für den Betroffenen sofortige Konsequenzen, die zu drastischen Sanktionen führen können. Auf den »Hilfeseiten« von Facebook steht:

Mehr dazu, **wie Facebook mit unabhängigen Faktenprüfern zusammenarbeitet, um die Verbreitung von Fehlinformationen zu stoppen.**

Auszugsweise sind dort diese Sanktionen aufgeführt:

Die Verbreitung von Falschmeldungen reduzieren

- **Falschmeldungen identifizieren:** Anhand von Hinweisen, z. B. Feedback von Facebook-Nutzern, identifizieren wir Meldungen, die möglicherweise falsch sind. Darüber hinaus identifizieren die Faktenprüfer selbstständig Inhalte, die sie dann überprüfen.
- **Meldungen überprüfen:** Die Faktenprüfer überprüfen die in Beiträgen behaupteten Fakten und werten deren Richtigkeit aus.
- **Falschmeldungen erscheinen weiter unten im News Feed:** Bewertet ein Faktenprüfer einen Beitrag als Falschmeldung, wird dieser weiter unten im News Feed angezeigt. Das schränkt die Reichweite dieser Inhalte deutlich ein.
- **Maßnahmen gegen wiederholte Verstöße:** Seiten und Websites, die wiederholt Falschmeldungen teilen, werden weniger verbreitet und sie verlieren die Berechtigung, Werbung zu schalten.
- **Mithilfe von Technologien werden sich wiederholende Inhalte mit bereits als Falschmeldung identifizierten Informationen herausgefiltert:** Auf Facebook kann jede Art von Information unzählige Male reproduziert werden bzw. es können tausende oder sogar millionenfache Kopien mit den gleichen Informationen existieren. Diese Kopien sind nahezu identisch mit den Originalbeiträgen, sie unterscheiden sich jedoch durch kleinere Abweichungen, wie einen anders gewählten Fotoausschnitt oder Filter. Wir verwenden deswegen Machine-Learning-Detektionstechnologien, die diese Kopien ermitteln, damit die Faktenprüfer sich auf neue Informationen konzentrieren können.

Die »Zertifizierung« der Faktenchecker

Das International Fact Checking Network IFCN ist ein weltweiter Zusammenschluss von Faktencheckern und hat einen Grundsatzkatalog (»Code of Principles«) erstellt, nach dem es alle potenziellen Unterzeichner »überprüft«. Diese »Überprüfung« beschränkt sich jedoch auf eine »Checkliste« (https://docs.google.com/document/d/1tWbY-OjLUqQ38_24E_pBjDIwcRUICarBA3itlb9qF8kU/edit), die lediglich abverlangt, dass der »Faktchecker« die Korrekturen vornimmt, die er selbst als erforderlich ansieht. Er ist also nicht nur Richter über Richtig oder Falsch der Äußerungen anderer, sondern dazu auch noch Richter in eigener Sache.

Das IFCN hat unter https://ifcncodeofprinciples.poynter.org/signatories eine Liste der Unterzeichner online gestellt. Schaut man sich die bei den »zertifizierten« Unterzeichnern veröffentlichten Korrekturstandards an, so sagen diese wenig mehr, als dass die Faktenchecker bei eigenen Fehlern das korrigieren, was sie selbst für falsch halten. Sie eröffnen Opfern ihrer Falschbehauptungen bei Dissens aber keinerlei weitere Möglichkeiten auf eine Berichtigung. Dies ist auch bei Correctiv nicht anders (vgl. unter correctiv.org, »Unsere Standards«, »5. Verpflichtung zur offenen und ehrlichen Korrektur«). Die durchaus irrende und Falschbehauptungen verbreitende Organisation korrigiert, was sie möchte, ansonsten lässt sie es. Kodifizierte Willkür. Dies ist in den »Codes of Principles« auch so vorgesehen, die Notwendigkeit, entgegenstehende Beweise zu berücksichtigen oder über Beschwerden zu entscheiden, gibt es dort nicht. Damit in einem Interview konfrontiert, erklärte der Direktor des IFCN, Alexios Mantzarlis, einziges Erfordernis insoweit sei eine »transparente Erläuterung des Korrekturprozesses«. Ergänzungen oder Empfehlungen, die diesen unzureichenden Zustand korrigieren, seien auch in Zukunft nicht vorgesehen.

Um eine derartige Selbstgerechtigkeit unmöglich zu machen, sind in Wissenschaft und der akademischen Welt etablierte Selbstkorrekturverfahren, »checks and balances« und »peer reviews« etabliert, die bei den Faktencheckern komplett fehlen.

Da es an jeglicher neutraler Überprüfungsinstanz fehlt, sind die Faktenchecker niemand rechenschaftspflichtig, noch stehen sie irgendjemandem gegenüber in der Verantwortung, noch haben sie mit Konsequenzen wie einer Dezertifizierung zu rechnen, da eine solche aufgrund von Fehlverhalten bei der Fehlerkorrektur bei der IFCN weder aktuell vorgesehen noch zukünftig geplant ist.

Bei der entscheidenden Frage, wer bestimmt, was bei einem Dissens richtig und was falsch ist, überwacht jeder Faktenchecker nur sich selbst. Damit ist schon strukturell eine Befangenheit institutionalisiert, *nemo iudex in sua causa*. Die Zivilprozessordnung bestimmt, dass ein Richter von der Ausübung des Richteramtes in Sachen ausgeschlossen ist, in denen er selbst Partei ist. Bei den Faktencheckern ist dies anders, sie sehen das Richten in eigener Sache sogar ausdrücklich vor. Dies ist Beleg einer strukturellen Korrumpiertheit, in der sich die Faktenchecker von jeder Pflicht zur Verantwortung freizeichnen, als über dem Recht und über der Korrektur durch neutrale Dritte Stehende wähnen.

Dass sich weder das zertifizierende IFCN noch Correctiv zu einem solchen selbstverständlichen Überprüfungsprozess entscheiden wollten und dies auch nicht geplant ist und auch kein Einziger der bei der IFCN »zertifizierten« Faktenchecker einen solchen Prozess kodifiziert hat, ist Beweis für ein im Kern korruptes Verfahren.

Zusammengefasst belegt dies die Irrelevanz der »Zertifizierung« und zeigt eine Welt von Organisationen, deren gemeinsamer Nenner Anmaßung ist. Sie sprechen, frei von jeder unabhängigen Kontrolle, das finale Urteil über Wahr oder Unwahr, Richtig oder Falsch. Faktenchecker nehmen damit eine völlig einzigartige Stellung in dem zeitgenössischen Ökosystem des Informations- und Meinungsaustausches ein. Ohne Verantwortung, ohne Rechenschaftspflicht, ohne neutrale Kontrolle, ohne kodifizierte Widerspruchsmöglichkeit, ohne Ombudsmann, ohne Peer Review, ohne Checks and Balances. Der Prozess des Faktenchecks, dem ein völlig berechtigter Gedanke zugrunde liegt, delegitimiert und diskreditiert sich so selbst. Weil ein plausibles, neutrales und jedermann zugängliches Verfahren zur Überprüfung fehlt, verbleibt schließlich nur eine einzigartige Autoritätsanmaßung, für die Correctiv ein geradezu perfektes Beispiel ist.

Dass diese Zertifizierung, wie dargelegt, relativ bedeutungslos ist, ist das eine. Aber man sollte, um sich nicht der Gefahr des Prozessbetruges auszusetzen oder sich komplett lächerlich zu machen, in einer solchen Kernfrage vor Gericht nicht die Unwahrheit erzählen. Und jetzt kommt Correctiv-Chef Schraven ins Spiel. Ehrensache für einen der Wahrheit verpflichteten »zertifizierten Faktenchecker«, sollte man meinen. Eine Herausforderung, an der der Correctiv-Chef dann allerdings grandios gescheitert ist.

Faktenchecker vor Gericht: Tichys Einblick gegen Correctiv

Schon lange war das kontroverse Agieren der Faktenchecker ein Dorn im Auge vieler Journalisten und vieler Nutzer der sozialen Medien. Sie fühlten sich durch die angemaßte Autorität bevormundet, als Betroffene hielten sie sich für wehrlos und gegängelt. Lange Zeit passierte nichts, weil offen war, ob und wie man der Tätigkeit der Faktenchecker juristisch Herr werden konnte. Im November 2019 schlug dann zunächst die große Stunde von Deutschlands oberstem Faktenchecker David Schraven, dem Kopf der umstrittenen Organisation Correctiv. Die Faktenchecker waren Beklagte in einem von mir vor dem Landgericht Mannheim betriebenen Verfahren, da sie ein Posting der konservativen Monatszeitschrift *Tichys Einblick* auf deren Facebook-Seite mit der Bewertung »Behauptungen teils falsch« stigmatisiert hatten. Schraven erläuterte dem Landgericht Mannheim zunächst sehr ausführlich, seine gemeinnützige Gesellschaft sei nun »zertifiziert« worden. Und zwar von niemand Geringerem als dem IFCN, dem International Fact Checking Network. Im Protokoll der Gerichtsverhandlung ist zu lesen:

> »Der Geschäftsführer der Beklagten erläutert das Verfahren zur internationalen Zertifizierung von Fact-Checking-Organisationen und erläutert in diesem Zusammenhang, für Deutschland seien außer seiner Partei auch die dpa zertifiziert.«

Was diese »Zertifizierung« wert ist, zeigt ein Blick hinter deren Kulissen.

Die Regeln der IFCN bestimmen, dass die Verlängerung der Zertifizierung alle zwölf Monate erfolgen muss und einen Monat vor Ablauf – für Correctiv wäre das der 10.11.2019 gewesen – eine Erinnerung verschickt wird.

Schraven wusste also schon zwei Wochen lang, dass seine Zertifizierung auslief, als er vor dem Landgericht Mannheim dozierte. Und er wusste auch, dass er sie auslaufen lassen würde. Andernfalls müsste man Schraven unterstellen, dass er gar nicht wusste, wovon er sprach und worüber er das Gericht informierte, als er, so das Protokoll, »das Verfahren zur internationalen Zertifizierung« erläuterte.

Fake News vom Faktenchecker: Correctiv trägt vor Gericht unwahr vor

Auch Monate später, in der Berufungserwiderung vom 02.04.2020, lobt Correctiv das IFCN als »renommierte Organisation, die weltweit führend« sei, und behauptet:

> »Zu den verifizierten Partnern des IFCN gehören inzwischen 71 Organisationen ... In Deutschland sind die Beklagte als CORRECTIV.Faktencheck und seit Anfang 2019 auch die ... Deutsche Presse-Agentur ... vom IFCN anerkannt.«

Correctiv, auch der dpa immer einen Schritt voraus. Allein: Dieser Vortrag entsprach zu keinem Zeitpunkt der Wahrheit. Denn Correctiv war, anders als man vor dem Landgericht Mannheim und dem Oberlandesgericht Karlsruhe unwahr vorgetragen hat, nicht zertifiziert. Die Zertifizierung war ausgelaufen. Dieser Screenshot vom 22.05.2020 belegt dies.

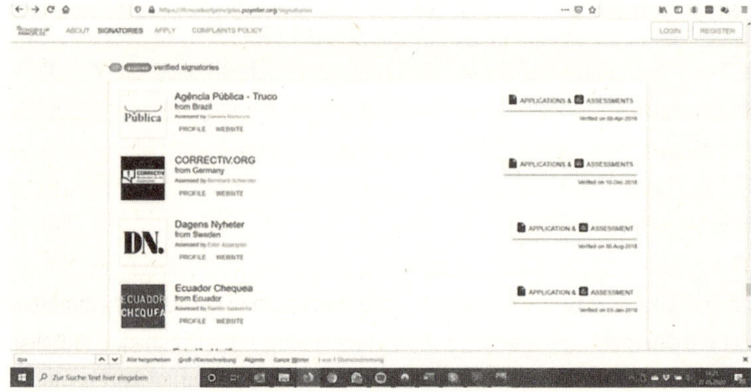

Wenn Correctiv nicht einmal wusste, dass man nicht mehr zertifiziert war, war der Vortrag nur unwahr. Wusste man davon, war es gelogen. Und zwar vom Geschäftsführer selbst. Auf diesem Niveau operieren Personen, die meinen, darüber befinden zu können, was richtig und was falsch ist. Und hierfür noch mit Millionen gefördert werden.

Wir haben auf diesen bemerkenswerten Umstand in einem Schriftsatz an das Oberlandesgericht Karlsruhe hingewiesen. Am Abend des Folgetages war dann die ausgelaufene Zertifizierung erneut erteilt. Prima, wie schnell und kooperativ und quasi über Nacht so ein detaillierter Überprüfungsprozess sogar in einer anderen Zeitzone erfolgen kann, wenn es darauf ankommt. Niemand würde da auf die Idee verfallen, dass die Sorgfaltspflichten des »weltweit führenden, renommierten« Instituts zugunsten eines Schützlings kurzfristig ausgesetzt wurden.

Hätte sich Schraven, der nicht einmal gemerkt hat, dass er und seine Truppe nicht mehr zertifiziert waren, sich nicht zu einem kleinen Dankeschön herablassen können? Gehört sich das nicht so, wenn man als »zertifizierter Faktenchecker« allein durch den nicht zertifizierten Faktencheck des nicht zertifizierten gegnerischen Anwalts überhaupt erst merkt, dass man nicht mehr zertifiziert ist, während man im Prozess wahrheitswidrig das Gegenteil behauptet?

Correctiv gewinnt in der ersten Instanz

Vor dem Landgericht Mannheim gewann Correctiv. Die Entscheidung des Landgerichts wurde auch in den Medien aufgegriffen. So schrieb Dr. Wieduwilt für die *FAZ* (10.01.2020, »Streiten mit den Wahrheitsfindern«) über das Urteil:

> »Den Richtern scheint ihr Schluss selbst ein bisschen kurios vorzukommen, das Landgericht installiere mit der Entscheidung kurzerhand eine Pluralismuspflicht ohne Gesetz ... Im Raum stehen nun gewichtige verfassungsrechtliche Fragen ...«

Auch in der juristischen Literatur wurde deutliche Kritik laut. Denn zur Sicherung der Meinungsvielfalt dürfen Plattformen wie Meta oder YouTube journalistisch-redaktionell gestaltete Angebote, auf deren Wahrnehmbarkeit sie besonders hohen Einfluss haben, nicht diskriminieren. Im staatlichen Bereich darf grundsätzlich nicht zwischen »guten« und »schlechten« Presseerzeugnissen differenziert werden, wenn nicht insbesondere die Grenze der Verfassungsfeindlichkeit überschritten wird.

Die Chronistenpflicht gebietet es auch zu dokumentieren, welch aufgeräumte Stimmung bei Correctiv nach dem Erfolg in der ersten Instanz herrschte.

Wir veröffentlichen das Urteil des Landgerichts Mannheim über den rechten Blogger "Tichys Einblick". Fazit: Tichy und Steinhövel haben satt verloren - unsere Faktencheks wurden gestärkt. Wir treiben nun das Geld für die Prozesskosten bei Tichy ein. Ende

Translate Tweet

Gericht stärkt Faktenchecks von CORRECTIV

Das Landgericht betont in seiner Entscheidung, dass es legitim sei, „Filterblasen" durch Information entgegenzutreten, Medienkritik zuzulassen und dadurch den ...

correctiv.org

2:00 PM · Jan 14, 2020 · Twitter Web App

»Rechter Blogger«, »satt verloren«, »wir treiben das Geld … ein«, und auch Namen kann Schraven nicht korrekt schreiben. Die Sprache eines unbefangenen, neutralen Faktencheckers, gut im Futter mit Geld aus Steuermitteln.

Dunja Hayali: Keine Ahnung, aber eine Meinung

Auch Dunja Hayali, vorliegend ohne jede auch nur vage Ahnung davon, um was es eigentlich geht, meldete sich im November 2019 gewohnt selbstbewusst und meinungsstark auf Twitter zu Wort, retweetete Correctiv und erhielt von mir prompt eine Replik.

Frau Hayali, die von Gebührengeldern lebt, kritisierte angesichts eines nicht rechtskräftigen Urteils, das sie nicht gelesen hatte, der unterlegene Kläger versuche die Meinungs- und Pressefreiheit zu untergraben und auszuhöhlen. Ein schwerer Vorwurf, den sicher Zigtausende ihrer über eine halbe Million zählenden Follower auf Twitter geglaubt haben. Hayali hat sich geäußert, Schraven und Correctiv ungeprüft weiterverbreitet, ohne auch nur begriffen oder gewusst zu haben, was der Gegenstand des Rechtsstreits war. Hayali hat auch in der Folge nicht recherchiert oder erkannt, wie sehr sie die Standards von journalistischer Sorgfalt und Integrität mit Füßen getreten hat. Keine Ahnung, aber erst einmal Social-Media-kompatibel losblöken. Stattdessen versuchte sie mit diesem albernen Tweet nachzulegen.

Einsicht, Recherche, Fehlerkorrektur? Fehlanzeige!

Vier Jahre später hat Frau Hayali beim Siegeszug des Haltungsjournalismus die Moderatorinnenstelle beim *heute journal* des ZDF inne. Und auch 2023 machte sie noch einmal deutlich, wie sie zur

Meinungsfreiheit steht. Wer auf Twitter bezüglich der notfalls mit dem staatlichen Gewaltmonopol eingetriebenen Gebühren für den öffentlich-rechtlichen Rundfunk von »Zwangsgebühr« spricht, wird von ihr blockiert.

Dunja Hayali ···
@dunjahayali

Warum ich beim Wort „Zwangsgebühr" schnell blocke:

1. bin ich die falsche Ansprechpartnerin (finde richtig, dass es nen ÖRR gibt. Reformen wären gut)

2. meist spielt dieses „Argument" bei Diskussionen über Thema xy keine Rolle (whataboutism)

Ahne,was passiert 😇 #Blockliste ✌️
Translate Tweet

10:43 AM · Jul 18, 2023 · **351.6K** Views

Man muss die Moderatorin hierzu nur selbst aus ihrem eigenen Tweet zitieren: »Wie war das noch mal mit der (Meinungs- und) Pressefreiheit? Wer versucht hier noch mal, diese Errungenschaften zu untergraben und auszuhöhlen?« Eine berechtigte Frage, auf die wir jetzt, jedenfalls was Frau Hayali angeht, eine eindeutige Antwort haben.

OLG Karlsruhe sorgt für Ernüchterung bei Correctiv

Was Correctiv im streitigen Fall getan hatte, war unentschuldbar. Die Umkehr von Täter und Opfer durch die völlig ahnungslose Frau Hayali indiskutabel. Correctiv hat die Meinungs- und Pressefreiheit in ihrem Kern attackiert. Correctiv hat eine **Meinung** »gecheckt«.

»Zugespitzt formuliert könnte man von einer als Faktencheck getarnten Meinung sprechen«, stellte Prof. Peukert von der Goethe-Universität in Frankfurt am Main fest.

Wann hat man bei Correctiv zuletzt einen Blick in Art. 5 Abs. 1 GG geworfen, der die Meinungs- und Pressefreiheit für jedermann verbrieft?

Der vermeintliche Faktencheck von Correctiv betraf eine Meinungsäußerung in Gestalt einer kritischen Stellungnahme zu Klimawandelthesen und zur wissenschaftlichen Reputation ihrer Verfasser bzw. Unterstützer. Der Beitrag wurde markiert und heruntergestuft, weil Correctiv eine andere Berichterstattung für richtig hielt. Wenn der betreffende Inhalt aber im Übrigen mit den allgemeinen Gesetzen in Einklang steht, so ist das nichts anderes als die Regulierung einer Meinung, die Correctiv nicht gefiel. Wer greift hier die Meinungsfreiheit an?

Hoheitsträgern, Behörden, Ministerien, dem Staat ist eine solche Maßnahme prinzipiell verboten, sie dürfen Meinungen nur zum Schutz eines Gemeinschaftswerts einschränken, der gegenüber der Betätigung der Meinungs- und Medienfreiheit Vorrang hat. Dieser Kernbestand einer freiheitlichen Kommunikationsordnung erfasst auch die Privatautonomie monopolistischer Unternehmen wie Facebook, YouTube, X (Twitter) usw. und die in ihrem Lager stehenden Faktenchecker. Verstößt eine Meinung weder gegen allgemeine Gesetze noch gegen Rechte Dritter noch gegen wirksame Nutzungsbedingungen, darf sie nicht als solche – aufgrund ihres Inhalts – herauf- oder herabgestuft werden. Geschieht dies doch, ist das aus zahlreichen Gründen rechtswidrig, als unzulässige Diskriminierung, wegen Verfälschung des Medienwettbewerbs, wegen unlauterer Herabsetzung und als gezielte Behinderung.

Das Oberlandesgericht Karlsruhe korrigierte die Vorinstanz in einer bedeutenden Grundsatzentscheidung vom 27.05.2020. Es stellte fest, dass der Faktencheck eine in der Abwägung der beteiligten Interessen nicht mehr hinzunehmende Herabsetzung der journalistischen Leistung der Klägerin darstelle. Dabei würden die Äußerungen von Correctiv als Prüferin und die Einträge einfacher Nutzer – wie der Klägerin – in ein Hierarchieverhältnis gestellt, das der besonderen Rechtfertigung bedarf, wenn es sich um Meinungen handelt. Im Wettbewerb der Meinungen fehle ein objektiver Maßstab für die Einteilung in »richtig« und »falsch«, »gut« oder »schlecht«; Meinungsbildungen und Wertungen seien subjektive Vorgänge. Für den Staat gelte daher eine Neutralitätspflicht im publizistischen Wettbewerb: Er darf nicht bestimmte Meinungen oder Tendenzen durch Förderung begünstigen oder benachteiligen. Der angesprochene, an der Lektüre oder gar am Teilen des Artikels auf Facebook potenziell interessierte Nutzer, mit der Bewertung von Correctiv als »Faktenprüferin« mit »teils falsch« konfrontiert, wird den so gewonnenen Blickwinkel an den Artikel der Klägerin ansetzen und mithin die von ihr angebotene Leistung zunächst mit verringerter Wertschätzung bedenken, da er an der journalistischen Leistung der Klägerin zweifeln kann. Dadurch können die Reichweite der Werbung und auch die Verbreitung des Artikels der Klägerin erheblich eingeschränkt werden; dies ist letztlich sogar eines der Ziele der Faktenprüfung. Diese Herabsetzung müsse die Klägerin bei einer Gesamtabwägung der beteiligten Interessen nicht hinnehmen.

Correctiv hatte im Streitfall also unter dem Applaus öffentlich-rechtlicher Medien keine Fakten gecheckt, sondern eine Meinung.

Meine Absicht, auf diesem schließlich erfolgreichen Wege gegen unlautere Faktenchecks vorzugehen, hatte ich am 15.05.2019 in der Sitzung des Ausschusses für Recht und Verbraucherschutz des Deutschen Bundestages (vgl. Wortprotokoll der 52. Sitzung, Seite 21) sowie in meiner vorangehenden gutachterlichen Stellungnahme, die unter bundestag.de abrufbar ist, bereits angekündigt.

Warum dieses Grundsatzurteil so wichtig ist

Ein Beispiel der gebührenfinanzierten Berichterstattung über dieses richtungsweisende Urteil hat sich eine besondere Würdigung verdient.

Am 30.05.2020 griff der Deutschlandfunk die Entscheidung auf und strahlte ein Interview mit dem Titel »Twitterstreit: Meinungsfreiheit und Faktencheck« aus, das sich in den letzten zwei Minuten auch mit dem geschilderten Prozess »Tichys Einblick gegen Correctiv« befasste. Dieses Gespräch lieferte dem Gebührenzahler keine sorgfältig recherchierte journalistische Information über eine sehr wichtige und grundlegende Entscheidung zu einer bislang unbeantworteten Rechtsfrage, sondern bot dem Verlierer ein Forum, die Niederlage zu bagatellisieren und zu kontextualisieren. Es ist nicht der erste vergleichbare Fall, in dem der Sender in diesem Themenbereich journalistisch versagt. Interviewt wurde ein Till Eckert von Correctiv, eine journalistisch übliche Interviewanfrage bei Tichys Einblick, dem Prozessgegner, gab es nicht. So viel zum elementaren journalistischen und juristischen Prinzip *audiatur et altera pars*, man höre auch die andere Seite. Ausgerechnet Till Eckert, einer der beiden Verfasser des Faktenchecks, der vom Oberlandesgericht als rechtswidrig verboten wurde, wird interviewt. Allerdings erfahren die Hörer davon nichts. Ein Hinweis des Deutschlandfunks auf diesen Umstand erfolgte nicht. Die Moderatorin des DLF, Stephanie Rohde, wechselt im Gespräch zwischen »Sie« und »Du« hin und her, was eine persönliche Vertrautheit der Journalistin mit dem Befragten andeutet. Einem persönlich Bekannten wird hier ohne vollständige Transparenz die Möglichkeit eingeräumt, eine demütigende Prozessniederlage schönzureden.

Die Interviewerin wollte von dem Verfasser des gerichtlich verbotenen Faktenchecks wissen, ob sich das Urteil auf zukünftige Faktenchecks von Correctiv auswirke. Eckerts trotzige Antwort: »Nein, das wirkt sich nicht aus. Wir arbeiten wie gehabt weiter und warten erst mal die genaue Begründung des Gerichts ab.«

Falsch. Es kann zwar sein, dass Correctiv das Urteil ignoriert und weitermacht wie gehabt. Richtig ist aber, dass die Entscheidung richtungsweisend ist und ganz erhebliche Auswirkungen auf zukünftige Faktenchecks hat. Stark umstritten war in dem Prozess nämlich auch, ob die Handlungen von Correctiv als gemeinnütziger GmbH auch den strengen Regeln des deutschen Wettbewerbsrechts unterliegen. Das Oberlandesgericht hat dies bejaht und damit eine Zeitenwende eingeleitet. Jede Bewertung des journalistischen Inhalts eines Wettbewerbers durch Correctiv kann von jetzt an Correctiv auch von anderen Medien untersagt werden, wenn sie irreführend, herabsetzend, behindernd, also wettbewerbswidrig ist.

Wir haben das erste Verfahren überhaupt geführt und gewonnen, in dem Faktenchecks wettbewerbsrechtlich angegriffen und als rechtswidrig verboten wurden.

Correctiv-Chef auf neuen Pfaden

Kann es sein, dass Markus Wiegand schon 2017 völlig richtiglag, als er in »Märchenstunde mit David Schraven« auf kress.de schrieb (»Kress hat sich erlaubt, das Rechercheportal Correctiv kritisch zu hinterfragen. Dann traf uns der Zorn des Gründers«):

> »Früher hatte ich den Eindruck, dass er ein aufrechter Kämpfer für den investigativen Journalismus in Deutschland ist. Heute habe ich den Eindruck, dass David Schraven vor allem ein aufrechter Kämpfer für seine Eigeninteressen ist und sich mit vielem, was er tut, im Widerspruch zu dem bewegt, wofür er in den Augen vieler steht: Freiheit der Presse, Fairness gegen Kollegen, Unabhängigkeit.«

Correctiv selbst, und das hat natürlich immenses Gewicht, schildert sein und Schravens Tun ganz anders:

> »Unsere Demokratie ist in Gefahr: Populismus, Machtmissbrauch und Korruption bedrohen unser soziales Miteinander. Wir begegnen den Herausforderungen – gemeinsam mit Ihnen.«

Der letzte Satz heißt übersetzt: »Haste mal nen Euro?«, denn »Fördern Sie unabhängigen Journalismus« steht gleich daneben, und schon ist man auf der Spendenseite von Correctiv gelandet.

Schraven hat mittlerweile vorgesorgt, falls Facebook seine verurteilte Firma fallen lässt wie eine heiße Kartoffel oder die in die Firma fehlinvestierten Steuermillionen ausbleiben. Denn neben der Faktencheckerei will er jetzt auch noch mit der »Organisation und Durchführung von Bewirtungsaktivitäten und der Organisation und Durchführung von Immobiliengeschäften« die Akkumulation von Kapital betreiben.

Mitte Mai 2020 stand plötzlich die Frage im Raum, ob Schraven auf Gastwirt oder Makler umsattelt. Im malerischen Bottrop hatte sich unter der Handelsregisternummer HRB 15581 am 23.01.2020 die Marktviertel Cafe UG (haftungsbeschränkt) konstituiert. Gegenstand der Gesellschaft: Organisation und Durchführung von Bewirtungsaktivitäten – Handel mit Bewirtungsprodukten – Organisation und Durchführung von Immobiliengeschäften. Ein neuer Meilenstein der Unternehmensgruppe Schraven. Geschäftsführer bei Unternehmensgründung: Sonja Schraven[42], David Schraven und Christina Berger, Bottroper allesamt. Aktuell betreibt die neueste Gesellschaft des umtriebigen Schraven allerdings nur einen Kaffeewagen (»Ein Kaffeewagen soll das Bottroper Marktviertel wachküssen«, berichtet die WAZ am 24.07.2020).

Ab 2020 lastet also auf den Schultern des in Bottrop weltbekannten Faktencheckers (frei nach Henryk M. Broder) eine doppelte, ja dreifache Verantwortung. Fakten checken, Kaffee ausschenken und mit Immobiliendeals weitere Sympathiepunkte sammeln. Haben diese Planungen des umtriebigen Schraven dazu geführt, dass er erneut mit dem Gesetz in Konflikt gerät, waren sie auch die Ursache für die zahlreichen ordnungsgeldbewehrten Verstöße gegen die Publizitätspflichten des Handelsrechts durch seine anderen Gesellschaften?

Schraven kann im Rahmen der Gesetze Geld verdienen, womit immer er möchte. Allerdings sollte er, dessen »CORRECTIV – Recherchen für die Gesellschaft gemeinnützige GmbH« die erheblichen Privilegien der Gemeinnützigkeit genießt, mit dieser Firma und ihrer 100-prozentigen Tochtergesellschaft »CORRECTIV – Verlag und Vertrieb für die Gesellschaft UG« die sich aus dem Handelsrecht ergebenden Pflichten erfüllen wie andere Kleingewerbetreibende auch. Erst recht, wenn seine Gesellschaften schon Spenden in Millionenhöhe erhalten haben und sogar der Steuerzahler über die Bundeszentrale für politische Bildung in Schravens Kasse einzahlt. Schon 2015 erhielt Correctiv erstmals Geld vom Steuerzahler, wie sich aus der Antwort der Bundesregierung auf eine kleine Anfrage ergibt.

> »Die Bundeszentrale für politische Bildung (BpB) hat Correctiv erstmals im April 2015 gefördert ... Der Antragsteller hat seitdem mehrere fachlich überzeugende Projektanträge eingereicht und in diesem Zusammenhang Förderungen der BpB erhalten.«

An derselben Stelle findet sich auch die nachstehende Information der Bundesregierung:

> »Vor einer Förderung prüft die BpB Projekt und Projektträger und berücksichtigt die Ergebnisse dieser Prüfung bei der Förderentscheidung. Im Falle von Correctiv hat diese Prüfung kein Verhalten des Projektträgers offengelegt, das der Förderentscheidung hätte entgegenstehen können.«

Ob das immer noch gesagt werden kann, wenn zahlreiche Verletzungen der handelsrechtlichen Publizitätspflichten festgestellt werden, bleibt abzuwarten.

Die gemeinnützige GmbH bildet mit der »Correctiv – Verlag und Vertrieb für die Gesellschaft UG« einen Konzern. Sie ist Alleingesellschafterin dieser rein gewerblich tätigen Tochter.

Dass eine die Privilegien der Gemeinnützigkeit ausnutzende Gesellschaft völlig einschränkungslos durch eine 100%ige Tochter am Geschäftsverkehr teilnehmen kann und ihr auch die Erträge dieses nicht gemeinnützigen Tuns zufließen dürften, ist auffällig.

Fragwürdige Darlehen

Die gemeinnützige Correctiv gGmbH gewährt ihrer gewerblichen Tochtergesellschaft sechsstellige Darlehen. In ihren Bilanzen (Anlagevermögen) werden für 2017 Ausleihungen an verbundene

Unternehmen in Höhe von 137 223,00 Euro und für 2018 in Höhe von 87 223,00 Euro ausgewiesen. Laut § 3 Abs. 5 des Gesellschaftsvertrags (Gemeinnützigkeit) ist dies wohl unzulässig, danach setzt die Beschaffung von Mitteln für eine unbeschränkt steuerpflichtige Gesellschaft des privaten Rechts voraus, dass diese selbst steuerbegünstigt ist. Das trifft auf die Tochtergesellschaft nicht zu. In diesen Darlehen ist also eine Mittelbeschaffung zu sehen, da sich die UG die Mittel nicht zu Marktkonditionen bei Banken beschafft. Darin, dass die UG nicht steuerbegünstigt ist, liegt ein offensichtlicher Satzungsverstoß, der für die Gemeinnützigkeit unmittelbar relevant ist.

Konkret: Correctiv kassiert Spenden in Millionenhöhe. Die Spender werden damit angelockt, dass mit dem Geld unsere Demokratie, die »in Gefahr« sei, gerettet werde. Wie würden die Spender reagieren, wenn sie davon erfahren, dass Schraven das Geld seiner Tochtergesellschaft satzungswidrig zur gewerblichen Geschäftemacherei ausleiht? Was passiert im Falle von deren Insolvenz? Ist keine Bank bereit, der Tochter Geld zu leihen? Wenn nein, warum nicht? Betreibt Correctiv jetzt auch noch Bankgeschäfte? Welchen Zinssatz zahlt die UG? Welche Sicherheiten wurden gestellt?

Satzungs- und Rechtsverstöße en masse

Die Gewinnrücklagen der gemeinnützigen GmbH stellen sich wie folgt dar: 2016: 115 663,00 Euro, 2017: 230 386,00 Euro, 2018: 313 992,00 Euro.

Diese Ansparung von Mitteln entspricht nicht der Satzung und auch nicht der Gemeinnützigkeit. Zu diesen Gewinnrücklagen sind ferner die rund 200 000,00 Euro hinzuzuaddieren, die mittels Darlehen an die Tochter dauergeparkt werden. Gegenwärtig ist von so erheblichen Gesamtrücklagen auszugehen, dass eine Aberkennung der Gemeinnützigkeit drohen könnte. Denn laut § 11 Abs. 2 Gesellschaftsvertrag ist nur eine begrenzte Bildung von Rücklagen erlaubt.

Dazu kommen die wiederholten strafbewehrten Verstöße der Correctiv gGmbH und ihrer Tochtergesellschaft gegen die gesetzlichen Publizitätspflichten.

Beide Firmen mussten ihren festgestellten Jahresabschluss 2016 bis zum Ablauf der gesetzlichen Frist am 31.12.2017 offenlegen, den Jahresabschluss für 2018 bis zum 31.12.2019. In den im Unternehmensregister (Abruf 02.05.2020) publizierten Jahresabschlüssen heißt es jeweils für 2016: »Angaben zur Feststellung: Der Jahresabschluss wurde zur Wahrung der gesetzlich vorgeschriebenen Offenlegungsfrist vor der Feststellung offengelegt.« Das ist doppelt falsch. Eine Hinterlegung ist keine Offenlegung und ein nicht festgestellter Jahresabschluss wahrt die Offenlegungsfrist nicht. Zu 2018 heißt es dort: »Angaben zur Feststellung: Der Jahresabschluss wurde vor der Feststellung offengelegt.« Die gesetzliche Frist wird hierdurch jeweils **nicht** gewahrt. Zu Publizieren ist der **festgestellte** Jahresabschluss, nicht ein vorläufiges Zahlenwerk, das rechtlich keinerlei Relevanz hat. Man darf zwar zur Fristwahrung vorläufig einreichen, muss dann aber den festgestellten Jahresabschluss nachreichen. Das war bis zum 02.05.2020 nicht geschehen. Und zwar weder für die Jahresabschlüsse 2016 noch für die Jahresabschlüsse 2018 (jeweils beider Gesellschaften).

Nach § 335 Handelsgesetzbuch (HGB) ist gegen den Geschäftsführer wegen des pflichtwidrigen Unterlassens der rechtzeitigen Offenlegung vom Bundesamt für Justiz ein Ordnungsgeldverfahren durchzuführen. Das Ordnungsgeld beträgt mindestens 2500,00 Euro und höchstens 25 000,00 Euro, § 335 Abs. 1 HGB. Ist sichergestellt, dass diese Geldstrafen nicht auch noch aus den Spenden beglichen werden? Sodass der Steuerzahler die Strafe am Ende an sich selbst zahlt?

Soweit am 08.05.2020 eine neue Bilanz mit Feststellungsdatum für die Tochtergesellschaft hinterlegt wurde, war diese unwirksam, weil sie, wie schon in den Vorjahren, lediglich von einem Geschäftsführer unterzeichnet wurde. Dies stellt einen – weiteren – bußgeldbewehrten Verstoß gegen das HGB, nämlich § 334 Absatz 1 Nummer

1 Buchstabe a HGB i. V. m. § 245 HGB, dar (Unterzeichnung: »Sind mehrere persönlich haftende Gesellschafter vorhanden, so haben sie alle zu unterzeichnen«).

Faktenchecker *non calculat* wäre angesichts dieses beschämenden Befundes dann doch ein rechter Euphemismus.

Die weithin unbekannte Tochter »CORRECTIV – Verlag und Vertrieb für die Gesellschaft UG (haftungsbeschränkt)« ist rechtlich eine selbstständige Gesellschaft mit beschränkter Haftung, die so lange UG heißt, wie ihr Eigenkapital das für eine GmbH vorgeschriebene Mindestkapital von 25 000,00 Euro nicht erreicht. Ein ganz kleiner Fisch also? Mitnichten, denn ausgerechnet an diese gewerblich tätige Tochter fließen nach Konzernangaben (siehe: Übermedien »Faktencheck mit Haken: Das Facebook-Dilemma von Correctiv«, 12.12.2019) die Facebook-Honorare:

> »Über die Höhe der Finanzierung sagen wir nichts, da diese Arbeit und Zahlung über die gewerbliche Tochterfirma von Correctiv abgewickelt wird. Und nicht über die gemeinnützige Organisation, für die das Redaktionsstatut bindend ist.«

Eine bemerkenswerte Spiegelfechterei. Die gewerbliche Firma macht die Arbeit, richtet über journalistische Inhalte, meistens von politischen Gegnern, und erhält dafür Geld von Facebook. Die Stigmatisierung mit »falsch« nimmt aber die gemeinnützige gGmbH vor, die vorgaukelt, sie selbst hätte sich in den Kampf gegen Populismus, Machtmissbrauch und Korruption geworfen. Ist auch das irreführend und damit rechtswidrig? Wird hier beim Spendeneinwerben über die eigene Leistung getäuscht?

Durch diesen Etikettenschwindel werden die Öffentlichkeit und vermutlich auch Spender geschickt hinter die Fichte geführt. Weil die UG als gewerbliche Gesellschaft weder dem Gemeinnützigkeitsrecht noch dem Redaktionsstatut unterliegt, ist sie völlig frei und kann ihrem Geschäftsführer David Schraven ein saftiges Gehalt zahlen, das neben seine sechsstellige Vergütung als Geschäftsführer für die gGmbH träte. Und solange die UG keine Gewinne macht, wird sie ihre Umsätze unabhängig von deren Höhe niemals offenlegen müssen. Es werden in den freiwilligen Angaben auf der Homepage der gGmbH die Zahlungen von Facebook verschwiegen. Während im Ausland Transparenz herrscht, hält Schraven ohne eine plausible Erläuterung für seine Geheimnistuerei dicht. Aber man wird in englischen und französischen Quellen fündig.

Was kassiert Correctiv pro Faktencheck?

Full Fact, der englische Counterpart von Correctiv, hat im Juli 2019 einen Report angefertigt, der es in sich hat. Auf dessen Seite 16 wird die Vergütung erläutert: Full Fact erhielt für Faktenchecks im 1. Halbjahr 2019 $ 171 800,00 für 96 Faktenchecks, also 1790,00 $ pro Fall. Auf Seite 27 des Berichts wird die Empfehlung von Facebook offenbart, bei Mangel an Gegenbeweisen das »mixture-rating«, wie zum Beispiel: »TEILWEISE FALSCH« oder »UNBELEGT«, zu verwenden. Also Hauptsache gestempelt und Geld verdient.

Hier die Zahlungen im Jahr 2018 für *Liberation,* den französischen Counterpart von Correctiv: Für 249 Faktenprüfungen gab es in 2018 245 000,00 $, 983,00 $ pro Faktencheck. Im gesamten Jahr 2019 zahlte Facebook 294 400,00 $ für 165 Faktenchecks an Fullfact, also 1790,00 $ pro Faktencheck.

Die Summe pro Faktencheck für Deutschland dürfte eher bei den englischen Sätzen liegen, da Correctiv hier bis Mitte 2019 eine Monopolstellung als Faktenprüfer für Facebook innehatte. Die Sätze wurden zuletzt Ende 2018 deutlich angehoben.

Satzungsverstöße, Verurteilungen wegen Verstößen gegen das Wettbewerbsrecht, das Faktenchecken von Meinungen, Täuschung der Öffentlichkeit darüber, wer die Fakten checkt, Spendengelder, die an die gewerbliche Tochter verliehen werden, Verstöße gegen die handelsrechtlichen Publizitätspflichten, das Unvermögen, die Jahresabschlüsse korrekt zu unterschreiben – es bleibt abzuwarten, ob dies Auswirkungen auf die Gemeinnützigkeit haben wird. Da fällt es schon kaum noch ins Gewicht, dass Schraven vor Gericht wahrheitswidrig vortrug, Correctiv sei zertifiziert, als das gar nicht zutraf, und indiskutable Attacken auf die Meinungs- und Pressefreiheit ritt. Übrigens: Das zuvor behandelte Urteil, das Correctiv einen Faktencheck als rechtswidrig verbot, blieb nicht das einzige.

Abschließen wollen wir das unrühmliche Kapitel Correctiv und Schraven mit seinem wohl berühmtesten Leistungsnachweis, einem unvergessenen Beleg seiner journalistischen Extraklasse. Seine Könnerschaft bewies er als Geschäftsführer von Correctiv schon zur US-Wahl 2016, womit er sich bundesweit und über alle Medien hinweg unsterblich gemacht hat. Das war, als er Hillary Clinton zur Siegerin der US-Präsidentschaftswahl 2016 erklärte. Am Morgen nach der Wahl schickte Schraven nicht nur das US-Wahlergebnis per Newsletter in die Welt:

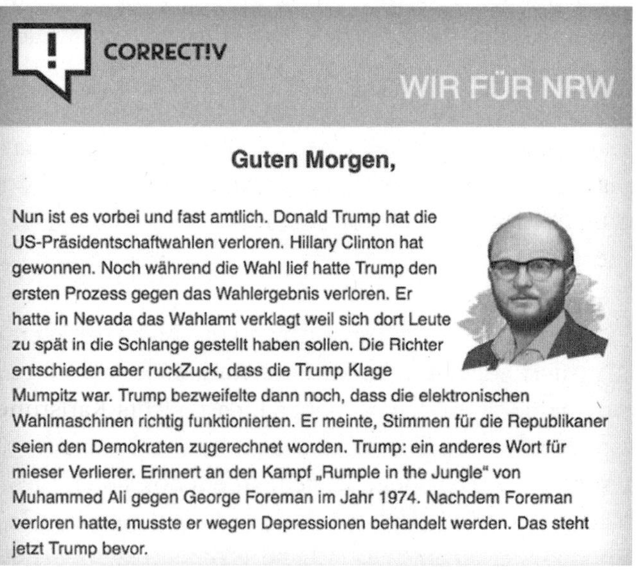
CORRECT!V

WIR FÜR NRW

Guten Morgen,

Nun ist es vorbei und fast amtlich. Donald Trump hat die US-Präsidentschaftwahlen verloren. Hillary Clinton hat gewonnen. Noch während die Wahl lief hatte Trump den ersten Prozess gegen das Wahlergebnis verloren. Er hatte in Nevada das Wahlamt verklagt weil sich dort Leute zu spät in die Schlange gestellt haben sollen. Die Richter entschieden aber ruckZuck, dass die Trump Klage Mumpitz war. Trump bezweifelte dann noch, dass die elektronischen Wahlmaschinen richtig funktionierten. Er meinte, Stimmen für die Republikaner seien den Demokraten zugerechnet worden. Trump: ein anderes Wort für mieser Verlierer. Erinnert an den Kampf „Rumple in the Jungle" von Muhammed Ali gegen George Foreman im Jahr 1974. Nachdem Foreman verloren hatte, musste er wegen Depressionen behandelt werden. Das steht jetzt Trump bevor.

Schravens »Rumple in the Jungle« war möglicherweise die Inspiration für Baerbocks in Südafrika beschworenen »Bacon of Hope«, den »Schinken der Hoffnung«.

Wie Facebook die Faktenchecks verteidigt

Zur Klärung der wichtigen Rechtsfragen in Zusammenhang mit der Zulässigkeit der Faktenchecks in sozialen Medien haben wir auch Prozesse gegen Facebook geführt, in denen das Unternehmen in den Schriftsätzen Bemerkenswertes vortragen ließ.

Der Vortrag ist durchzogen von Erwägungen, wie Facebook zum Wohle eines zivilen Diskurses und zur Verbesserung des Informations- und Debattenniveaus, der demokratischen Mündigkeit der Bürger usw. in Deutschland und weltweit, von Altruismus geprägt, mit Falschinformationen umgehen wolle und müsse. In den von Meta veröffentlichten »Grundgedanken« zur Richtlinie über Falschmeldungen (Stand 14.07.2023) heißt es:

> »Fehlinformationen unterscheiden sich von anderen Arten der Meinungsäußerung, die in unseren Gemeinschaftsstandards behandelt werden, da es keine Möglichkeit gibt, eine umfassende Liste dessen zu erstellen, was verboten ist.«

Bereits das kann nur noch Kopfschütteln auslösen. Denn hier wird die Fehlinformation als eine »Art der Meinungsäußerung« bezeichnet. Rufen wir uns noch einmal das Oberlandesgerichts Karlsruhe in Erinnerung.

»Im Wettbewerb der Meinungen fehlt ein objektiver Maßstab für die Einteilung in ›richtig‹ und ›falsch‹, ›gut‹ oder ›schlecht‹; Meinungsbildungen und Wertungen sind subjektive Vorgänge. Für den Staat gilt daher eine Neutralitätspflicht im publizistischen Wettbewerb: Er darf nicht bestimmte Meinungen oder Tendenzen durch Förderung begünstigen oder benachteiligen.«

Und Meta, wie der Staat, allerdings nur mittelbar, an die Grundrechte gebunden, darf das auch nicht. Wenn »Fehlinformationen« eine Meinung sind, dann kann ein monopolistisches Unternehmen, das in derartig weitgehendem Ausmaß die Rahmenbedingungen öffentlicher Kommunikation übernimmt und damit in Funktionen eintritt, die früher dem Staat als Aufgabe der Daseinsvorsorge zugewiesen waren, dies auch nicht. Dies muss, so Bundesgerichtshof und Bundesverfassungsgericht, bei der Auslegung der Nutzungsbedingungen berücksichtigt werden. Weiter liest man bei Meta:

> »Bei Fehlinformationen hingegen können wir eine solche Grenze nicht ziehen. Die Welt ändert sich kontinuierlich, und was in der einen Minute wahr ist, kann in der nächsten Minute schon wieder nicht mehr stimmen.«

Das stimmt, und das hat man ganz besonders deutlich bei der Corona-Pandemie gesehen. Was Facebook & Co nicht davon abhielt, zu löschen auf Teufel komm raus.

In einem der wegen unzulässiger Faktenchecks gegen Meta betriebenen Verfahren trägt die das Unternehmen vertretende Großkanzlei vor:

> **»Dass die Bewertung der Faktenprüfer** von Correctiv – wie das Landgericht zutreffend erkannt hat… – **im Ergebnis eine Meinung und keine Tatsachenbehauptung darstellt**, ist ebenfalls nicht zu beanstanden.«

Das ist in etwa so, als wenn ein Schüler 6 + 6 addiert und auf 13 kommt und dem Lehrer, der behauptet, das sei falsch, antwortet:

»Yeah? Well, you know, that's just like uh, your opinion, man.«

Ein Zitat des ehrenwerten Jeffrey Lebowski (»The Dude«) aus »The Big Lebowski«.

Ob man diesen prozessualen Fehler und die Ungeheuerlichkeit dieser Aussage tatsächlich übersehen hat, vermag ich nicht zu sagen.

Fest steht, dass die US-Anwälte des IT-Riesen in einem am 29.11.2021 vor dem United States District Court Nothern District of California, in Sachen *Stossel vs Facebook Inc. et al.*, CASE NO.: 5:21-cv-07385, in Bezug auf identische Faktenchecker-Markierungen vorgetragen haben:

> »The labels themselves are neither false nor defamatory; to the contrary, they constitute protected opinion.«

Die dortigen Markierungen der Faktenchecker seien weder falsch noch verleumderisch, sie seien im Gegenteil von der in der Verfassung verbürgten Meinungsfreiheit geschützt. Wenig später beruft sich das Unternehmen in dem Schriftsatz ausdrücklich auf den ersten Verfassungszusatz, der die Meinungsfreiheit in den Vereinigten Staaten garantiert.

Dort ging es um eine identische, lediglich in englischer Sprache gehaltene Version einer solchen Markierung:

Fehlender Kontext. Laut unabhängigen Faktenprüfern könnten diese Informationen irreführend sein.

Grund ansehen

Kopiert habe ich diese Markierung aus einem Antrag auf Erlass einer einstweiligen Verfügung gegen Facebook, der in der Rechtsmittelinstanz vor dem Oberlandesgericht Karlsruhe zu dem erwünschten Verbot führte. Als missverständlich erweist sich nach Einschätzung des Gerichts die Einordnung des Hinweises als »Faktenprüfung« mit der Mitteilung, die Informationen könnten »irreführend« sein insbesondere, weil hier im Kern gerade nicht das bloße Ergebnis einer Prüfung von Tatsachenfragen mitgeteilt wird, sondern – durch ein Werturteil – die Qualität der betroffenen Berichterstattung deshalb kritisiert werden soll, weil diese Kontext nicht angebe, dessen Darstellung zur Ermöglichung einer Bewertung der in Rede stehenden Vorgänge durch die Leser nach Ansicht von Facebook und ihres Faktenprüfers Correctiv geboten gewesen wäre. Dadurch würden nach der Auffassung des 6. Zivilsenats des Oberlandesgerichts die Äußerungen der Faktenprüfung und die Einträge einfacher Nutzer – wie der Klägerin – in ein Hierarchieverhältnis gestellt, das der besonderen Rechtfertigung bedürfe, wenn es sich um Meinungen handele.

Soweit das Vorbringen von Facebook, wonach eine Tatsache eine Meinung und eine Meinung eine Tatsache sei, ihre Faktenchecker somit, egal, ob diese Tatsachen bewerten oder Meinungen diskreditieren, immer und stets unter dem Schutze des Art. 5 Abs. 1 Satz 1 des Grundgesetzes (Meinungsfreiheit) operieren und somit jeglicher Haftung entgehen, entwerfen diese Ausführungen eine orwellesque Dystopie, die sehr gut zu dieser beunruhigenden Passage aus einer Version der AGB des Unternehmens passt:

> »Wir möchten eine besser informierte Gemeinschaft aufbauen und die Verbreitung von Falschmeldungen mithilfe verschiedener Methoden reduzieren, u. a. durch Folgendes:
> ...
> Verwendung verschiedener Signale, einschließlich Feedback unserer Nutzerinnen und Nutzer, mit denen wir ein Machine Learning-System trainieren, das voraussagt, welche Meldungen falsch sein könnten ...«

Das erinnert an *Minority Report* mit Tom Cruise, ein Film, in dem zukünftige Verbrechen durch Präkognition verhindert werden. Präkognition ist die wissenschaftlich nicht nachgewiesene Fähigkeit, ein zukünftiges Ereignis oder einen Sachverhalt vorherzusagen, ohne rationales Wissen. Die Kausalität ist aufgehoben, weil die Präkognition zeitlich vor dem Ereignis liegt. Historisch wird die Methode als Wahrsagen bezeichnet. Ob Wahrsager tatsächlich zukünftige Ereignisse vorhersagen können, ist seit dem 18. Jahrhundert nicht mehr Gegenstand wissenschaftlicher Diskussion. Möglicherweise ändert sich das aufgrund der AGB von Meta in Zukunft, die rechtswissenschaftliche Debatte über die Wahrsagerei zu »Falschmeldungen« erscheint jedenfalls nach mehreren Jahrhunderten erneut eröffnet.

Gericht verbietet Faktenchecks der *tagesschau*

Zu welchen journalistischen Leistungsergebnissen die 220,36 Euro *Demokratieabgabe* führen, die Sie seit August 2021 an die öffentlichen-rechtlichen Sender abzuführen gezwungen sind, zeigt das nachfolgende Beispiel sehr anschaulich.

Die umstrittene Amadeu Antonio Stiftung (AAS) wird über das Bundesprogramm »Demokratie leben!« des Bundesministeriums für Familie, Senioren, Frauen und Jugend mit öffentlichen Mitteln in Millionenhöhe gefördert. Bei der Gründerin und langjährigen Vorsitzenden der AAS, Annetta Kahane, handelt es sich um eine ehemalige Stasimitarbeiterin.

Die AAS veröffentlichte am 02.08.2022 einen Artikel über den früheren Chefredakteur der *BILD*-Zeitung, Julian Reichelt. In dem Text zitiert sie Reichelt mehrfach in Anführungsstrichen. Nur die Zitate, mit denen man Reichelt u. a. die Verwendung des Begriffs »Klimadiktatur« unterschob, waren frei erfunden. Das Landgericht Hamburg verbot der Amadeu Antonio Stiftung (AAS) das falsche Zitat mit einstweiliger Verfügung. Zur freiwilligen Abgabe einer Unterlassungserklärung war das steuersubventionierte Konstrukt nicht bereit. Stattdessen verteidigte man sich vor Gericht mit dem Argument, ein Zitat sei kein Zitat, nur weil sich »Klimadiktatur« in Anführungsstrichen befinde. Ja, was soll man da noch sagen?

Nur drei Tage nachdem der Artikel der AAS erschienen war, fand sich dasselbe erfundene Zitat in einem Artikel der Wiener Tageszeitung *Der Standard*. Die Zeitung gab eine Unterlassungserklärung ab. Dass die Wiener, statt zu recherchieren einfach von der linkslastigen AAS abgeschrieben haben, dürfte sich kaum widerlegen lassen.

Weitere zweieinhalb Wochen später, am 22.08.2022, veröffentlichten die sogenannten »Faktenfinder« der *tagesschau* einen Artikel über Reichelt, in dem wiederum das zuerst von der Amadeu Antonio Stiftung und dann vom *Standard* rechtswidrig verbreitete und frei erfundene Zitat auftauchte. Es stellt sich hier die interessante Frage, bei wem die »Faktenfinder« der *tagesschau* ohne eigene Prüfung oder Recherche abgeschrieben haben: bei der sehr linkslastigen AAS (wahrscheinlich) oder beim Wiener *Standard* (vermutlich eher nicht). Ergibt sich daraus, welche Quellen die Mitarbeiter der Nachrichtensendung als so vertrauenswürdig erachten, dass sie selbst als öffentlich-rechtliche Faktenfinder eine Prüfung dieser vermeintlich glaubwürdigen Quelle als entbehrlich erachtet haben?

Auch die von Gebührengeldern finanzierte *tagesschau* wählte statt einer deutlich kostengünstigeren Unterlassungserklärung für ihre Fehlmeldung die kostenintensivere Lösung. Man kassierte ebenfalls eine einstweilige Verfügung des Landgerichts Hamburg, die man dann als endgültige Regelung anerkannte. Das Verbot gegen die *tagesschau* ist damit rechtskräftig. Es war nicht der erste Titel, den wir gegen die Faktenfinder der Nachrichtensendung wegen falscher Faktenchecks erwirkt haben.

NewsGuard – Protagonisten des staatlich-industriellen Zensurkomplexes

NewsGuard ist eine »Vertrauensbewertungs- und Rating-Organisation« für Nachrichtenseiten mit Sitz in den USA und hat zumindest zeitweise Finanzmittel aus dem Haushalt der US-Bundesregierung und sogar unmittelbar vom Verteidigungsministerium der USA, dem Pentagon, erhalten. Das Unternehmen bezeichnet sein Angebot als »Vertrauensbewertung« von Nachrichten. Unter https://www.newsguardtech.com/de/solutions/newsguard-ratings/ bewirbt man sein Angebot so:

NewsGuard Ratings

Vertrauensbewertungen für Nachrichten – von Menschen produziert, nicht von Künstlicher Intelligenz

Unsere geschulten Journalistinnen und Journalisten haben sämtliche Nachrichtenquellen, die für 95% der Online-Interaktionen mit News-Content in sozialen Netzwerken verantwortlich sind, bewertet und überprüft.

Jede Website wird anhand von neun grundlegenden, unpolitischen Kriterien aus der journalistischen Praxis bewertet. Auf der Grundlage dieser neun Kriterien erhält jede Website eine Gesamtbewertung von Grün (im Allgemeinen vertrauenswürdig) oder Rot (im Allgemeinen nicht vertrauenswürdig) und eine Vertrauensbewertung von 0 bis 100 Punkten. Hinzu kommt ein detaillierter Mediensteckbrief, in dem erklärt wird, wer hinter der Website steht, welche Art von Inhalten sie veröffentlicht und warum sie ihre Bewertung erhalten hat – mit konkreten Beispielen für nicht vertrauenswürdige Inhalte, die unser Team gefunden hat.

Die Daten von NewsGuard helfen einzelnen Nutzerinnen und Nutzern, aber auch Behörden, Unternehmen und Organisationen bei der Bekämpfung von Fehlinformationen und der Förderung von Medienkompetenz durch Datenintegration und andere Partnerschaften.

Als Abnehmer ihrer Ratings bezeichnet NewsGuard Unternehmen, Institutionen und Behörden.

Anwendungsbereiche

NewsGuard ermöglicht es einer Vielzahl von Unternehmen, Institutionen und Behörden, Fehlinformationen zu bekämpfen und vertrauenswürdige digitale Umgebungen zu schaffen.

Diese »vertrauenswürdige digitale Umgebung« soll als Lizenzmodell vertrieben werden. Das Geschäftsmodell setzt darauf, so die Computerzeitschrift *wired*, dass

»... tech companies that already dictate much of the world‹s information diet will license their nutrition labels in some form«.[43]

Der im vorliegenden Zusammenhang eigentlich fernliegende Begriff *Nutrition Label* (»Nährwertkennzeichnung«) wird von NewsGuard tatsächlich für ihre Ratings von Medien-Webseiten verwendet. Die Begriffe »Nährwert« und »Diät« deuten einen Zusammenhang mit gesundheitsrelevanten Informationen an, der vorliegend tatsächlich und in kurioser Weise vorhanden ist: Denn den größten Anteil an der amerikanischen Muttergesellschaft, der NewsGuard Technologies Inc., hält der internationale Marketing-Konzern Publicis Group, der insbesondere in den USA für bedeutende Pharmakonzerne tätig ist.

NewsGuards strukturelle Korruption

Publicis ist in den USA angeklagt, aus Profitinteressen mit massiven Marketing-Kampagnen für das Herstellerunternehmen des stark süchtig machenden Schmerzmittels »Oxycontin« Hunderttausende Menschen in die Drogenabhängigkeit getrieben zu haben. Die 68-seitige Anklageschrift des Generalstaatsanwalts von Massachusetts ist auf der Regierungsseite des Bundesstaates Massachusetts unter https://www.mass.gov/doc/publicis-complaint/download veröffentlicht. In Deutschland fällt das Produkt »Oxycontin« unter das Betäubungsmittelgesetz, der US-Hersteller wurde in den USA aufgrund der Verschleierung der Suchtpotenzials bereits zu einer Multimillionen-Dollar-Strafe verurteilt.[44] Dieser Hintergrund verdeutlicht das Ausmaß der Gefahren, die von der Ankündigung von Publicis ausgehen, man wolle sich künftig »die Bewertungen von NewsGuard zu eigen zu machen, wenn es darum geht, auf welchen Websites Pharmakonzerne werben«.

MediaDailyNews

Publicis Integrates 'Disinformation' Ratings Into Programmatic Buys, To Power Public Health Campaign

by Joe Mandese @mp_joemandese, May 25, 2021

Die obige Einblendung ist dem Bericht https://www.mediapost.com/publications/article/363603/publicis-integrates-disinformation-ratings-into.html entnommen, in dem die Präsidentin von Publicis Health Media mit den Worten zitiert wird: »Today, misinformation in the healthcare sector means life or death« (»Fehlinformationen im Gesundheitswesen entscheiden heute über Leben oder Tod«), eine Beurteilung, zu der die Großgesellschafterin von NewsGuard sicherlich wie keine Zweite in der Lage ist. Weiter zitiert der Bericht die Präsidentin von Publicis Health Media mit den Worten:

> »Being able to leverage NewsGuard's suite of tools has been critical to ensure consumers better understand COVID-19 and are able to find reliable health information as they browse online. We have an obligation to restore the accuracy and trustworthiness of content in all aspects of our industry.« (»Die Möglichkeit, die Tools von NewsGuard zu nutzen, war entscheidend, um sicherzustellen, dass die Verbraucher COVID-19 besser verstehen und zuverlässige Gesundheitsinformationen finden, wenn sie online surfen. Wir haben die Pflicht, die Genauigkeit und Vertrauenswürdigkeit von Inhalten in allen Bereichen unserer Branche wiederherzustellen.«)

Die zitierte Einschätzung macht deutlich, dass es offenbar möglich ist, die Vorstellung *nicht* für beängstigend zu halten, dass ein Marketing-Konzern, der selbst angeklagt ist, aus Profitgier Schmerzpatienten in die Drogensucht getrieben zu haben, maßgeblicher Anteilseigner einer Firma ist, die sich anmaßt, die Zuverlässigkeit von Gesundheitsinformationen, insbesondere auch im Zusammenhang mit COVID-19, zu beurteilen. Das Medienportal »heise« bezeichnet NewsGuard denn auch als »dubiose Firma«:

> **NewsGuard: Dubiose US-Firma spielt Medienwächter**
>
> Im Kampf gegen „Fake News" will NewsGuard entscheiden, was Leser glauben dürfen. Doch die bisherigen Bewertungen wecken Zweifel an der Neutralität.

NewsGuard gehört also zu einem Konzern, der Propaganda für Betäubungsmittel macht, deswegen zu Millionenstrafen verurteilt wurde und von zahlreichen Medien als höchst fragwürdig und »dubios« eingeordnet wurde.

Die *WELT* hat am 22.03.2023 ein Interview Michael Shellenberger veröffentlicht. Shellenberger ist ein in Kalifornien ansässiger Umweltaktivist, Bestseller-Autor und Mitbegründer von Environmental Progress, einer Forschungs- und Politikorganisation, die sich für Kernenergie als Mittel gegen den Klimawandel einsetzt. Er wurde vom Magazin *Time* als »Hero of the Environment« bezeichnet. Seine Einschätzung ist glasklar: »Ich betrachte diese Zensoren als die gefährlichsten Menschen in Amerika.«

In den einleitenden Sätzen des Interviews heißt es: »Das ›House Judiciary Select Subcommittee‹ in den USA hat eine Anhörung abgehalten, bei der unabhängige investigative Journalisten als Zeugen geladen waren: Michael Shellenberger und Matt Taibbi. Sie waren an den ›Twitter Files‹ beteiligt, einer Reihe von Artikeln, die sich damit beschäftigten, wie US-Regierungsbehörden und Gesetzgeber mit Social-Media-Unternehmen in Bezug auf die Moderation von Inhalten interagierten.«[45]

Die Anhörung sollte offenlegen, in welcher Form Regierungsorganisationen an der Unterdrückung von Meinungen und Aussagen auf Social-Media-Plattformen beteiligt waren.

Weiter schreibt die *WELT*:

»Haben CIA, NSA und FBI mit großen Medienplattformen einen ›Zensur-Industrie-Komplex‹ geschaffen? Das sagt der US-Journalist Michael Shellenberger, ein Herausgeber der ›Twitter Files‹. Die Regierung wende Techniken aus dem Feld der ›psychologischen Operationen‹ an – und nutze sogar den Krieg als Vorwand.«

NewsGuard gibt auf seiner Website Auskunft über ihren Beirat.[46] Dort findet sich u. a.:

»[Ret.] General Michael Hayden ist der ehemalige Direktor der CIA, ehemaliger Direktor der National Security Agency und ehemaliger Principal Deputy Director of National Intelligence unter US-Präsident George W. Bush.«

Es mag nicht unbedingt direkt einleuchten, was der frühere Chef der CIA und der NSA bei NewsGuard tut und wobei er beraten soll. Die New-York-Times-Journalisten James Risen und Eric Lichtblau gewannen 2006 den Pulitzer Preis für die Aufdeckung der rechtswidrigen Abhöraktionen der NSA, die insbesondere ohne gerichtlichen Beschluss millionenfach Amerikaner abhörte. Niemand Geringerer als der Newsguard-Beirat General Hayden war für diese illegale Aktion als NSA-Chef verantwortlich.

NewsGuard gegen AchGut Media

Am 26.04.2023 mahnte NewsGuard die AchGut Media GmbH wegen eines dort von mir veröffentlichten Artikels ab. Ein Auszug aus der Abmahnung folgt:

»In diesem Artikel heißt es über NewsGuard unter Bezugnahme auf die damals bevorstehende mündliche Verhandlung vor dem Landgericht Karlsruhe im Verfahren 13 O 6/23 KfH zwischen der AchGut Media GmbH und unserer Mandantin:

- Denn jetzt greifen CIA, NSA und die großen Pharmaunternehmen die »Achse« an.
- Newsguard ist ein Handlanger von Big Pharma und will in deren Interesse und Auftrag Stimmen, die sich in der Pandemie kritisch äußerten, mundtot machen.«

Die Unterlassungsaufforderung bezog sich dann aber nur auf den unteren Punkt, man wolle nicht als »Handlanger von Big Pharma« bezeichnet werden. Besonders NewsGuard-Gründer Steven Brill soll sich darüber regelmäßig maßlos erregen.

Ich wiederhole es hier gerne noch einmal: NewsGuard ist ein Handlanger von Big Pharma.

Auf die Abmahnung folgten keine gerichtlichen Schritte. Ob man mit einer einstweiligen Verfügung scheiterte oder Angst vor einem Scheitern hatte, ist nicht bekannt. Eine gerichtliche Klärung steht aber dennoch an, denn wie schon im Fall Reichelt wurde auch hier der Spieß umgedreht und vor dem Landgericht Hamburg Klage auf Feststellung erhoben, dass die beanstandete Äußerung tatsächlich eine zulässige Meinungsäußerung ist. Der Rechtsstreit wurde vom Landgericht Hamburg auf April 2024 terminiert.

Die »Zensurindustrie«, so der eingangs erwähnte Shellenberger in einer Anhörung im US-Kongress, habe einst begonnen mit der Beteuerung, dass es nur gegen die Terrororganisation Islamischer Staat gehe. Dann sei der Kampf gegen »russische Desinformations-Bots« hinzugekommen. Inzwischen werde die sogenannte »inländische Missinformation« bekämpft:

> »Das bedeutet nichts anderes als: ›Wir kämpfen gegen Leute, die im Internet anderer Meinung sind als wir.‹ Nichts anderes bedeutet es.«
>
> Das sei nicht bloß ein ›Dammbruch‹, sondern vielmehr ›ein direkter Sprung in einen furchteinflößenden Mechanismus, den wir nur aus totalitären Gesellschaften kennen, wo versucht wird, Kontrolle darüber zu gewinnen, was die Plattformen der sozialen Medien erlauben.‹ Zitiert aus *DIE WELT*, a. a. O.

Shellenberger fügte hinzu, Firmen wie NewsGuard seien darauf aus, im Zusammenspiel mit dem Staat zu bestimmen, wer Gelder aus Werbeeinnahmen erzielen dürfe und wer nicht:

> »Sowohl der Global Disinformation Index als auch NewsGuard sind von der US-Regierung finanzierte Einrichtungen, die daran arbeiten, die Einnahmen der Werbekunden von missliebigen Publikationen weg und hin zu den von ihnen bevorzugten zu lenken. Das ist völlig unangemessen.«

NewsGuard will Einnahmen an bestimmte Medienunternehmen lenken, auf Kosten anderer, und dies mit der Finanzierung und Unterstützung der US-Regierung. NewsGuard prangert keine Fehlinformationen an, sondern stellt abweichende Meinungen und Informationen an den Pranger.

NewsGuard versucht herauszufinden, wer gegen das Narrativ ist, das die Politiker in Washington, D. C., verbreiten wollen. Auf diese Weise könnten Regierungen in aller Welt »das Narrativ« kontrollieren, die Sicht der Mehrheit der Bevölkerung auf entscheidende politische Fragen.

In dem Prozess, den die AchGut Media GmbH vor dem Landgericht Karlsruhe gegen NewsGuard geführt hat, wurde das Unternehmen am Ende der Verhandlung vom Vorsitzenden Richter gefragt, ob man nicht anerkennen und eine Abschlusserklärung abgeben wolle (die zur Rechtskraft des beantragten Verbots führen würde). Aus prozessualen Gründen und Fragen zur örtlichen Zuständigkeit gingen die Auseinandersetzungen weiter und sind jetzt vor dem Landgericht Frankfurt anhängig.

In völlig belanglosen, gleichlautenden und teilweise geradezu lachhaften eidesstattlichen Versicherungen der beiden Gründer, die dem Gericht vorgelegt wurden, heißt es:

> »Steven Brill und mir war von Anfang an bewusst, dass der Erfolg unseres Unternehmens maßgeblich darauf aufbaut, dass die Beurteilungskriterien neutrale journalistische Standards reflektieren und ohne Ansehung der

politischen Ausrichtung einer Nachrichtenseite angewendet werden. Nur neutrale, unpolitische Beurteilungskriterien zusammen mit größtmöglicher Transparenz bei der Beurteilung und einem verantwortungsbewussten Umgang mit notwendigen Korrekturen und Aktualisierungen der Beurteilungen können das erforderliche Vertrauen in NewsGuards Beurteilungen schaffen. NewsGuards Erfolg beruht auf diesem Vertrauen.«

Solche Passagen sind in tatsächlicher Hinsicht (wie für den Rechtsstreit vor dem LG Karlsruhe) unerheblich und lesen sich wie eine von Chat-GPT produzierte Grobvorlage eines simplen PR-Textes. Shellenberger im Interview mit der WELT:

»Die involvierten Personen betrachten sich als Experten in jedem Bereich, obwohl sie oft nicht die entsprechenden Qualifikationen haben. **Es handelt sich um Individuen, die ohne faktische Grundlage annehmen, Wahrheit von Lüge und Genauigkeit von Ungenauigkeit unterscheiden zu können. Meistens sind es Bürokraten** oder Menschen mit einem technischen Hintergrund. Das sind Personen, die die ›New York Times‹ lesen und denken, dass sie dadurch zu Experten werden. So werden sie zu Zensoren. **Ich betrachte sie als die derzeit gefährlichsten Menschen in Amerika.«**

NewsGuard – in Deutschland ein Phantom

Auch in Deutschland attackiert NewsGuard Medien und verfolgt Veröffentlichungen, die der Pharmalobby nicht gefallen. Das Impressum der deutschen Briefkastenfirma lautet so:

Impressum

Angaben gemäß § 5 TMG

NewsGuard Technologies GmbH
c/o Beiten Burkhardt Rechtsanwaltsgesellschaft mbH
Lützowplatz 10
10785 Berlin

Handelsregister: HRB 6422
Registergericht: Amtsgericht Limburg

Vertreten durch:
Steven Brill

Kontakt

Telefon: +1 212 332 6301

Also keine eigenen Büroräume, einen in New York City ansässigen Geschäftsführer und eine New-Yorker Telefonnummer als Kontakt. Der Sitz der Zensoren soll in Limburg an der Lahn sein, nur dass es NewsGuard weder dort noch sonst wo in der Bundesrepublik überhaupt gibt. NewsGuard hat in Deutschland keine Betriebsstätte, kein Büro, keine Verwaltung, kein Anlagevermögen, gar nichts.

In Limburg an der Lahn gibt es NewsGuard nicht, in Berlin operiert sie als Briefkastenfirma, die sich die Dienste eines Anwaltsbüros gesichert hat, das die Post wie ein Büroservice entgegennimmt und weiterleitet. NewsGuard existiert in Deutschland nur auf dem Papier und verfügt auch über keinerlei Vermögenswerte, die man vollstrecken könnte.

Man hatte und hat auch keinen in Deutschland ansässigen Geschäftsführer. Herr Brill, der seitenlang an Eides statt versichert, was für eine bemerkenswerte Persönlichkeit er seiner Meinung nach sei, lebt in den USA und spricht kein Deutsch.

Und NewsGuard zensiert zwar auch in Deutschland, hat aber hier gar keine Mitarbeiter. Zwei für Deutschland zuständige Mitarbeiterinnen sind laut Website freie Mitarbeiterinnen. Damit kein Sozialversicherungsbetrug durch NewsGuard vorliegt, müssen diese nicht nur weisungsfrei sein, sondern auch noch für mehrere andere Auftraggeber tätig.

Da es sich bei NewsGuard um eine Kleinstkapitalgesellschaft handelt, umfasst der einzige bisher eingereichte Jahresabschluss nur die Bilanz, keine GuV und keinen Anhang. Vom Mindeststammkapital von 25 000,00 Euro wurde die Hälfte (12,5k) eingezahlt, und ein fast gleich hoher Betrag steht zur Verfügung. Dies erlaubt zwar nicht den sicheren Schluss, indiziert aber ebenfalls stark, dass es sich um eine reine Briefkastenfirma handelt. Wie auf dieser Grundlage Büroräume, Betriebsausstattung und Personal finanziert werden sollen, bleibt rätselhaft.

NewsGuard Technologies GmbH

Limburg

Jahresabschluss zum Geschäftsjahr vom 30.11.2020 bis zum 31.12.2020

BILANZ

AKTIVA

	Einzelposten Geschäftsjahr EUR	Gesamt Geschäftsjahr EUR	Einzelposten Vorjahr EUR	Gesamt Vorjahr EUR
A. Anlagevermögen				
B. Umlaufvermögen		12574,93		
C. Rechnungsabgrenzungsposten				
D. Aktive latente Steuern				
E. Aktiver Unterschiedsbetrag aus der Vermögensverrechnung				
Summe Aktiva		12574,93		

PASSIVA

	Einzelposten Geschäftsjahr EUR	Gesamt Geschäftsjahr EUR	Einzelposten Vorjahr EUR	Gesamt Vorjahr EUR
A. Eigenkapital		12574,93		
B. Rückstellungen				
C. Verbindlichkeiten				
D. Rechnungsabgrenzungsposten				
E. Passive latente Steuern				
Summe Passiva		12574,93		

New York, den 31. Dezember 2021

gez. Steven Brill

Mit diesen Vorwürfen vor Gericht konfrontiert, landeten schließlich diese bemerkenswerten Erklärungen von Frau Schmid (von News-

Guard mit dem bedeutungsgeladenen Titel Managing Editor & Vice President Partnerships, Deutschland & Österreich bei NewsGuard versehen) im Protokoll:

> »Auf Frage des Vorsitzenden erklärt Frau Schmid, dass sich in Limburg jedenfalls heutzutage nichts [mehr] befindet außer dem handelsregistermäßigen Sitz, insbesondere auch keine Büroräumlichkeiten, sämtliche Mitarbeiter*innen in Deutschland arbeiteten remote. Die in Berlin beauftragte Kanzlei leite etwaige Eingänge von Briefen und Schriftsätzen an den Hauptsitz in New York weiter. Teilweise geschehe das über sie, Frau Schmid. Sie sei bei der Gesellschaft der Mutter der Antragsgegnerin in Irland/Dublin angestellt und für die Tätigkeit in der deutschen Gesellschaft »ausgeliehen«, jedenfalls stehe in ihrem Arbeitsvertrag als Vertragspartner die irische Gesellschaft.«

Die ausgeliehene Mitarbeiterin von NewsGuard bewertet zwar mit großem Selbstbewusstsein Nachrichtenseiten, wusste aber nicht einmal genau, bei wem sie eigentlich angestellt ist (Schmid wörtlich: »Ich will ja auch nichts Falsches sagen«).

5. Koordinierte Zensur von Regierungen und Social Media

Art. 5 Abs. 1 Satz 3 des Grundgesetzes bestimmt: »Eine Zensur findet nicht statt.« Die Grundrechte richten sich in erster Linie an den Staat, stellen aber natürlich das Wertegerüst unseres Gemeinwesens dar, an dem sich nicht nur die staatliche Gewalt zu orientieren hat. Wie praktisch für den Staat, wenn er eine Zensur missliebiger Meinungen einfach outsourcen kann, so wie er es mit dem Netzwerkdurchsetzungsgesetz (NetzDG), einem glatt verfassungswidrigen Rohrkrepierer, versucht. Im Jahre 2017 habe ich als Zuschauer im Rechtsausschuss des Bundestages gesessen und die Sitzung verfolgt, die vor der Verabschiedung des NetzDG stattfand. Alle Rechtsexperten, die gehört wurden und eine verfassungsrechtliche Expertise haben, warnten massiv vor dem NetzDG. Acht von zehn anwesenden Sachverständigen, benannt von sämtlichen damals im Bundestag vertretenen Parteien, lehnten das Gesetz wegen verfassungsrechtlicher Bedenken ab. »Das Gesetz wird in Karlsruhe scheitern. Das Bundesverfassungsgericht wird seine Rechtsprechung zur Meinungsfreiheit nicht vom Netzwerkdurchsetzungsgesetz faktisch einebnen lassen«, hieß es, »Facebook wird gedrängt, Richter über die Meinungsfreiheit zu sein, ohne dass dies rechtsstaatlich begleitet wird. Das Gesetz bedroht die Meinungs- und Pressefreiheit«, betonte ein anderer.

Am 13.05.2019 sagte ich in meinem Eröffnungsstatement als Sachverständiger in einer Anhörung zum Netzwerkdurchsetzungsgesetz vor dem Ausschuss für Recht und Verbraucherschutz des Deutschen Bundestages: »Das NetzDG stellt einen Frontalangriff auf die Meinungsfreiheit dar, wie ihn die Republik seit der ›Spiegel-Affäre‹ oder Adenauers vor dem Verfassungsgericht gescheitertem Versuch, ein ›Staatsfernsehen‹ einzurichten, nicht mehr erlebt hat. Es steht auch für eine Kapitulation des Rechtsstaates vor der Aufgabe, geltendes Recht durchzusetzen. Am 19. Juni 2017 war ich schon einmal in diesem Raum. Als Zuschauer bei der Anhörung über den Gesetzentwurf der Fraktionen von CDU/CSU und SPD zum NetzDG. Die Mehrheit der damals hier anwesenden Sachverständigen erklärten den Gesetzesentwurf für: ›verfassungswidrig, europarechtswidrig‹, hielten ›schwerwiegende Grundrechtseingriffe (für) denkbar‹. Ich hatte es damals nicht für möglich gehalten, dass sich die Regierungsparteien über diese gewichtigen Bedenken hinwegsetzen würden.«

Aber natürlich tat die Regierung das. Das Bestreben, die sozialen Medien irgendwie unter Kontrolle zu bekommen, die freie, nicht vom Staat kontrollierte Meinungsäußerung vor einem mutmaßlich sehr großen Publikum, ist nicht neu. Sie begann in Deutschland in der Merkel-Ära. Statt freier, offener Debatten hat sich ein denunziatorisches und zensorisches Klima breitgemacht. Der Hochschulverband warnte vor »Denk- und Sprechverboten«. Im Internet hat die Merkel-Regierung durch das Netzwerkdurchsetzungsgesetz (NetzDG) eine fatale Dynamik ausgelöst, durch die viele Tausende wegen legaler und legitimer Äußerungen zum Opfer von Zensur wurden. Die Bilanz der ersten Regierungschefin des wiedervereinigten Deutschlands, die in der DDR aufgewachsen ist, sieht in Sachen Meinungsfreiheit schlecht aus. In der Generaldebatte des Bundestages 2019 hat Frau Merkel recht präzise ihre Haltung zur Meinungsfreiheit, einem der wichtigsten Grundrechte überhaupt, ausgedrückt: »Es gibt keine Meinungsfreiheit zum Nulltarif«, sagte sie. Die Meinungsfreiheit kenne Grenzen. Und die »beginnen da, wo gehetzt wird, da wo Hass verbreitet wird ... und dagegen müssen wir uns stellen in diesem Hause«. Für diese schwammigen Floskeln von »Hetze und Hass« gab es Applaus aus den Reihen der Koalitionsfraktionen. Beifall für Phrasen, die ein Narrativ bedienen, das dazu dient, schwerwiegende Eingriffe in die Meinungsfreiheit unter dem Deckmantel einer überlegenen Moral zu rechtfertigen. Insbesondere nach den aufgeheizten Debatten über Merkels Migrations- und Flüchtlingspolitik und die Grenzöffnung im September 2015 verschärfte sich der Druck gegen Kritiker in den sozialen Medien. Der

Herbst 2015 war für Merkels Kanzlerschaft ein Wendepunkt. Ihre Ad-hoc-Entscheidung, zur »Flüchtlingskanzlerin« zu werden, heizte das gesellschaftliche und politische Klima an. In den sozialen Netzwerken brach sich damals Kritik mit nie da gewesener Wucht Bahn. Die Kanzlerin war indigniert. Noch 2013 hatte sie das Internet »für uns alle Neuland« genannt – nun bemerkte sie, wie politisch gefährlich dieses Neuland für ihre Kanzlerschaft werden konnte. Die politischen Eliten unseres Landes waren es lange nicht gewohnt, dass sich einfache Bürger ungefiltert zu Wort melden, ohne die Diskurs-Gatekeeper in etablierten Medien. Wir leben in einer Zeit, in der sich der politische Diskurs in einem gewaltigen Umbruch befindet. Und in einem Prozess der Demokratisierung, der zwar auch Schattenseiten, aber vor allem sehr viele Vorteile hat. Früher gab es eine Handvoll wichtiger überregionaler Tageszeitungen und die öffentlich-rechtlichen Radio- und TV-Sender. Diese räumten den politischen Mandatsträgern ein Forum und damit das Privileg ein, meinungsbildend zu sein. Der einfache Bürger hingegen hatte dazu keinen Zugang. Heute kann jeder seine Meinung der gesamten Öffentlichkeit im Internet, auf Blogs, Facebook, YouTube oder X (Twitter) präsentieren. Die frühere Meinungshoheit des Establishments löst sich auf. Und Frau Merkel gefiel das auf dem Höhepunkt der Flüchtlingskrise ganz und gar nicht. Dieser fundamentale Wandel der politischen Debatte und des Ortes, an dem diese stattfindet, traf 2015 mit dramatischen und weitreichenden Veränderungen in der Bundesrepublik zusammen. Und dies spiegelte sich in einem aufgeheizten Diskurs in den sozialen Medien wider. Dieses Aufbegehren relevanter Teile der Bevölkerung, die diese Entwicklung nicht widerspruchslos hinnehmen wollten, glaubte man in weiten Teilen der politisch-medialen Klasse und vor allem im Bundeskanzleramt am besten durch repressive Maßnahmen kontrollieren zu können. Zunächst versuchte es die Kanzlerin noch mit gutem Zureden, als sie Facebook-Chef Marc Zuckerberg im September 2015 in New York traf. Bei offenem Mikrofon konnte jeder mithören, wie sie Zuckerberg aufforderte, etwas gegen die auf Facebook tobende Kritik an ihrer Migrationspolitik zu tun. Natürlich formulierte sie das etwas anders, indem sie ihre tiefe Sorge vor

»Hass und Hetze« zum Ausdruck brachte, die sich in Zusammenhang mit ihrer Flüchtlingspolitik in den sozialen Medien Bahn brachen.

Zensurmaßnahmen dürften nicht an private Subunternehmer ausgelagert werden

Als das nichts half, schlug die große Stunde von Merkels Justizminister Heiko Maas (SPD) und dessen »Netzwerkdurchsetzungsgesetz«. Adenauer musste, als sein »Staatsfernsehen« in Karlsruhe scheiterte, lesen, »dass dieses moderne Instrument der Meinungsbildung [das Fernsehen] weder dem Staate noch einer gesellschaftlichen Gruppe ausgeliefert« werden darf (BVerfG 12, 205, Urteil vom 28. Februar 1961). 60 Jahre später ging die Attacke Merkels gegen die Meinungsfreiheit in den sozialen Medien in eine ähnliche Richtung. Wenn man das moderne Massenmedium Facebook, das in Deutschland fast 40 Millionen Menschen nutzen, oder X (Twitter) schon nicht komplett kapern kann, dann soll wenigstens eine Regulierung so greifen, dass auch zulässige Widerworte der Bürger gegen die angebliche Alternativlosigkeit ihrer Politik dort massenhaft gelöscht werden. Und genau das geschieht dort bekanntlich auch.

»Zensurmaßnahmen dürften nicht an private Rechtsträger delegiert werden«, schrieb der Sonderbeauftragte der UN für die Meinungsfreiheit, David Kaye, am 1. Juni 2017 an die Bundesregierung.

Massiver Meinungsdruck in Corona-Zeiten

Die extreme Ausnahmesituation der Corona-Krise hat schubartig einen neuen Konformitätsdruck gebracht. Wie schon in früheren Krisen schien Merkel dazu zu tendieren, ihre Politik und Lockdown-Vorstellungen für »alternativlos« anzusehen. Wer anders dachte, landete schnell am Pranger.

Im April 2021 erscheinen völlig überraschend 50 Kurzfilme und ironische Kommentare unter dem Motto #allesdichtmachen. Gesprochen von prominenten Schauspielern, etwa Jan Josef Liefers, bekannt aus dem *Tatort*, oder seinem Kollegen Ulrich Tukur, der auch im Stasi-Film *Das Leben der Anderen* mitspielte. Die Crème de la Crème der deutschen Fernsehabende. Mit Sarkasmus und Ironie wurden die Leistungen der politischen Klasse und deren Begleitung durch die Medien in der Corona-Krise thematisiert, aber ebenso Mängel der Diskussionskultur im Lande. Das durfte nicht sein: »Ein Dammbruch« tönte es aus der Komfortzone und der Sicherheit der vermeintlichen Mehrheitsmeinung heraus.

Das Für und Wider dieser Spots darf man gerne lebhaft diskutieren. Die einen sehen harte und lange Lockdowns zur Bekämpfung des Corona-Virus für unerlässlich an, die anderen sind besorgt über die Einschränkung der Freiheit und bezweifeln den Sinn mancher Lockdown-Maßnahmen bis hin zu abendlichen Ausgangssperren. Die heftigen Reaktionen auf die kritischen Schauspieler-Spots zeigten jedoch in entlarvender Deutlichkeit, wie es um die Meinungsfreiheit in Deutschland bestellt ist.

Es wurde für jedermann überdeutlich, was es tatsächlich bedeutet, wenn es »Meinungsfreiheit nicht zum Nulltarif« gibt. Der inzwischen ausgeschiedene WDR-Rundfunkrat Garrelt Duin (SPD) forderte sogar Konsequenzen für die Schauspieler Liefers und Tukur. Die Wahrnehmung eines Grundrechts sollte, ginge es nach Duin, mit dem Entzug der bürgerlichen Existenz, mit Verlust des Arbeitsplatzes bestraft werden. Zu einem Rücktritt vom Posten des Rundfunkrates hat diese unglaubliche Entgleisung nicht geführt. Sie macht deutlich, welches Selbstverständnis in den Aufsichtsgremien von Sendern herrscht, die laut Verfassungsgericht »staatsfern« sein müssen.

Wir haben uns in diesem Buch bereits mit den Richtlinien von Google/YouTube zu »medizinischen Fehlinformationen« befasst, die im Kern den Bürgern, ja sogar renommierten Wissenschaftlern in einer in jeder Hinsicht im Fluss befindlichen Faktenlage den Mund verboten. Jedenfalls dann, wenn sie nicht das wiedergaben, was Jens Spahn, Herr Drosten oder Karl Lauterbach an richtigen, fragwürdigen oder falschen Behauptungen aufstellten. Was man übrigens bei unklarer Faktenlage niemandem übelnehmen kann. Vorwerfen kann und muss man allerdings die Anmaßung, verbindlich das Richtige zu sagen. Vorwerfen muss man auch das Verbot, andere wissenschaftlich abweichende Thesen zu vertreten. Das ist übrigens Wissenschaft im Kern: *trial and error*, These und Gegenthese und *peer review* (Bewertung und Überprüfung von wissenschaftlichen Thesen durch andere Wissenschaftler). Was in den sozialen Netzwerken gelöscht wurde, war unvorstellbar. Es fand eine beispiellose Gleichschaltung und ein ungeheurer Konformitätsdruck statt, immer nur das zu sagen, zu denken und als wissenschaftliche verbindliche Weisheit vorzustellen, was staatliche Billigung erfuhr. Unwiderlegliche Beweise dafür, dass die Bundesregierung Einfluss auf die Löschungen und die Narrative nahm, die in den sozialen Medien verbreitet werden durften, mag es nicht geben. Dass das stattfand, daran habe ich keine Zweifel. Ebenso, wie Frau Merkel sich regelmäßig und klandestin mit den Intendanten der großen öffentlich-rechtlichen Sendeanstalten und anderen Chefredakteuren traf, darüber aber die Auskunft verweigerte, gab es in der Corona-Krise auch entsprechende Treffen mit den Spitzen der sozialen Medien.

War die Bundesregierung auch hier an einer Einschränkung der Meinungsfreiheit in Deutschland beteiligt? Jedenfalls gab es einen geheimen Corona-Gipfel zwischen der Bundesregierung und den IT-Riesen Meta und Google, der den Kampf gegen vermeintlich falsche Informationen auf der Agenda hatte. Das waren aber nicht alle Zusammenkünfte. Vertreter des Gesundheitsministeriums trafen sich mehrfach mit Vertretern von Tech-Konzernen, um die Verbreitung von Regierungsinformationen zu besprechen. Am 2. Juni 2020 bestellten das Bundesinnenministerium (BMI) und das Bundespresseamt die Top-Lobbyisten von Google und Facebook zum vertraulichen Gespräch. Thema des Gipfels: »Die Corona-Pandemie und die in diesem Kontext zu beobachtende Verbreitung von Fehl-, Falsch- und Desinformationen«. Das Ziel der Unterredung war den geleakten Unterlagen zufolge zu klären, »wie der damit verbundenen Herausforderung grundsätzlich begegnet werden kann«.

Die Regierung besprach mit Betreibern sozialer Netzwerke, wie gegen die Verbreitung von Informationen vorgegangen werden kann, die sie als falsch und gefährlich erachtete. Das Treffen fand im Innenministerium statt. Mit dabei waren Mitarbeiter mehrerer Ministerien (Innen, Gesundheit, Familie, Auswärtiges), die Lobbyisten der IT-Riesen und mit Regierungssprecher Steffen Seibert ein wichtiger Vertrauter der damaligen Kanzlerin Merkel. Was genau die Regierung von den sozialen Netzwerken im Umgang mit sogenannten »Falschinformationen« forderte und ob Google und Facebook den Forderungen nachkamen, blieb geheim. »Beschlüsse wurden nicht gefasst«, erklärte ein Regierungssprecher gegenüber *BILD*. Die Tech-Unternehmen ließen Anfragen unbeantwortet. Auch dieses Verschweigen der Inhalte des Treffens dürfte rechtwidrig gewesen sein. Nach einer Klage des *Tagesspiegels* hat das Bundesverwaltungsgericht den Bundesnachrichtendienst (BND) im Jahre 2019 erstmals verpflichtet, seine bisher geheim gehaltenen Zusammentreffen mit Presse und Rundfunk umfassend transparent zu machen. Der BND muss nicht nur Orte und Zeiten benennen, sondern auch Themen und Teilnehmer. Diese Grundsätze gelten natürlich für alle Behörden und Ministerien.

In den USA ist man mit der Herstellung von Transparenz bezüglich der Einflussnahme der Regierung auf die Meinungsfreiheit in den sozialen Medien einen Schritt weiter. Am 4. Juli 2023, dem Unabhängigkeitstag, erließ ein Gericht in Louisiana in der Sache Louisiana u. a. gegen Präsident Biden u. a. eine auf über 150 Seiten begründete einstweilige Verfügung gegen das Weiße Haus und zahlreiche weitere Personen, darunter auch Mitarbeiter von Facebook, Twitter, YouTube usw., die die Befürchtung begründet erscheinen lässt, George Orwells *1984* sei Wirklichkeit geworden. Geklagt hatten neben dem Staat Missouri auch zahlreiche Wissenschaftler wie z. B. der Epidemiologe Jay Battacharya aus Stanford. Wörtlich heißt es auf Seite 154 der Entscheidung:

»Die Kläger werden wahrscheinlich in der Sache erfolgreich sein, nachzuweisen, dass die Regierung ihre Macht dazu genutzt hat, die Opposition zum Schweigen zu bringen. Kritik gegen COVID-19-Impfstoffe, Kritik gegen COVID-19-Masken und Lockdowns, Kritik an der Lableak-Theorie von COVID-19, Kritik an der Gültigkeit der Wahl 2020, Kritik an der Politik von Präsident Biden, Aussagen, dass die Hunter-

Biden-Laptop-Geschichte zutreffend sei, und Kritik an der Politik von Regierungsmitgliedern. Alles wurde unterdrückt. Es ist bezeichnend, dass jedes Beispiel oder jede Kategorie unterdrückter Äußerungen konservativer Natur war. Diese gezielte Unterdrückung konservativer Ideen ist ein perfektes Beispiel für die Diskriminierung politischer Meinungsäußerungen. Die amerikanischen Bürger haben das Recht auf eine freie Debatte über die wichtigen Themen, die das Land betreffen. Obwohl dieser Fall noch relativ jung ist und das Gericht ihn zum jetzigen Zeitpunkt nur im Hinblick auf die Erfolgsaussichten der Kläger in der Sache prüft, zeichnen die bisher vorgelegten Beweise ein fast dystopisches Szenario. Während der COVID-19-Pandemie, einer Zeit, die vielleicht am besten durch weit verbreitete Zweifel und Ungewissheit gekennzeichnet ist, scheint die Regierung der Vereinigten Staaten eine Rolle übernommen zu haben, die einem Orwellschen ›Wahrheitsministerium‹ ähnelt. Die Kläger haben stichhaltige Beweise für ihre Behauptung vorgelegt, dass sie Opfer einer weitreichenden und umfassenden Zensurkampagne waren. Das Gericht ist der Ansicht, dass sie mit ihrer Klage gegen die Beklagten wegen Verletzung der Meinungsfreiheit nach dem Ersten Verfassungszusatz in der Sache wahrscheinlich Erfolg haben werden.«

Die Kommunikation zwischen führenden Mitgliedern der Biden-Administration und den Plattformen ist dokumentiert, zensiert wurde auf Zuruf, schamlos und rücksichtslos. Gelöscht wurden nachweislich korrekte medizinische Informationen, parodistische Inhalte über Regierungsmitarbeiter, Kritik an der wirtschaftlichen Lage oder negative Kommentare über den Präsidenten selbst. Lehrbeispiele an verfassungswidriger Zensur. Zensur, die allein dem Zweck diente, die Autorität der US-Regierung zu schützen. Regierung und Social-Media-Unternehmen sprachen sich ab, um die Äußerungen Andersdenkender zu unterdrücken, die sich insbesondere in Fragen zur Pandemie im Nachhinein häufig als zutreffend erwiesen. Wir erinnern uns an die YouTube-Richtline »Nur, was der Staat erlaubt«.

Ein Berufungsgericht bestätigte im September 2023 von der ersten Instanz verhängte, näher spezifizierte Kontaktverbote zahlreicher Behörden und des Weißen Hauses mit sozialen Netzwerken rund um die Herabstufung und Löschung von Inhalten.

Auf seinen ersten Seiten zitierte die erstinstanzliche Entscheidung zahlreiche Gründungsväter der Vereinigten Staaten, am Ende den 33. Präsidenten der USA, Harry S. Truman. Zeilen, die damals wie heute von unveränderter Tragweite, beeindruckender Sprachkraft und von grundlegender Bedeutung für ein freies Land sind.

George Washington, 1. Präsident der Vereinigten Staaten (1789–1797): »*Wer die Freiheit einer Nation umstürzen will, muss damit beginnen, die freie Rede zu unterdrücken.*«

Thomas Jefferson, 3. Präsident der Vereinigten Staaten (1801–1809): »*Es geht nicht darum, ob die Meinungsäußerung konservativ, gemäßigt, liberal, progressiv oder irgendwo dazwischen ist. Worauf es ankommt, ist, dass die Amerikaner unabhängig von ihren Ansichten nicht von der Regierung zensiert oder unterdrückt werden dürfen. Abgesehen von den gesetzlichen Ausnahmen sind alle politischen Ansichten und Inhalte als freie Rede geschützt.*«

Harry S. Truman, 33. Präsident der USA (1945–1953): »*Wenn sich eine Regierung erst einmal dem Prinzip verschrieben hat, die Stimme der Opposition zum Schweigen zu bringen, gibt es für sie nur einen Weg: den Weg der immer repressiveren Maßnahmen, bis sie zu einer Quelle des Terrors für alle Bürger wird und ein Land schafft, in dem alle in Angst leben.*«

Coda

Wenn man nur eine Handvoll Grundrechte aufzählt, die das Wesen einer freien, rechtsstaatlichen und demokratischen Gesellschaft in ihrem Kern ausmachen, gehört die Meinungsfreiheit dazu. Das Bundesverfassungsgericht bezeichnet sie in seiner Rechtsprechung immer wieder als schlechthin konstituierend für die freiheitlich-demokratische Ordnung.

»Das Anliegen, die Verbreitung verfassungsfeindlicher Ansichten zu verhindern, ist ebenso wenig ein Grund, Meinungen zu beschränken, wie deren Wertlosigkeit oder auch Gefährlichkeit«, beschied das Gericht im Juni 2018. Oder, auch aus 2018: »Die mögliche Konfrontation mit beunruhigenden Meinungen, auch wenn sie in ihrer gedanklichen Konsequenz gefährlich und selbst wenn sie auf eine prinzipielle Umwälzung der geltenden Ordnung gerichtet sind, gehört zum freiheitlichen Staat. Der Schutz vor einer ›Vergiftung des geistigen Klimas‹ ist ebenso wenig ein Eingriffsgrund wie der Schutz der Bevölkerung vor einer Kränkung ihres Rechtsbewusstseins durch totalitäre Ideologien oder eine offenkundig falsche Interpretation der Geschichte.«

Solche Äußerungen, die vom Grundrecht auf Meinungsfreiheit gedeckt sind, kann man mit guten Gründen deutlich ablehnen. Aber Abscheu und ideologische Verachtung sind keine relevanten Kriterien im Sinne der Verfassung. In einem von vagen und unbestimmten Rechtsbegriffen wie Hassrede und Hetze beschädigten Diskurs erachteten wahrscheinlich auch viele ganz normale Bürger die Verfassungsrichter als Steigbügelhalter der Verwahrlosung der Debatte, wenn sie diese Zitate ohne Fundstelle lesen würden.

Dieses Buch hat nur eine kleine Auswahl zahlreicher Übergriffe von Staat und Monopolisten dokumentiert, die in unsere Grundrechte eingreifen, als wären sie die belanglose Verfügungsmasse der Mächtigen. Vielleicht war es neu für Sie, als Sie erfuhren, dass Facebook nicht nur eine vom Petitionsausschuss des Bundestages gebilligte und auf der Website des Bundestags veröffentlichte Petition als Hassrede gelöscht hat. Sondern dies auch noch vor Gericht verteidigt.

Vielleicht überrascht es Sie, wenn Sie erfahren, dass dasselbe Unternehmen zugibt, automatisiert Links zu einem deutschen Nachrichtenmagazin zu löschen, gegen ein Verbot Rechtsmittel einlegt, in der Verhandlung aber nicht begründen kann, warum diese Löschung massenhaft erfolgt ist.

Oder dass YouTube zugibt, völlig legitime Videos ohne eigene Überprüfung nur deshalb zu löschen, weil sie massenhaft denunziert wurden, für die Korrektur der eigenen Fehler dann aber Wochen braucht.

Sie wissen jetzt, dass die YouTube-Chefin auf CNN erklärte, sie werde alles löschen, was sich gegen die Verlautbarungen und Empfehlungen der Weltgesundheitsorganisation richte. Pressefreiheit, Meinungsfreiheit und Wissenschaftsfreiheit stehen bei YouTube bis heute unter dem Vorbehalt der Billigung durch eine nicht demokratisch legitimierte Institution.

Das Oberlandesgericht Karlsruhe untersagte einen als Faktencheck getarnten Eingriff in eine Meinungsäußerung durch die auch mit Steuergeldern subventionierte Organisation Correctiv als rechtswidrig. Es stehe, so Prof. Peukert, den man mit diesem Satz immer wieder zitieren muss, die fundamentale Frage im Raum, wer in einer offenen Gesellschaft legitimerweise über wahre und falsche Meldungen entscheiden solle.

Die Gefährdung der Meinungsfreiheit rührt aber nicht nur vonseiten der sozialen Netzwerke her. Das Netzwerkdurchsetzungsgesetz wird von der großen Mehrheit der Juristen wegen Verletzung von Art. 5 GG als eindeutig verfassungswidrig erachtet. Die Bundesregierung kümmerte das nicht. Im Gegenteil: Jetzt ist das »Gesetz über digitale Dienste« (DSA = Digital Services Act) in vollem Umfang und europaweit geltendes Recht. Die Vorschriften leiten – europaweit – eine noch bedenklichere Entwicklung ein.

Das NetzDG ist, so erkannte die *Welt* völlig zutreffend, »eine Blaupause für die Internetzensur«. Es ist eine bloße Laune der Rechtsgeschichte, dass das Gesetz nicht vom Bundesverfassungsgericht überprüft wurde, weil die betroffenen Unternehmen den Weg dorthin scheuten. Angeblich, weil sie befürchteten, es kämen bei einer absehbaren Erklärung des NetzDG als klar verfassungswidrig noch drastischere Regelungen aus Brüssel. Genau dies ist jetzt geschehen.

Deutschland kann stolz darauf sein, mit dem NetzDG eine Zensurvorlage nicht nur für den DSA geschaffen zu haben. Einer aktuellen Studie zufolge haben mindestens dreizehn Länder – darunter Venezuela, Australien, Russland, Indien, Kenia, die Philippinen und Malaysia – seit Inkrafttreten des NetzDG Gesetze verfasst oder erlassen, die sich an der Regulierungsstruktur des NetzDG orientieren, wobei die Vorschriften in vielen Fällen noch stärker in die Meinungsfreiheit eingreifen. Totalitäre Staaten schaffen Regelungen, um gegen politische Gegner vorzugehen und die Meinungs- und Pressefreiheit zu unterdrücken – und das auf Grundlage eines verfassungswidrigen Gesetzes, das Frau Merkel und Justizminister Maas in die Welt gesetzt haben und das auch von der »Ampel«-Regierung nicht angetastet wurde.

Naheliegenderweise wird eine solche Attacke auf die Menschenrechte in einem Rechtsstaat, in dem die Demokratie tief verwurzelt ist, zwar zu erheblichen Einschränkungen, zu noch schwerwiegenderen Eingriffen jedoch in Gesellschaften führen, in denen die Grundrechte nicht in durchsetzbarer Weise verbrieft sind.

Der DSA, eine über 100 Seiten umfassende gesetzgeberische Zensurmaschine, geht noch deutlich über das NetzDG hinaus. Besonders kritikwürdig sind die unbestimmten Rechtsbegriffe (»Desinformation«), deren genaue Bedeutung der Regelung nicht zu entnehmen ist und somit der Willkür der EU-Kommission freie Hand geben.

Nach dem Digital Services Act kann ein europäisches Land durchsetzen, dass Inhalte, die nur in diesem Land rechtswidrig sind, in anderen Staaten aber nicht, europaweit gelöscht werden. Warum soll ich mir in Deutschland den Mund verbieten lassen, wenn ich etwas Zulässiges äußere, weil es in Ungarn verboten sein könnte. Damit wird die meinungsfreiheitsfeindlichste Interpretation der Grundrechte zum europäischen Standard. Aber was tut die EU nicht alles, angeblich um ein hassfreieres, menschlicheres und demokratischeres Internet zu schaffen. Floskeln (»Hass und Hetze« habe ich schon erörtert) dienen als Legitimationsgrundlage für drastische Grundrechtseinschränkungen.

Art. 36 des DSA regelt den sogenannten »Krisenreaktionsmechanismus«, eine Vorschrift, der die hässliche Fratze eines totalitären Staates ins Gesicht gemeißelt ist. Von der EU-Kommission gestellte Gremien dürfen im »Krisenfall« Maßnahmen ergreifen, die die Programmierung der Algorithmen, Entscheidungen über Löschungen von Inhalten erfassen und bis zur kompletten Abschaltung der großen Plattformen reichen. Dies ist nach der Regelung immer dann zulässig, wenn die Plattformen nicht rechtzeitig gegen »rechtswidrige Inhalte« vorgehen.

Nach Art. 36 Abs. 2 DSA

»gilt eine Krise als eingetreten, wenn außergewöhnliche Umstände eintreten, die zu einer schwerwiegenden Bedrohung der öffentlichen Sicherheit oder der öffentlichen Gesundheit in der Union oder in wesentlichen Teilen der Union führen können.«

Corona, Ukraine, Gaza und wenn das nicht genügt, ist es halt die Klimakrise. Faktisch hat sich die EU-Kommission eine durch ständige Krisen ununterbrochene Eingriffsbefugnis verschafft. Die Amtsträger der EU werden in Zukunft darüber entscheiden können, welche Inhalte als potenziell gefährdend einzustufen sind oder zum Schutz der öffentlichen Sicherheit lieber gelöscht werden sollen.

Es hat eine abschreckende Wirkung auf das Recht auf freie Meinungsäußerung, wenn Unternehmen für die von ihnen gehosteten Inhalte haftbar gemacht werden. Mit der Androhung von Strafen von bis zu 6 Prozent des Jahresumsatzes oder von Schließungen werden die Plattformen natürlich dazu neigen, zu viele Inhalte zu entfernen, wodurch legitime Äußerungen unterdrückt und Nutzer zum Schweigen gebracht werden. Selbst wenn IT-Riesen wie Meta und Google es sich leisten können, die gegen sie verhängten Strafen zu zahlen, können viele andere Unternehmen dies nicht, und die drastischen Haftungsregeln werden neue Unternehmen vom Markteintritt abhalten. Die Folge ist, dass die Internetnutzer weniger Auswahl haben und die großen Technologieplattformen ihre Monopolstellung mit Hilfe der EU-Gesetze sichern können.

Es hat einen sehr unappetitlichen Beigeschmack, wenn Politiker oder Bürokraten wie der EU-Kommissar Thierry Breton sich über Desinformation ereifern, als wären sie nicht selbst oft genug Quelle von Irreführungen und Halbwahrheiten. Diese möglichst erfolgreich verbreiten zu können, gehört schließlich zu den elementaren Karrierevoraussetzungen eines Politikers.

Am 10.10.2023 veröffentliche Kommissar Thierry Breton, auf seinem X-Profil @ThierryBreton einen offenen Brief an Elon Musk (https://twitter.com/ThierryBreton/status/1711808891757944866) und drohte ihm unverhohlen. Man habe »Hinweise darauf, dass X (Twitter) zur Verbreitung illegaler Inhalte und Desinformationen in der EU genutzt wird.«[47] Hinweise, mehr nicht? Elon Musk antwortete souverän:

> »Unsere Politik ist, dass alles open source und transparent ist, ein Ansatz, den die EU meines Wissens unterstützt. Bitte nennen Sie die Verstöße auf X, auf die Sie anspielen, damit die Öffentlichkeit sie sehen kann. Merci beaucoup.«[48]

Und was fiel Breton in seinem Retweet dazu ein? Nicht viel als eine hilflose Flucht vor einer offenen, transparenten Debatte und eine plumpe Drohung am Ende.

> »Sie sind sich der Berichte Ihrer Nutzer - und der Behörden - über gefälschte Inhalte und Gewaltverherrlichung wohl bewusst. Es liegt nun an Ihnen, zu zeigen, dass Sie Ihren Worten Taten folgen lassen. Mein Team steht Ihnen zur Verfügung, um die Einhaltung des DSA zu gewährleisten, den die EU weiterhin rigoros durchsetzen wird.«

Breton zeigt die arrogante Fratze des Totalitären, ein Mann auf seinem Kreuzzug gegen die Meinungsfreiheit, ein machtbesessener, demokratisch kaum legitimierter Bürokrat. Und solche Menschen hassen X und hetzen gegen die Plattform, weil sie nirgendwo sonst so deutlich ins Stammbuch geschrieben bekommen, was die Bevölkerung von ihnen hält. Das ist der Hauptgrund für die Zensurbestrebungen, der verzweifelte Wunsch, Zugriff auf die Plattformen zu erlangen und die dortige Kritik durch ein gesetzgeberisches Droh- und Zensurgerüst einzudämmen. Am besten gefiele es Politikern oder Bürokraten sicherlich, wenn sie später einmal in den Aufsichtsgremien sitzen, so wie z.B. im Fernsehrat des ZDF, der von aktiven und früheren Politikern dominiert wird. Ein schönes Beispiel für die vom Verfassungsgericht verlangte »Staatsferne« des Rundfunks.

Und es ist ebenso wenig ein Ruhmesblatt für politische Verantwortungsträger, wenn Niels Annen (SPD), als Staatssekretär im Auswärtigen Amt, einen Journalisten der *Jerusalem Post* bei X (Twitter) blockiert und dies erst auf Abmahnung hin aufhebt. Oder Ramona Popp (Grüne), als Berliner Senatorin (heute ist sie aktuell Vorstand der Verbraucherzentrale Bundesverband) aus denselben Gründen eine Unterlassungserklärung unterschrieb. Oder der im Juli 2023 verstorbene frühere CDU-Bundestagsabgeordnete Matthias Zimmer einen normalen Nutzer auf Facebook bedroht: »Ja, dann werde ich ihren Arbeitgeber mal fragen, ob das denn betriebstypisch ist, was Sie da absondern.«

Die Gewährleistung dieses Grundrechts in der neuen digitalen Wirklichkeit ist eine schwierige und komplexe Herausforderung für den Gesetzgeber in allen freiheitlichen Staaten. In Deutschland versuchen die Regierungen dieser Aufgabe gerecht zu werden, indem sie die »Rückkehr des Denunziantentums« (Dr. Hubertus Knabe) gesetzlich organisieren.

»Organisierte Denunziation ist ein Mittel von Diktaturen«, erklärte die damalige Bundesjustizministerin Katarina Barley (SPD) im Jahre 2018.

Nur wenige Jahre später sind diese – berechtigten – Bedenken bei Union, SPD und Grünen Makulatur. Jetzt gibt es sogar Einrichtungen, denen man rechtmäßiges Verhalten melden soll. So werden im schwarz-grün regierten Nordrhein-Westfalen Meldestellen zu »queerfeindlichen und rassistischen Straftaten« etabliert, die auch Fälle »unterhalb der Strafbarkeitsgrenze erfassen« sollen. Dort werden also Akten über Bürger angelegt, die sich rechtstreu verhalten. Was sendet das für ein fatales Signal? Überlegen Sie bitte: Es wird über jemanden auf Denunziation hin eine Akte angelegt, obwohl der sich im Rahmen der Gesetze bewegt. Ein paar Ideen, wie man diese Einrichtungen rechtlich zu Fall bringen kann, hätte ich schon.

Dem schwarz-grünen Prestigeprojekt aus Nordrhein-Westfalen will die Ampel in Berlin nicht nachstehen. Justizminister Buschmann (FDP), ein LiNNN (Liberaler Nur dem Namen Nach), ist stolz auf das »Hinweisgeberschutzgesetz«. Es verpflichtet Firmen, Meldestellen für Straftaten einzurichten. Informanten dürfen anonym bleiben, Falschmeldungen bleiben straflos. Hubertus Knabe ist als langjähriger Direktor der Gedenkstätte Berlin-Hohenschönhausen mit Stasi-Methoden vertraut. »Wer bei jeder Tätigkeit und jedem Gespräch daran denken muss, dass einer Meldestelle davon Mitteilung gemacht werden könnte, entwickelt einen Argwohn, wie man ihn sonst nur aus Diktaturen kennt«, schreibt Knabe in der *WELT*. Von der Meldung zur Denunziation sei es dabei oftmals nur ein kleiner Schritt. Wer einem Vorgesetzten, Arbeitskollegen oder Lieferanten Straftaten vorwirft, aber den Weg zur Polizei scheut, hat dafür nämlich häufig private Motive: Manch einer erhofft sich dadurch persönliche Vorteile, andere wollen sich für etwas rächen, viele suchen schlicht nach Anerkennung, schreibt Knabe. Untersuchungen zum Nationalsozialismus hätten diese Einschätzung bestätigt. Ob »Rassenschande«, »Wehrkraftzersetzung« oder »heimtückische Angriffe auf Staat und Partei« – fast immer wurden die entsprechenden Verfahren durch private Mitteilungen initiiert. Die meisten Informanten zogen es dabei vor, sich an die Zellen-, Block- oder Kreisleiter der NSDAP statt an die Polizei zu wenden. Selbst die NS-Führer waren deshalb für eine Begrenzung der Denunziationen. Als Reinhard Heydrich 1939 dem Ministerrat eine Verordnung vorlegte, die alle Deutschen dazu verpflichten sollte, jede wahrgenommene Straftat zu melden, stieß er damit auf einhellige Ablehnung. Sogar Joseph Goebbels meinte, durch die Verordnung »würde ein Denunziantentum gezüchtet werden, gegen das die Bestrafung der falschen Anzeige nur ein unvollkommenes Abwehrmittel bietet«; (Hubertus Knabe, »Die Rückkehr des Denunziantentums«, *WELT*, 08.09.2023).

Was sagt man einem Bürger, der aus der DDR in die BRD geflüchtet ist, dabei vielleicht sein Leben riskierte und jetzt ein derartiges Déjà-vu erlebt? Vielleicht antwortet man, wie ein Kommentator einer Tageszeitung zugespitzt formulierte: »Ich komme aus der Zukunft, ich komme aus der DDR.«

Weitgehend unbemerkt von der Öffentlichkeit entsteht auf diese Weise ein neuer, riesiger Ermittlungsapparat, der weder im Grundgesetz noch in den Verfassungen der Länder vorgesehen ist.

Um es mit Aldous Huxley zu sagen: Schöne neue Welt!

Anhang

1. Vollständiger Text des in »#5 YouTube vor Gericht: Wir löschen auf Zuruf« behandelten Videos:

»Man darf sich mit der AfD nicht gemein machen, das ist jetzt das Credo dieser Tage und ich warte heute auf Klempner, die hier eine Kleinigkeit reparieren sollen und sobald die Klempner auftauchen, werde ich nicht ›Halleluljah‹ rufen wie üblich. Ich würde erstmal fragen, entschuldigen sie bitte, wie stehen Sie zur AfD? Und sollte ich das geringste Zeichen einer Sympathie in den Gesichtsmuskeln erkennen, würde ich sagen: Von Ihnen lasse ich mir meinen Ausfluss nicht reparieren. Gehen Sie bitte wieder!

Ja, und so könnte man das überhaupt machen, sagen wir, es brennt, die Feuerwehr kommt angerückt, ich wünsch das keinem, dann fragen wir als Erstes die Feuerwehrleute, ob sie vielleicht AfD gewählt haben. Und wenn sie AfD gewählt haben, dann müssen sie wieder von dannen ziehen und wir lassen das Häuschen abbrennen. Das wäre konsequenter Antifaschismus.

Und was an dieser Geschichte am aufregendsten ist, sind zwei Punkte. Das eine ist, dass es eine verspätete Nazi-Debatte ist. Man kann wirklich davon ausgehen, dass die Leute es so meinen, wie sie sagen: Dass die AfD, diese Gurkentruppe, die Wiedergeburt der NSDAP ist. Und ich habe es schon öfter gesagt und ich muss es noch einmal wiederholen, und ich werde es immer wieder sagen: Wenn die AfD eine Nazitruppe ist, dann waren die richtigen Nazis, also die 33er Nazis, eine harmlose Truppe. Und ich habe den schrecklichen Verdacht, ich kann ihn auch begründen, dass alle Leute, die heute sozusagen mit der Wiederkehr der Nazis durch die Präsenz der AfD drohen, dass die eigentlich nur eins im Sinn haben: Die Nazis zu verharmlosen, sie zu rehabilitieren und Opa und Oma wieder liebhaben zu können, um sie von diesem grauenhaften Vorwurf zu befreien, sie hätten das Dritte Reich verursacht.

Also noch einmal: Die AfD ist ne Gurkentruppe, man kann sie mögen, man kann sie hassen, das ist alles in Ordnung, das ist politischer Kampf. Aber sie ist nicht die Wiedergeburt oder die Nachfolge der NSDAP, egal was für einen Unsinn und Stuss und Quatsch Herr Höcke redet. Ich will jetzt an dieser Stelle nicht darauf hinweisen, welchen Unsinn andere Parteien verzapfen, zum Beispiel die Forderung meines Lieblingspolitikers Kevin Kühnert nach Enteignung und Verstaatlichung, ist nicht ganz grundgesetzkonform, zumindest ist sie nicht konform mit der freiheitlich-demokratischen Grundordnung. Man lässt ihn, was ich vollkommen richtig finde, trotzdem diese Forderungen erheben und diskutiert darüber.

Aber alle Parteien bauen zur Zeit Brandschutzwände auf und diese Brandschutzwände, sagen alle Parteien, dürfen nicht fallen. Na ja, die sind ja schon gefallen durch die Anerkennung der Linkspartei als demokratische Kraft, ohne jede Erinnerung daran, dass diese Partei die Nachgeburt der SED ist. Aus dieser Partei ist im Prozess mehrerer Häutungen – sehr geschickt angestellt – die Linkspartei entstanden. Und die Linkspartei ist die Nachfolgerin einer staatlichen Terrorgruppe. Und dann zu sagen, man dürfe die Rechten mit den Linken nicht gleichsetzen, weil die Linken ja nicht solche Verbrechen angerichtet haben wie die Rechten, das ist zum einen Haarspalterei, zum anderen auch historisch falsch.

Natürlich haben die Linken keinen Holocaust organisiert und die haben nicht sechs Millionen Juden umgebracht, aber, halten zu Gnaden, das ist nicht mein Maßstab. Es gab die Gulags, es gab Konzentrationslager, es gab Deportierungen, es gab die Todesstrafe, es gab genug, was dieses linke System völlig disqualifiziert hat. Und dann zu sagen ›es war nicht so schlimm‹ wie der rechte Terror entspricht ungefähr der Übung zu sagen, ja vielleicht waren es keine sechs Millionen Juden, es waren nur drei Millionen und das ist halb so schlimm. Das ist genau die Art von Denken. Die Relativierung des Unrechts, des Horrors, der Grausamkeit. Und jetzt fängt die große Reha-Bewegung an.«

Anmerkungen

1 https://www.welt.de/debatte/kommentare/plus240259073/CDU-Chef-Friedrich-Merz-cancelt-sich-selbst.html

2 FAZ, 23.07.2019, https://www.faz.net/aktuell/wirtschaft/unternehmen/hassrede-streit-mit-facebook-pfaendung-bei-parteien-16299076.html

3 Süddeutsche Zeitung, 22.08.2016 (»Zensur in sozialen Medien – Nicht illegal, trotzdem gelöscht«)

4 FAZ: »Ist das Hassrede? Facebook löscht mit politischer Schlagseite«, 13.09.2018.

5 Artikel abrufbar unter https://www.welt.de/politik/article195734589/Hass-im-Internet-Wann-darf-Facebook-seine-User-sperren-und-wann-nicht.html (»Wann darf Facebook seine User sperren – und wann nicht?«, Dr. Kathrin Spoerr).

6 https://www.YouTube.com/watch?v=-VJeD3zbZZI, 10.04.2018, Minute 2:37

7 https://www.land.nrw/pressemitteilung/aufbau-von-vier-meldestellen-zu-queerfeindlichen-und-rassistischen-vorfaellen

8 https://twitter.com/OlafScholz/status/1331560418658185216

9 Pressemitteilung vom 31.05.2016: »Europäische Kommission und IT-Unternehmen geben Verhaltenskodex zur Bekämpfung illegaler Hassrede im Internet bekannt«

10 https://ec.europa.eu/commission/presscorner/detail/de/IP_16_1937

11 https://ec.europa.eu/commission/presscorner/detail/de/IP_16_1937

12 https://epetitionen.bundestag.de/petitionen/_2018/_05/_17/Petition_79822.nc.html

13 FAZ, 13.09.2018, »Ist das Hassrede?«

14 https://hpd.de/artikel/morddrohungen-gegen-ex-muslim-18846

15 https://www.faz.net/aktuell/feuilleton/fernsehen/entweder-broder-die-deutschland-safari-unentbehrlich-unbezahlbar-nicht-zu-schlagen-11069280.html

16 KG Berlin, Beschluss vom 22. März 2019 – 10 W 172/18

17 https://nypost.com/2020/10/14/hunter-biden-emails-show-leveraging-connections-with-dad-to-boost-burisma-pay/

18 https://www.wsj.com/articles/twitters-living-censorship-11604263210

19 https://hpd.de/artikel/hamed-abdel-samad-zieht-sich-deutscher-islamkonferenz-zurueck-18677

20 https://twitter.com/Hadmut/status/1170276296770904064

21 https://sheepworld-ag.de/interview-mit-steff/

22 https://www.suhrkamp.de/dvd/helmut-qualtinger-helmut-qualtinger-liest-mein-kampf-t-9783518135365

23 https://www.suhrkamp.de/dvd/helmut-qualtinger-helmut-qualtinger-liest-mein-kampf-t-9783518135365

24 https://www.welt.de/debatte/kommentare/plus234912896/Die-Sperrung-der-Mein-Kampf-Lesung-auf-YouTube-ist-falsch.html

25 https://www.wiwo.de/politik/deutschland/sperrung-von-journalistin-union-warnt-facebook/20595958.html

26 https://rsw.beck.de/aktuell/daily/meldung/detail/olg-celle-richterschelte-erbscheinsverfahren

27 https://www.washingtonpost.com/outlook/2020/08/01/antitrust-hearings-facebook-amazon-organized-crime/

28 https://www.faz.net/aktuell/feuilleton/medien/ministerin-schulze-mahnt-reichelt-ab-der-klagt-dagegen-19174591/der-ehemalige-bild-chef-18845839.html

29 https://www.tagesschau.de/inland/innenpolitik/afghanistan-deutschland-hilfen-100.html

30 »Julian Reichelt gegen die Bundesrepublik Deutschland: Der frühere ›Bild‹-Chefredaktor verklagt den deutschen Staat«, https://www.nzz.ch/international/streit-um-tweet-julian-reichelt-verklagt-die-bundesrepublik-deutschland-ld.1756374

31 https://www.welt.de/debatte/kommentare/plus249097390/China-Indien-Brasilien-Suedafrika-und-die-Taliban-Absurd-wer-alles-deutsche-Entwicklungshilfe-bekommt.html

32 https://www.bbc.com/news/technology-52388586

33 https://www.aerztezeitung.de/Wirtschaft/WHO-nur-noch-Spielball-der-Supermaechte-408795.html

34 https://www.achgut.com/artikel/nicht_mit_uns_die_regeln_der_corona_zensur

35 https://support.google.com/youtube/answer/13813322?ref_topic=9282436&visit_id=638447336807992614-2486694685&rd=1#zippy=%2Cfehlinformationen-%C3%BCber-impfungen

36 Gesammelte Schriften, Band 1, herausgegeben von Marie Görres, München: 1854, Abschnitt 17: »Napoleons Proclamation an die Völker Europas vor seinem Abzug auf die Insel Elba«, S. 391f.

37 https://www.newsweek.com/youtube-ceo-susan-wojcicki-gets-freedom-expression-award-sponsored-youtube-1585147

38 https://www.deutschlandfunk.de/pandemischer-antisemitismus-was-antisemitismusbeauftrage-dagegen-tun-dlf-51e99ecc-100.html; https://www.welt.de/politik/deutschland/article241228115/Einstweilige-Verfuegung-gegen-Michael-Blume-wegen-Tweets-ueber-Achse-des-Guten.html

39 https://www.khm.at/objektdb/detail/331/

40 https://twitter.com/MalcolmOhanwe/status/1369350495983329280

41 https://www.telepolis.de/features/Facebook-Wahrheitspruefer-Correctiv-verstrickt-sich-in-Widersprueche-3605916.html

42 Die in Bottrop weltberühmte Bottroperin Sonja Schraven ist gegen die in einer früheren Auflage enthaltene Behauptung, sie sei »gebürtige Bottroperin«, gerichtlich vorgegangen. Es handele sich dabei um eine »diskreditierende« »Falschbehauptung«, so die für die Kaffeewagenbetreiberin auftretenden »Correctiv«-Anwälte, von »nicht hinnehmbarer Intensität«. Denn Sonja Schraven ist tatsächlich in Groß-Gerau geboren. Weltbekannt als Austragungsort des Hessentags 1994, durch zwei Eisenbahnstrecken, die sich am östlichen Stadtrand in etwa in rechtem Winkel kreuzen und durch die Zerstörung der Synagoge während der Novemberprogrome 1938 nicht ohne antisemitische Tradition.

43 vgl. https://www.wired.com/story/newsguard-extension-fake-news-trust-score/

44 vgl. https://de.wikipedia.org/wiki/Opioidkrise_in_den_Vereinigten_Staaten.

45 https://www.welt.de/kultur/plus244353777/Twitter-Ich-betrachte-diese-Zensoren-als-die-gefaehrlichsten-Menschen-in-Amerika.html

46 https://www.newsguardtech.com/de/unser-beirat/

47 https://twitter.com/ThierryBreton/status/1711808891757944866

48 https://twitter.com/elonmusk/status/1711832919335976991